일어나라!
인권 OTL

일어나라! 인권 OTL

대한민국의 인권을 보는 여섯 개의 시선

〈한겨레21〉 편집부 지음

한겨레출판

인권을 보는
눈높이를 높이자

1.

사람의 권리, 인권은 고상함 이전에 비참의 언어다. 권리는 법전의 용어 이전에 눈물의 어휘다.

인류사에서 인권이라는 개념이 본격적으로 떠오르고 체계화 과정을 밟게 된 계기가 나치의 유대인 대학살이었던 점만 봐도 그렇다. 이른바 문명국이라는 서구 사회에서 벌어진 이 끔찍한 사건에 대한 반성이 제2차 세계대전 이후 유엔을 비롯한 국제사회의 인권 보장 노력으로 이어졌다. 또한 우리가 흔히 인권이란 단어와 함께 떠올리게 되는 이미지는 제3세계의 인종청소와 내전, 끝없이 이어지는 난민의 행렬, 외계인처럼 말라버린 아이들이다. 인간이라는 종족의 삶에서 그런 비참함을 걷어내자는 게 인권의 출발점이었다.

그런데 비참이란 도대체 무엇인가? 수백만 명의 사람이 가스실에 들어가 비누 원료가 되고, 팔다리를 잘리고, 상처에 앉은 파리를 쫓아낼 힘조차 없을 만큼 굶주려야만 비참인가. 그 정도로 강도가 세고 집단적이고 잔혹해야만 인간이 견딜 수 없는 비참인가.

그건 아닐 것이다. 한 사람이 어느 한순간에 겪는 비인간의 고통은 그 순간 그가 인간으로서 존엄과 품격을 부인당했다는 점에선 태초부터 지금까지, 지구 반대편에서 바로 이곳까지 모두 한 가지일 것이다.

예를 들어, 한 말기암 환자를 생각해보자. 그는 노인이다. 돌봐주는 배우자도 자식도 없는 홀몸이다. 햇볕도 잘 들지 않는 단칸방에서 하루 종일 누워 천장만 바라본다. 말동무가 그립다. 홀로 때우는 끼니의 조야함은 짐작할 만하다. 외로움은 암세포의 공격보다 더 아프다. 그렇게 죽음의 순간을 기다릴 뿐인 노인에게 시간은 얼마나 잔인한 것일까? 아우슈비츠에서 가스실로 끌려갈 순간을 기다리던 유대인 노인과 저 단칸방의 노인의 고통 사이에서 우리는 어떤 차이를 발견할 수 있을까? 그들 사이에서 인간의 존엄과 품격은 어떻게 다른 것일까? 저 단칸방은 노인에게 작은 아우슈비츠가 아닐까?

또 예를 들어, 한 십대 소년을 생각해보자. 그 아이는 이주 노동자 또는 탈북한 새터민의 아들이다. 국적이 없어서, 한국말을 제대로 못해서, 어느 누구도 보호해주지 않아서 아이들에게 학교는 멀고 일터는 가깝다. 매일 새벽까지 술집이나 편의점에서 일해야 한다. 이 아이들에게 하루하루는 아프리카의 난민 아이들의 하루와 어떻게 다를까? 어린 육체가 겪어야 하는 고통의 크기는 얼마나 차이가 날까? 그리고 그들이 그리는 미래는 어떻게 다를까?

〈한겨레21〉이 이제 책으로 엮어내는 '인권OTL' 시리즈를 기획한 것은 바로 이런 질문에 답하기 위해서였다. 이른바 문명국이라는 대한민국, 그것도 21세기에 들어선 지 한참이나 지난 2008년을 기준으로 우리 주위의 비참함을 들춰보고 인간의 비참함이란 과연 무엇인지 물어보고자 했다.

물론 인권을 바라보는 시각, 또는 인간이 겪는 비참함에 흘리는 눈물은 제각각인 게 사실이다. 시대와 장소에 따라 다르고, 한 사회 안에서도 차이가 있다. 죄인을 사형에 처하는 제도는 유사 이래 계속되고 있지만, 이를 인권에 어긋나는 제도라고 비난하는 목소리가 본격화한 건 불과 한 세기도 되지 않았다. 제2차 세계대전이 끝나고 유엔이 세계인권선언을 만들 때만 해도 사형제 금지는 주된 쟁점이 아니었다. 하지만 이후 사형제를 폐지하는 이른바 문명국들이 늘어나기 시작했고, 지금은 세계적 추세가 됐다. 여전히 사형을 집행하는 나라들도 있다. 똑같은 현실을 보고도 어떤 시대, 어떤 사회에서는 아무렇지 않은 듯 넘어가는 반면 다른 시대, 다른 사회에서는 인간으로서 못 견딜 고통으로 여긴다.

인간으로서 누려야 할 최소한의 존엄과 권리를 규정하는 방식이 이렇게 다른 이유는 무엇일까? 아마도 그것은 자존감의 차이일 것이다. 스스로 고귀하다고 여기는 집단에서는 존엄과 권리의 기준을 한껏 높일 것이고, 스스로를 낮춰 보는 집단에서는 그런 일에 별다른 신경을 쓰지 않을 것이다. 이는 당연히 국가 차원에도 적용된다. 예를 들어, 장애인을 사회가 끌어안고 차별을 없애기 위해 정부가 팔을 걷어붙이는 나라와 장애인 시설을 새로 지으려고 하면 이웃들의 반대 데모부터 벌어지는 나라가 있다고 하자. 어느 나라 국민의 자존감이 더 강할지는 물어보나마나 한 일이다. 장애인에 대한 태도는 장애인을 포함한 그 사회 구성원 모두에 대한 태도를 솔직하게 드러내는 단면일 뿐이다.

체벌 문제는 또 하나의 예다. 미국의 인권단체 휴먼라이츠워치가 한 나라의 학생 체벌 현황을 조사했다. 보고서는 이렇게 실태를 전한다. "폭력은 학교생활의 일상적인 부분이다. 교사들은 교실의 규율을 유지하기 위해 막대기나 손으로 체벌을 가한다. 체벌은 일상적이고 자의적이며 때로 잔혹하다. 멍과 상처는 흔하고 뼈나 이가 부러지는 심각한 상해도 일어난다. ……우리가 인터뷰한 이 나라 사람 대부분은 체벌을 인권 문제는커녕 관심거리로 삼지도 않았다."

우리에게 익숙한 풍경의 이 나라는 아프리카의 케냐. 그것도 1999년 상황이다. 한 가지 더하자면, 당시 케냐에는 학교 체벌을 규제하는 법규가 형식적으로나마 존재했다. '체벌은 특정 행위에 대해서만, 충분한 조사 뒤, 증인 입회하에, 다른 학생들이 보지 않는 곳에서 해야 한다. 교장만이 체벌할 수 있고, 규정된 크기의 막대기나 가죽끈을 사용해 남자아이는 엉덩이를, 여자아이는 손바닥을 때릴 수 있다. 여섯 대 이상은 안 되며, 체벌 과정을 기록으로 남겨야 한다.' 반면 우리나라 초·중등교육법은 '교육상 불가피한 경우 신체적 고통을 가하는 지도'를 할 수 있다고 두루뭉술하게 체벌을 권하고 있다. 이건 우리 사회가 우리의 어린이·청소년을 얼마나 하찮게 대우하고 있는지를 보여주는 한 단면이다.

'인권 OTL' 시리즈를 관통하는 또 하나의 문제의식은 우리의 자존감 높이기였다. 인권을 바라보는 우리의 눈높이를 높이자는 생각이었다. 1970~80년대였다면 지옥철과 만원버스로 출퇴근하는 일은 참아내야 할 일상의 불편이라고 여길 수 있었다. 하지만 세계 12대 경제강국이 된 21세기 대한민국에서 그런 일상을 참아내라는 건 부당한 요구다. 1970~80년대였다면 마트 계산대의 여성 노동자가 하루 종일 서서 일하는 건 참아내야 할 직장의 불편이라고 여길 수 있었다. 하지만 지금 그런 모습은 우리의 자존감을 깎아내리는 인권 문제다. 〈한겨레21〉이 찾아낸 '자존심 없는 대한민국'의 모습은 30회의 시리즈로는 턱없이 부족했다.

3.

지금으로부터 160년 전을 배경으로 쓰여진 소설 〈레미제라블〉의 한 장면을 보자. 도망치던 장발장과 코제트가 다리를 건너려다 자베르 경감의 부하들에게 앞뒤로 포위당한 순간, 어서 체포하자는 부하들을 만류하며 자베르는 체포영장을 미처 받아오지 못했으니 철수하자고 명령한다. 장발장을 체포한다면 신문의 대서특필감이 될 테고, 그 와중에 체포영장 없는 불법 체포 사실도 드러날 테고, 이는 자칫 장관이 의회에서 불신임당할 만큼 파장을 일으킬 터이므로 오늘은 그냥 돌아가자고 한다. 설령 다시 장발장을 손아귀에 넣는 게 몇 년 뒤가 될지 모르더라도 말이다. 인류는 인신 구속 과정에서 인권 침해를 없애고자 형사 절차에 세세한 안전장치를 만들어왔다. 그 도정에서 160년 전 프랑스가 도달한 지점을 빅토르 위고는 소설을 통해 보여주고 있다.

오늘날 '마구잡이 연행·구속'과 '경찰의 폭력'이 희귀한 뉴스로 존재하는 것도 부끄러울 판에, 아예 일상적인 일로 반복되고 있는 우리의 현실은 말 그대로 'OTL', 굴욕이다. 이명박 대통령 집권 이후 인권의 고개는 더 처박히고 있다. 이 책에 소개된 30가지의 인권 문제는 여전히 현재진행형이며, 그밖에 더 잔혹한 일들이 벌어지고 있다. 생존권을 요구하는 시민들이 공권력의 강경 진압 속에 숨져간 용산 참사는 대한민국의 인권 상황을 지칭하는 고유명사가 됐다.

그래서 인권은 고상함 이전에 비참의 언어요, 권리는 법전의 용어 이전에 눈물의 어휘다. 그 비참과 눈물을 30가지 이야기 속에 다 담을 수는 없는 노릇이지만, 지금의 인권 현실을 전반적으로 짚어보는 읽을거리가 달리 없는 것도 현실이기에 감히 독자들 앞에 펼쳐놓기로 한다. 그리고 〈한겨레21〉 기자들은 오늘도 서른한 번째, 서른두 번째, 서른세 번째…… 못 다 쓴 '인권 OTL'을 취재하러 나선다.

2009년 12월
〈한겨레21〉 편집장 박용현

차례

세 계 인 권 선 언

제 2 조

모든 사람은 인종, 피부색, 성, 언어, 종교 등

어떤 이유로도 차별받지 않으며,

이 선언에 나와 있는 모든 권리와 자유를

누릴 자격이 있다.

이주
아동들의
뒷모습

쓰린 새벽의 아이들

"전 제 자신을 포기했어요. 다음 생애에 태어나면 달라지겠죠."

슈허(18·가명)는 10살 때 몽골에서 한국에 왔다. 초등학교 5학년에 다니던 2002년부터 전단지 아르바이트를 시작했다. 당시 슈허의 부모는 불법 체류 노동자로 공장에서 일하고 있었다. 중학교에 진학했지만 사정은 점점 나빠졌다. 엄마가 몽골로 돌아간 사이 아빠가 같은 공장 동료에게 살해당한 사건이 발생했다. 중학교 1학년이 된 지 몇 달 만의 일이었다. 결국 엄마가 돌아와 장례를 치른 뒤 슈허는 아예 학교를 그만두고 돈벌이에 뛰어들었다. 엎친 데 덮친 격으로 얼마 뒤 엄마도 단속에 걸려 몽골로 강제 출국됐다. 이후 혼자 살며 공장과 건축 현장을 전전하며 돈을 벌고 있다.

아빠 살해된 뒤 엄마까지 강제 출국

"이대로 일하다가 단속에 걸리면 제 신분을 보장해줄 사람이 하나도 없잖아요. 노력해도 바뀌는 건 없어요." 아빠가 살해를 당했는데도 불법 체류(미등록) 신분이라 큰 소리 한 번 못 낸 기억은 아직도 가슴을 후빈다. 아이는 그렇게 일찍 포기하는 법을 배워갔다. 세상을 향한 불신도 커져갔다. 대화를 나눌 때도 사람과 눈을 맞추지 않고 말은 일부러 냉소적으로 내뱉는다.

어릴 때부터 키가 컸다는 슈허는 3년 전부터 수염을 기른다. 그러면 나이가 더 많아 보여 일하기가 편해서다. 일하는 곳에서는 늘 '26살'이다. 주점, 노래방 등 '밤업소'에서도 꽤 많이 일해봤다는 슈허는 그렇게 일해 번 돈 중 20~40만 원씩을 몽골에 있는 엄마에게 보낸다. 슈허는 불안정한 일용직 노동에서 벗어나기 위해 제빵 기술을 배우고 싶었다. 이주민 지원단체를 통해 직업교육센터를 알아보았지만 '불법 체류자'인 그에겐 직업교육의 문마저 닫혀 있었다.

"열심히 해도 되지 않는 것이 있던데요."

오토바이 배달만 2년, 허리 다쳐도 일해요

인호(18·가명)도 이제 절망을 본다. 북한에서 6살 때 중국에 넘어가 6년, 다시 한국에 넘어와 6년을 살았다. 중국에서 초등학교 3학년까지 다닐 때는 우등생이었던 그다. 하지만 한국에 와서는 열등생이 됐다. 한국 입국 과정에서 생긴 교육의 공백에 외국어, 외래어가 뒤섞인 교과과정이 겹치자 수업을 따라가기 어려웠다. 게다가 왕따시키는 아이들과 무시하는 교사를 만나 상황이 나빠졌다. 욱하는 마음에 사고도 쳤고 싸움도 벌였다. 공부가 아니라도 운동으로 성공하자, 마음을 먹고 축구공을 찼다. 초등학교 6학년 축구교실도 다니고 새터민 친구와 어울려 하루에 6시간씩 연습했다. 하지만 유치원 때부터 축구를 배운 한국 아이들의 기술을 당하긴 어려웠다.

갈수록 집안은 어려워졌다. 국경을 넘다가 잡혀서 중국 감옥에 간 누나에게 꼬박꼬박 가족이 돈을 부쳐야 했기 때문이다. 더구나 아버지 건강은 날로 나빠져 일을 계속하기 어려웠고, 동생은 몸까지 불편했다. 차라리 돈을 벌자고 마음먹었다. 중학교 3학년 때부터 방과후 음식점 배달 아르바이트를 시작했다. 시급으로 4천 원씩 받아서 한 달에 80~90만 원을 벌었다. 고등학교 진학을 포기했지만 부모도 끝까지 말리진 않았다. 중국집, 김밥집, 피자집, 야식집……. 각종 배달일을 전전하며 2년이 흘렀다.

아찔한 순간도 있었다. 하루에 60~70개 배달을 감당하려면 가게 매장엔 아예 들어가지도 못하고 움직여야 했다. 그러다가 허리를 다쳤다. 한두 주 병원에서 쉬다가 또다시 일을 나갔다. '전쟁 같은' 일을 끝내고 눕기만 하면 곯아떨어지는 날들이었다. 학교에 다닐 때 학원을 다니던 친구가 가장 부러웠다는 인호는 오늘도 오토바이를 타고 달린다.

일하고 돈 못 받기도…… "또래 동료가 위안"

통계로는 잘 잡히지 않아도 현실은 명확하다. 부모를 따라서 한국에 들어온 이주 1.5세대 혹은 2세대 청소년들, 새로운 삶의 터전을 찾아 남쪽으로 온 탈북 청소년들 가운데 학업 대신 노동으로 내몰리는 아이들이 많다.

새벽 5시. 술에 취해 비틀거리는 아저씨들이 드디어 가게 문을 나선다. 재빠르게 흩어져 있는 소주병과 안주 그릇을 치운다. 누가 또 들어올까 간판 불도 꺼버린다. "저 들어갈게요." 이렇게 마치르(16·가명)의 노동의 새벽은 끝난다. 토요일은 영락없이 이 시간이다. 거리에 나오자 어렴풋이 동이 트려고 한다. "다녀왔습니다." 엄마는 벌써 출근 준비 중이다. 마치르는 눕자마자 잠에 빠져든다.

몽골 출신인 마치르가 한국에서 '노동자'로 살아온 지도 벌써 3년째다. 중학교 1학년 때 학교를 그만두면서부터다. 친구와 싸움을 했는데 선생님이 "부모님을 모셔오라"고 해 고민하다 그날부터 학교에 안 갔다. 당시 아빠는 단속에 걸려 몽골로 강제 출국됐고 엄마만 남아 불법 노동을 하고 있었다. 엄마는 마치르가 학교에 계속 다니길 바랐지만 곧 포기하고 일자리를 알아봐주었다. 그렇게 14살 때부터 전국의 공장과 우시장, 이삿짐센터 등 9곳의 일자리를 전전했다.

닥치는 대로 일을 잡았지만 힘든 일에 쉽게 그만두는 경우가 많았다. 가장 힘들었다는 우시장에서는 한 달, 새벽별 보고 퇴근해야 했던 빵공장에선 세 달을 버텼다. "우시장에선 아침 6시 30분부터 돼지머리 털 벗기는 일을 했는데 불법 취업 단속이 심했어요. 빵공장에선 기계에 들어간 재료가 바닥날 때까지 15시간 이상 일을 해야 했고요."

그래도 또래의 몽골인 동료들이 많았던 대형 물류센터에서는 '6개월 근무' 기록을 세웠다. 마치르가 몽골인 친구를 하나둘 일터로 불러 7명까지 늘었다. 아침 8시부터 쉬지 않고 짐을 날라 번 월급 100만 원은 딱 하루 쉬는 일요일에 또래 동료들과 어울리다 보면 곧 동이 났다. 불안한 신분에 미래가 불투명하니 저축의 동기도 적다.

그는 친구 2~3명과 같이 공장을 떠돌다 최근엔 집 근처 술집에서 일하고 있다. 저녁 7시에 출근해 모든 손님이 나갈 때까지 서빙을 하고 낮에는 주로 잔다. "술집은 밤에 놀려고 다니는 거지요, 뭐." 한국말 표현이 서툰 그가 말한 '술집'에서 일하는 이유다. 시급 2,000원씩 받는 돈은 그나마도 가불을 많이 해 월급은 늘 '쥐꼬리'이다.

일만 하고 돈을 못 받은 기억도 있다. "한국에는 미리 그만둔다고 말 안 하고 그만두면 돈 안 줘도 된다는 법이 있어요?" 마치르가 물었다. 1년 전, 한 공장에서 3개월 정도 일한 뒤 마지막달 월급을 못 받았다. 토요일 근무를 마치고 서울에 와서 친구를 만나 놀다가 '그냥' 쭉 안 갔다. 그래도 마지막달 월급은 받고 싶어서 사장에게 전화를 했다. 사장은 "이럴 땐 한국 법으로는 돈을 안 줘도 된다"고 했다. 그리고 더 이상 마치르의 전화를 받지 않았다. 별수 없었다.

빌구룽(17·가명)은 그래도 학교에 다니고 싶어 발버둥을 쳤다. 가까스

'노동하는 이주아동' 얼마나 될까

이주아동 8천여 명·새터민 51.8% 어디로?

대부분 미등록(불법체류) 신분인 부모를 따라서 한국으로 온 이주 2세들은 어떻게 살고 있을까.

현재로선 뚜렷한 통계 자료가 없는 실정이다. 현재 학교에 다니지 않는 이주아동 수를 묻자 교육과학기술부는 "행정자치부에 (이주아동) 전수조사를 할 때 파악해달라고 요청했는데 실제 조사에서는 빠졌다"는 답만 돌아왔다.

간접적인 파악은 가능하다. 법무부의 '출입국·외국인 정책 통계월보'를 보면, 2007년 12월 말 기준으로 20살 이하 국내 불법 체류 아동·청소년은 9,014명이다. 법무부의 2005년 자료에는 불법 체류를 포함한 외국인 중 취학 연령대인 7~18살은 17,287명으로 나온다. 이 중 외국인 학교 재학생 7,800명을 제외하면 약 9,500명이 남는다. 이들 중에서 국내 학교에 다니는 학생은 1,574명에 불과하다('다문화 가정의 자녀교육 실태조사', 조영달, 2006). 즉, 8,000여 명의 학령기 외국인 아동·청소년이 학교 밖에서 살아가고 있는 것이다. 물론 이들은 대부분 불법 체류 신분으로 추정된다.

옛 교육인적자원부 내부 조사자료를 보면, 국내 학교에 재학 중인 불법 체류자 자녀는 2003년 205명에서 2005년엔 148명으로 오히려 줄었다. 2003년 조사에서 재학생 205명의 국가별 분포는 몽골이 160명으로 압도적으로 많았고 중국 14명, 파키스탄 8명, 방글라데시 7명 순이었다. 가족 단위로 움직이는 몽골인의 특성상 부모가 이주하면 아이도 한국으로 부르는 경우가 많기 때문이다. 그나마 이 조사는 2007년부터 이뤄지지 않고 있다.

북한에서 남한으로 이주해 '새터'를 잡은 아이들의 상황은 이주아동들과 다르고도 같다. 최근 무지개청소년센터가 새터민 청소년 613명을 대상으로 한 현황조사 결과, 이들의 탈북 당시 평균 연령은 13.8살, 북한에서의 평균 학력은 4.99년으로, 중1 수료 수준에 해당한다. 탈북을 혼자 감행하는 비율도 전체의 31.8퍼센트에 이른다. 남한에 와서 가족을 만나는 경우가 많지만 19.2퍼센트는 혼자 삶을 꾸려간다. 제3국 체류 기간은 평균 29개월로, 13살의 나이에 다른 나라를 전전하며 고생을 하고 오는 셈이다. 힘들게 와서도 51.8퍼센트는 학교 밖으로 내몰렸다. 그 아이들의 39.1퍼센트가 자동차 정비소, 미용실 등의 일터에서 노동자로 살아가고 있었다. 이들도 한국에 '코리안 드림'을 품고 오지만 학교 정착에 어려움을 겪다가 노동으로 내몰리는 현실에 직면한 것이다.

로 중학교를 마친 뒤 고등학교에 가고 싶어 직접 교육청을 찾아가기도 했다. 하지만 비자가 없어 안 된다는 답을 들었다. 그러다 친구 츠러(18·가명)가 일하는 식당에 소개를 받아 들어갔다. 아침 10시부터 12시간을 주방에서 일한다. 아버지와 함께 살려고 14살에 한국에 왔던 츠러는 오자마자 공장과 공사장에서 일을 했다. 이후 중학교에 들어갔으나 2년을 채 못 다녔다. 한국에서 몽골 여성과 재혼한 츠러의 아버지는 새엄마의 자녀가 입국한 뒤부터 츠러에게 폭력을 휘두르기 시작했다. 학대를 못 이겨 가출하자 아버지는 "몽골에 돌아가 대학에 가도록 해주겠다"는 말로 아들을 불러들였다. 하지만 결국 다니던 학교만 그만두게 한 뒤 츠러를 내쫓았다. 옷가지도 챙겨나오지 못한 그는 가까스로 식당일을 구했고 지금 하고 있는 노동이 그에게 '전부'다. 쫓겨나면 갈 곳이 없으니까 몸이 아파도 쉰단 말 한 번 하지 못한다.

이렇게 학교는 멀고 일터는 가깝다. 이주 1.5세대 또는 2세대들은 이주 1세대인 부모들과 다른 정체성을 갖고 살아간다. 10대에 입국해 5년 이상 한국에서 살다 보면 아이는 어느새 '한국인'이 된다. 부모는 40년의 인생 중 5년을 한국에서 산 것에 불과하지만 아이는 15살의 인생에서 사실상 절반에 가까운, 더구나 민감한 성장의 시기를 이곳에서 보내게 되는 것이다. 날이 갈수록 아이는 한국말과 물정을 익히며 '유능한 한국인'이 되고 부모는 여전히 말이 서툴러 '무능한 외국인'에 머물게 된다. 결국 부모는 아이에게 의지하게 되고, 아이는 부모에게 불만을 품는 갈등으로 치닫기 십상이다. 아이들은 이렇게 '돌아갈 이주민'이 아니라 '살아갈 한국인'이 된다. 하지만 아직도 미성년인 그들을 부모는 보호해주지 못하고, 한국도 그들을 보호해주지 않는다.

탈북 뒤 처음 꾼 꿈 '의대 진학'

부모가 '불법'이어서 학교에 들어가기도 어렵지만 적응하기는 더욱 어렵다. 성동외국인근로자센터 이은하 교육문화팀장은 "불안한 신분에 한국어로 자신의 상황을 표현도 못하는 아이들이 학교에 적응을 못하는 건 당연하다"고 말했다. 교육 접근성은 떨어지고 노동 접근성은 높은 상황에서 아이들에게 선택권이 없다는 지적이다. 이 팀장은 "자기 스스로를 보호하는 교육이 안 된 아이들이 사용자에게 다루기 쉬운 노동자로 전락하고 있다"고 말했다.

교육에선 초기가 중요하다. 한국에 입국한 뒤 3~6개월만 한국어를 제대로 배우면 수업에 적응하지만, 수준별 한국어 어학과정조차 공교육에 마련돼 있지 않다. 친구들과 어울리며 '서바이벌 한국어'를 배워서 체류 2~3년이 지나면 한국말에 능숙해지지만 이미 학교 진도에서는 멀찌감치 떨어져버린 뒤다. 더구나 대부분의 아이들이 10대 초반에 입국하기 때문에 2~3년이 지나면 그야말로 '질풍노도'의 사춘기를 맞는다. 이렇게 노동 권하는 사회에서 학교는 멀고 노동은 가깝다.

탈북 청소년도 이주 청소년과 비슷하게 정착에 어려움을 겪는다. 은미(18·가명)는 9살 때 북한 국경을 넘어 5년 동안 중국을 떠돌았다. 중국 고아원에서도 있었고 교회를 통해 소개받은 가정집에 머물기도 했다. 북한에서는 소학교를 2년 정도 다닌 게 전부다. 중간에 북한에 잡혀갔다가 다시 탈출하기도 했다. 2004년, 드디어 입국해 먼저 들어와 있던 아빠를 만났다. 하지만 엄마는 탈북 중 행방불명된 상태였다. 얼마 뒤 아빠는 한국에서 만난 새터민 여성과 재혼해 아이를 낳았다. 은미는 1년 동안 혼자 공부해 고등학교 졸업 검정고시에 합격했다. 학력 격차가 큰 상황에서 정말 열심히 공부한 결과였다.

공부를 하다 보니 꿈이 생겼다. 의대에 진학해 의사가 되는 것이었다. 하지만 도저히 수능시험에 맞춰 공부할 여건이 되지 않았다. 돈 문제가 발목을 잡았다. 결국 꿈을 포기했다. 대신 탈북 과정에서 습득한 중국어 실력을 살리기로 마음먹었다. 집을 떠나 독립했다. 친구와 살며 대학에 갈 때까지 돈을 벌기로 했다. 지금은 편의점 두 곳에서 하루 8시간씩 일한다. 일주일에 하루도 쉬지 않는다. 시급 3,500원은 그에게 소중하다. 그 돈을 쪼개 아침에 중국어 학원에 다닌다. 편의점에서 일하면서도 책을 한시도 놓지 않는다. 계산대 옆에는 늘 중국어 교재가 펼쳐져 있다. 힘들다는 말도 뱉어본 적 없이 그저 묵묵히 현실을 헤쳐나간다. "돈을 벌면, 엄마를 찾고 싶습니다." 그를 지탱하는 힘이다.

"인권 짓밟힌 아이들, 결집한다면 재앙"

이주·탈북 청소년들은 여기, 한국에 살고 있다. 교육보다 노동이 '현실'이란 이름으로 이들에게 가깝다. 자꾸만 노동으로 떠밀리며 사회를 향해 냉소를 던지는 아이들이 "위험하다"고 전문가들은 말한다. 현장에서 아이들과 접촉해온 성동외국인근로자센터 이은하 팀장은 "교육에서 소외된 채 노동하고 살아가야 한다면 인권이 짓밟힌 아이들이 결집하는 것은 불보듯 뻔한 일"이라며 "아이들을 잘 길러낸다면 엄청난 인적 자원이 되겠지만 그렇지 못한다면 재앙"이라고 말했다.

청소년. 아직은 고단한 노동의 새벽을 맞기보다 희망찬 미래의 꿈을 꿀 나이다. 슈허의 자포자기, 인호의 전쟁 같은 일, 마치르가 맞는 지친 새벽, 빌구룽의 좌절된 향학열, 의사가 되고픈 은미의 희미한 꿈. 이 아이들을 어찌할 것인가. 이제, 선택은 우리 몫이다.

"재혼한 엄마 따라온 한국, 힘들어요"

"저는 한국 사람과 재혼한 어머니와 살기 위해 2003년 한국에 왔습니다. 처음엔 한국말을 몰라 1년 동안 집에만 있었습니다. 이후 중학교 3학년으로 학교에 들어갔지만 한국어를 하나도 몰라 수업을 이해할 수 없었습니다. 친구들에겐 왕따를 당했고, 선생님들은 저를 포기했습니다. 고등학교에 가니 저를 보고 외국인 노동자라며 놀리더군요. 정말 힘들었습니다. 결국 고등학교 1학년을 다니다가 학교를 그만두었습니다."
(몽골 출신 17살)

2008년 1월 16일에 있었던 '미등록 이주아동 합법 체류 촉구 연대' 기자회견장에서 발표된 사례다. 국제결혼이 늘고 특히 재혼으로 한국에 들어오는 여성이 늘어나면서 어머니를 따라 한국에 들어온 이주아동들의 문제가 수면 위로 떠오르고 있다. 국제결혼 가정의 경우 한국에서 태어난 아이들도 교육 문제 등에서 어려움을 겪지만 재혼가정에 엄마를 따라 들어온 아이들은 언어, 국적 등 더 심각한 문제에 직면한다.

재혼한 이주여성을 따라온 자녀가 얼마나 되는지 정확한 통계는 없다. 2007년 2월 경기도가족여성개발원이 조사한 자료를 통해 그 규모를 짐작할 수 있을 뿐이다. 경기도에 거주하는 결혼이민여성은 18,420명(2006년 기준)이다. 국제결혼 건수로 보면 전국의 23.1퍼센트(2005년 기준)를 차지한다. 경기 지역 이주여성 810명을 대상으로 실태조사를 한 결과 이 가운데 21.3퍼센트가 재혼인 것으로 밝혀졌다. 재혼 가정 중 자녀를 한국에 데려올 의향이 있는 사람이 87.4퍼센트에 이른다. 이미 자녀를 데려온 경우도 6명 정도 확인됐다.

재혼한 어머니를 따라 한국에 들어온 경우 국적, 언어, 한국 가정 적응 등 다양한 문제가 겹친다. 하지만 아직 실태 파악도 되지 않아 뾰족한 지원책은 없다. 한 국제결혼 알선업체 관계자는 "한국 남자도 재혼이면 자신의 아이 양육을 위해 나이가 어느 정도 있는 사람과 결혼하길 원하기 때문에 재혼인 상대를 만나는 경우가 종종 있다"며 "이 경우 여자에게도 아이가 있다면 결혼 뒤 양육 문제로 남자 쪽 눈치를 보게 된다"고 전했다.

국제결혼 가정 자녀의 고단한 삶을 보여주는 자료도 있다. "국제결혼 가정 자녀는 10

명 중 1명꼴로 초등학교에 진학하지 않거나 중퇴했으며, 중학교 미진학 및 중퇴자는 10명 중 2명 정도인 것으로 추측된다." 2006년 12월에 나온 '다문화 가정 교육 지원을 위한 자료개발 연구' 결과의 일부다.

한국이주여성인권센터 한국염 대표는 "국제결혼 가정 자녀의 경우 학습 부진이나 부적응으로 문제가 생기면 이주여성들이 엄청난 자책에 빠진다"며 "사회적으로 뒷받침을 못해 일어나는 일을 엄마가 외국인이라 그렇다는 식으로 주홍글씨를 달아서는 안 된다. 재혼가정의 아이들은 국적, 언어 등 문제가 더 심각한 만큼 특별한 정책적 지원이 필요하다"고 말했다.

아동 권리도 좀 '글로벌 스탠더드'로

국적이 없으면 권리도 없다. 국민 국가로 나누어진 엄혹한 현실이다. 한국에는 국적이 없어서 권리도 보장받지 못하는 이들이 적지 않다. 미등록 이주노동자의 자녀는 태어나면서 무국적이 된다. 18살 이하에 한국에 들어온 미등록 이주노동자의 자녀도 사실상 무국적인 상태로 어떠한 정부의 보호도 받지 못한다. 이러한 현실이 한국에선 당연하게 여겨지지만, 세계적으로 보편적 현상은 아니다.

영국은 영국에서 태어나 10살까지 거주한 아동에 대해 부모의 체류 신분에 관계없이 국적을 부여한다. 독일도 1990년 이후 독일인이 아닌 부모 사이에 태어난 아동에게 독일 국적을 부여한다. 프랑스는 11살 이후 5년간 거주하면 국적을 부여한다. 성인 이주민에 견줘 아동에 대해선 특별한 배려를 하는 것이다. 이러한 배려의 바탕에는 유엔 아동권리협약이 있다.

교육권·거주권·노동 금지 규정했는데

유엔 아동권리협약 2조는 '아동은 어떤 이유로든 차별받아서는 안 된다'고 규정한다. 이어지는 3조는 '어른은 아동에게 가장 좋은 것을 해주어야 한다'고 명시한다. 여기서 아동이란 18살 미만으로 정의된다. 그러니까 18살 이하의 아동·청소년은 협약에 명시된 권리를 가진다. 당연히 아동의 노동도 금지된다. 아동권리협약 32조는 아동의 '노동으로부터의 보호'를 규정하고 있다. 이처럼 아동권리협약 등 국제인권규약에 따라 상당수 국가가 이주아동의 '특별한' 권리를 보장한다.

하지만 1990년 유엔 아동권리협약에 서명하고 1991년에 비준한 한국은 이주아동의 교육권과 거주권을 보장하지 않는다. 헌법 6조는 '일반적으로

이주아동 합법체류보장촉구연대가 주최한 집회에서 어른과 함께 어린이가 피켓을 들고 있다.

승인된 국제법규'는 '국내법과 같은 효력'을 지니는 것으로 규정하고 있어 유엔 아동권리협약 비준국인 한국은 협약의 내용을 따라야 하지만, 선언일 뿐 현실은 다르다. 가장 기초적인 권리인 이주아동의 교육권조차 충분히 보장하지 않았다. 그래서 한국은 이주아동의 권리를 침해해 유엔의 권고를 받는 수모도 당했다. 2003년 1월 유엔 아동권리위원회는 이주아동의 교육권을 보장하지 않는 한국 정부에 '모든 외국인 어린이에게도 한국 어린이들과 동등한 교육권을 보장하라'고 권고했다. 그제야 미등록 이주아동의 초등학교 입학이 허용됐다. 하지만 이주아동이 중등교육을 받을 권리는 여전히 보장되지 않고 있다.

한국에도 이주아동의 권리보장을 위한 청원운동이 있었다. 181개 시민사회 단체로 구성된 '이주아동 합법체류보장촉구연대'는 2006년 '이주아동

권리보장법'(안)을 만들어 입법운동을 벌였다. 2006년 4월에는 국회에서 공청회를 열기도 했지만 이주아동 문제에 대한 사회적 관심이 부족해 입법에 이르진 못했다. 법안은 유엔 아동권리협약에 바탕해 이주아동의 권리를 보장하는 내용을 담고 있다. 국내에서 출생한 이주아동에 대해 부모의 체류 신분에 관계없이 국적을 부여하고, 이주아동이 국내에 입국해 계속해서 3년 이상 체류한 경우 영주권을 부여하도록 규정하고 있다.

이들이 18살이 되면 국적을 선택할 권리를 주고, 아동권리협약에 바탕해 이주아동지원센터를 두는 내용도 있다. '이주아동이 학교 교육을 받는 경우 강제퇴거를 하지 않는다'는 교육권 규정, '이주아동은 본인의 의사와 반하여 부모와 분리시키지 않는다'는 가족결합권 규정, '18살 미만의 미성년 이주아동에 대하여 단속·구금 조처를 하지 않는다' 등 거주권 규정도 담고 있다. 아동권리보장법은 혈통에 따라 국적을 부여하는 전통적인 속인주의 국적 정책에서, 한국에서 태어나거나 자라난 아이들에게도 국적을 주는 속지주의 정책으로의 전환을 바탕에 깔고 있다. 이렇게 이주아동권리보장법은 단일민족 사회에 근본적인 문제를 제기한다.

그래도 성과는 있었다. 2006년 당시에 초등학교 1학년 이주아동을 등교시키던 미등록 이주노동자가 연행돼 추방의 위기에 몰리면서 이주아동의 교육권 문제가 수면 위로 떠올랐고 이주아동권리보장법 운동이 시작됐다. 비록 법안이 통과되진 못했지만 미등록이었던 15살 이하의 이주아동 100여 명과 그들의 부모가 운동의 결과로 체류연장 허가를 받았다. 하지만 이들은 체류연장 시한이 지나면서 다시 강제 출국의 위기에 놓였다. 그래서 이주아동 합법체류보장촉구연대는 토론회를 여는 등 다시 이주아동권리보장법 운동에 나서고 있다. 이렇게 이주아동의 권리에 대한 사회적 관심은 느리지만 확산되고 있다. 이주아동 합법체류보장촉구연대의 아동권리보장법 입법운동에 이어서 아시아인권센터가 이주아동의 인권을 위한 청소년 서명운동을 시작했다.

하지만 여전히 '혈통'에 매이고 '국민'의 틀에 갇힌 한국 사회에서 이주 아동의 권리를 찾기란 쉽지 않다. 인권 선진국을 내걸었던 노무현 정부에서도 한국은 유엔 '이주노동자와 그 가족의 권리보호에 관한 국제협약'(이주민 협약)을 비준하지 않았다. 38개국이 이미 비준한 이 협약에는 이주민의 권리가 포괄적으로 담겨 있다. 이주노동자가 노동할 권리, 자유롭게 귀국할 권리, 가족을 동반할 권리 등이 핵심 내용이다. 2007년 12월 18일 세계이주민의 날에 즈음해 한국에서 유엔 이주민협약 비준운동이 벌어지기도 했다. 이주노동자의 노동권을 넘어서 이주민 가족의 권리를 요구하는 목소리가 한국에도 서서히 퍼지고 있다.

"사고 치면 지원 끊어버린다"

"학교는 정말 짜증나요."

유정(15·가명)이는 학교라면 '이가 갈린다'고 했다. "교복 치마를 줄이거나 화장을 했다가 걸리면 담임 선생님 눈빛이 장난 아니에요. 친구들과 함께 걸려도 저만 차별해요. 걸핏하면 대놓고 '너 이런 식으로 하면 (재학과 관련한) 지원 끊어버린다'고 협박한다니까요." 몽골 이름인 '미르텐' 대신 한국 이름을 쓰고 있지만 학교 선생님들은 늘 자신을 '외국인'이자 '불법 체류자'로 취급한다고 한다.

청소년 혜택 못 받고 주민번호 2000000

유정이는 이제 고등학교 1학년. 유정이의 부모는 한국에서 합법적으로 노동을 하고 있지만 유정이의 신분은 '미등록'이다. 현행법으로 외국인 전문기술직 종사자는 가족과 함께 입국해 생활할 수가 있으나, 이주노동자의 대부분인 생산기능직 종사자는 거주를 목적으로 가족을 동반할 수 없게 돼 있다. 이 때문에 부모는 합법 체류자라고 하더라도 자녀는 대부분 비합법적 경로를 통해 입국한 미등록 외국인이 된다. 유정이도 그런 경우다.

"제 신분이 불안하니까 늘 '학교에서 사고치면 끝장이다'라는 생각이 들어요." 선생님들의 '지원을 끊겠다'는 협박은 그래서 가슴을 찌른다. 중2 때부터 시작한 한국 학교 생활은 이제 3년이 되었지만 여전히 어렵기만 하다. 한창 멋 부리고 떠들 나이, 자신을 '외국인 문제아' 보듯 하는 선생님의 눈빛을 보면 반항심만 커져간다.

"우리는 버스 탈 때 청소년 요금도 적용 안 돼요." 무비자로 있으니 신분확인이 안 되고, 신분확인이 안 되니 각종 청소년 혜택에서 제외된다.

은행 거래도 할 수 없고 인터넷 사이트 가입도 실명 확인에서 가로막힌다. 학생증에까지 주민등록번호가 찍혀 나오는 '이상한 나라'에서 그들의 주민등록번호 뒷자리는 남자 '1000000', 여자 '2000000'이다. 누가 볼까, 늘 번호가 있는 면을 밑으로 둔다.

지현(15·가명)이는 2년 전에 한국 남성과 재혼한 엄마를 따라 한국에 들어왔다. 엄마가 재혼한 지 2년 만이었다. 한국에 오기 전에는 몽골에서 이모와 살았다. 지금은 어엿한 중학교 2학년. 한데 아직 한국말이 서툴다. 당연히 학교 수업도 따라갈 수 없다. "한국말이 잘 안 되니까 친구 사귀기도 어렵고…… 자꾸 몽골에 있는 친구들이 생각나요." 지금은 인근 교회에 다니며 한국말을 배운다. 엄마는 엄마대로 한국 사회와 시댁에 적응하

©이우만

느라 바쁘고 아빠도 일이 바쁘다. 조용히 적응해 사는 것은 온전히 아이의 몫이다.

몽골인 한글학교를 운영하는 박규영 선교사는 '아버지의 결정'에 좌우되는 이주여성 재혼 가정의 현실을 지적했다. "재혼한 엄마를 따라 한국에 온 경우에 한국 아버지의 경제적 능력이나 인성에 따라 아이들이 별 문제 없이 지내기도 하고 방황하기도 한다"는 설명이다. 또 "실제로 매일 두들겨 맞고 지내면서도 비자 문제가 걸려 있으니까 엄마도 아이도 아버지 눈치를 보는 경우가 있다. 집에 가서 보면 가슴이 아프다"라고 말했다.

"우리 반에도 탈북자 있어요, 저기!"

친구들의 시각도 벽이 된다. 혜영(18·가명)이는 얼마 전 '아우팅'을 당했다. 애초부터 학교 적응이 어려울 것 같아 선택한 검정고시 학원에서 기어이 일이 일어나고 말았다. 윤리 교과 시간에 선생님이 '북한' 이야기를 시작하자 한 학생이 "우리 반에도 탈북자 있어요, 저기요!"라고 외쳤던 것. 100명이 넘는 수강생들이 웅성이며 손가락이 가리킨 곳을 바라봤다. 뒷자리에 앉아 있던 혜영이는 쏠리는 시선 속에서 새빨개진 얼굴을 푹 수그렸다. "도망치고 싶었죠. 공부고 뭐고, 내가 왜 여기 앉아 있나 싶더라고요."

이후 혜영이는 학원마저 그만뒀다. 다행히 한 시민단체를 통해 새터민 아이들의 공부를 1대1로 도와주는 대학생 자원봉사자와 연결이 됐다. 하지만 아직도 "쟤가 탈북자예요!"라는 손가락질은 꿈에 나올 정도로 생생하다. "한국 사람들과 어울려 공부할 자신이 없다"고 말하는 혜영이는 "그래도 학교에 대한 미련이 남는다"는 말을 남겼다.

미주(16·가명)는 한국인과 다른 머리색·눈동자색 때문에 고생했다. 몇 대 위 조상에 러시아인이 있었다는 그의 머리색은 노란빛이 도는 갈색. 눈동자도 투명한 갈색이다. 몽골에서 한국에 온 지 3년 만에 초등학교 6학년으로 '입학'했고 중학교에도 진학했다. 하지만 중학교에 들어가서는 늘 선생님들의 '단속 대상'이었다. 선생님들은 볼 때마다 염색과 컬러렌즈 착용을 의심했다.

결국 미주는 학교에 조용히 다니기 위해 머리를 '한국 사람처럼' 검정색으로 염색했다. 염색 의혹을 뿌리치기 위해 염색을 한 셈이다. 그렇게 노력해도 한 선생님이 그의 눈 색깔을 보고 '컬러렌즈를 낀 게 확실하다'며 눈동자에 손가락을 갖다댔다. "그런 식의 문제아 취급은 정말 지긋지긋해요." 그는 한국말을 배우는 데만도 2년 가까이 걸렸고 중학교를 다니는 것도 부모님이 무척 애쓴 결과이기에 학교를 무사히 다니고 싶지만 이제는 "잘 모르겠다"고 말한다.

성동외국인근로자센터 이은하 팀장은 "미등록 이주아동 한 명을 중·고등학교에 입학시키려면 수십 군데를 쫓아다니며 알아봐야 한다"고 말했다. 그렇게 어려운 입학 과정이 지나면 아이들은 또 다른 벽에 부딪힌다. 우선 한국말을 몰라 수업을 따라가기가 힘들다. 학교에서는 좀처럼 이 부분에 도움을 주지 않는다. 한국말을 배울 만하면 교사와 친구들의 편견이 아이들을 벼랑 끝으로 내몬다.

학습부진, 신분 노출의 불안, 편견

삶의 터전을 옮겨 힘겨운 적응을 해나가는 이주·탈북 청소년들은 모두 가슴 밑바닥에 '신분 노출의 불안'을 갖고 있다. 이런 아이들을 포용하지 못하는 학교라면 더 이상 아이들에겐 '안전한 곳'이 아니다. 이은하 팀장이 "(지금은 입학 자격도 주지 않아 더 문제지만) 단순히 입학 자격만 준다고 아이들의 교육권이 확보된다고 생각하는 것도 착각"이라고 강조하는 까닭이다. 아이들이 '쓰라린 학교'를 포기한 채 '쓰린 노동의 새벽'을 맞도록 방치한다면 이주·탈북 청소년들이 노동에 내몰리는 악순환을 끊기란 어려운 일이다.

제 1 9 조

모든 사람은 의사표현의

자유를 누릴 권리가 있다.

청소년에게
인권을

시퍼런 가위와 금속탐지기, 무서운 학교

경기 일산 ㄷ고 교정. 체육복과 운동화 차림의 학생 300여 명이 운동장에 집합했다. "자, '토봉'하는 학생들. 빨리빨리 모여. 지각해서 걸린 놈들이 또 지각이냐. 저기 걸어나오는 학생들. 지금 걸어? 빨리 뛰어." 마치 군대 유격 조교처럼 빨간 티셔츠를 입고 야구모자를 눌러쓴 이아무개 교사가 낮고 굵은 목소리로 말했다. '토봉'이란 '토요 봉사활동'의 줄임말로, 주중에 이름표나 실내화 따위를 안 가져와 걸리거나 두발 단속에 적발된 학생들, 돌아다니며 밥을 먹다 걸린 학생들을 불러모아 2주에 한 번씩 실시하는 사실상의 단체기합이다.

오리걸음 뒤에 엎드려뻗친 채 몽둥이로…

걸린 횟수에 따라 분류된 학생들이 곧 오리걸음으로 운동장을 돌기 시작했다. 운동장에 뿌연 흙먼지가 일었다. 교사 4명이 군데군데 흩어져서 아이들이 제대로 걷는지 감시했다. 오리걸음을 하다 쉬거나 바닥에 앉거나 일어서는 학생들을 잡아서 몽둥이로 엉덩이를 때렸다. 4번 이상 걸린 학생들 무리가 농구대 근처에 도착하자 이 교사는 엎드려뻗쳐와 앉았다 일어서기를 반복해 시켰다. 엎드려뻗쳐를 하다가 무릎이 흙바닥에 닿자 불호령이 떨어졌다. "야, 4회 이상 너네 다섯 명 놀고 있어? 체육복 봐라. 흙이 묻어가지고. 당장 이리로 올라와. 전원 교단 위로 전력질주." 그렇게 뛰어온 학생들은 엎드려뻗친 상태에서 "어떻게 4번 이상 걸려?"라는 타박을 들으며 엉덩이를 맞았다. 1시간여 동안 기합을 받던 학생들은 "교칙 준수!"를 외치며 앉았다 일어서기를 10번 하는 것을 끝으로 토봉을 마쳤다.

땀을 뻘뻘 흘리며 토봉을 끝낸 박아무개 군은 "이건 완전 미친 짓"이라며 숨을 골랐다. ㅇ양은 "걸리면 벌점을 매기면서, 오리걸음까지 시키는 건 이중 처벌 아니냐"며 "제발 우리 이야기를 기사로 써달라"고 부탁하기도 했다. 다른 ㅇ양은 "3학년인데, 토요일마다 이렇게 1시간씩 돌고 나면 그날 오후 2~3시까지는 공부도 제대로 못하겠어요. 너무 비인간적이에요. 살다 보면 한 번쯤 교복 넥타이나 명찰을 안 가져올 수도 있는 거 아니에요? 그게 무슨 죽을 죄라고 이렇게까지 하냐고요"라며 인상을 찌푸렸다. 토봉 장면을 운동장 위 계단에서 지켜보던 김아무개 양은 "저는 '챕스틱' 발랐다고 걸린 적도 있어요. 그냥 보습으로 발라주는 건데……. 암튼 별걸 다 잡아요. 선생님들 맘 내키는 대로. 또 어떨 땐 아무리 발라도 안 잡혀요"라고 말했다. 이날 ㄷ고 운동장은 마치 통나무 들기만 뺀 삼청교육대를 보는 듯했다.

학생들의 일상 구석구석까지 감시와 통제가 작동하는 이 학교에선 급기야 금속탐지기까지 등장했다. 최근 일선 학교에선 교사와 학생들이 휴대전화를 놓고 신경전을 벌이곤 하는데, 1교시 수업 시작 전에 일괄적으로 걷어 저녁에 돌려주는 경우가 많다. 이때 제출하지 않다 나중에 적발되면 압수당하기 일쑤다. 학생들이 휴대전화를 제출하지 않고 몸에 감추고 있을까 봐 금속탐지기를 동원하기에 이른 것이다. ㄷ고 1학년 박성화(가명)

군은 "얼마 전 우리 옆반에서는 휴대전화를 제출했는지 검사하려고 선생님이 금속탐지기를 들고 와 공항 검색대에서 몸을 훑듯이 검색을 한 적이 있다"며 "하지만 중학교 때부터 휴대전화 압수에 적응이 돼서인지 모욕감이나 불쾌감은 별로 느끼지 못했다고들 하더라"라고 말했다. 이에 대해 해당 학급 담임 교사는 "금속탐지기를 들고 들어간 것은 사실이지만, 아이들 몸에 직접 대고 검색하지는 않았다"며 "그즈음 휴대전화를 자발적으로 제출하는 학생 수가 줄어 교사와 학생 간 불신이 커지는 것 같아 이를 막기 위해 농담처럼 한 일"이라고 말했다.

'압수'에 적응돼 공항 검색대 지나듯

이 학교에서 금속탐지기는 도난 사고가 일어났을 때도 사용된 적이 있다. 2학년 한 학급에서 학기 초에 학생들의 MP3와 전자사전 등이 잇달아 없어지는 사건이 있었는데, 학생부 교사가 금속탐지기를 가져와 학생들 몸을 검사했다고 한다. 이 학급 소속 한 학생의 말이다.

"학생들을 다 일어나게 하고 가방을 검사한 뒤 선생님이 와서 손으로 몸을 만져보면서 검사했어요. 그러고는 금속탐지기를 들고 와서 대보더군요. 결국엔 못 찾았어요. 학생 입장에서는 금속탐지기를 봤다는 게 좀 그래요. 그렇게까지 할 필요가 있었나 싶어요."

따뜻한 온정이 오가야 할 교사와 학생 사이에 차가운 금속탐지기가 끼어들면서 학생들은 상처를 받았다.

두발과 복장 규제 등으로 학생들의 자유를 억누르거나 적발된 학생들을 지나친 폭력으로 다스리는 일은 ㄷ고만의 문제는 아니다.

전남의 한 평준화 지역 고교 2학년인 박성인(가명) 군은 자퇴서를 썼다. 부모님은 "네가 알아서 하라"며 도장까지 찍어줬다. 하지만 성인이와 상담하던 교장 선생님이 "다음에 보자"며 유야무야하는 동안 부모님이 마음을 바꾸는 바람에 '학교 탈출'은 실패했다. 성인이가 학교를 그만두려는 이유는 강제로 실시되는 야간자율학습을 비롯해 두발과 복장 등을 단속하는 학교의 억압적 현실에 대한 분노 때문이다.

3월 입학과 동시에 학교는 이른바 '반삭'(반 삭발을 일컫는 은어)을 요구했다. 머리카락 길이가 아무리 길어도 2센티미터를 넘지 말라고 했다. "내 머리 모양을 어떻게 할지는 내가 가진 고유의 권리가 아닌가"라고 생각해 머리를 자르지 않고 담임 선생님에게 자퇴 의사를 밝혔다. 선생님의 설득으로 자퇴를 포기하고 일단 기준대로 머리를 잘라보기도 했지만, 계속되는 반삭 요구를 따르긴 싫었다.

성인이의 현재 머리카락 길이는 4센티미터. 학기 초에는 다른 친구들이 보는 가운데 교실 옆 복도에서 새 담임 선생님에게 맞았다. 두발과 관련한 학교 규정을 따르지 않는다는 이유였다. 선생님이 매로 애용하는 단소로 수십 대를 맞았는데, 정확히 몇 대인지는 기억할 수 없다. 성인이는 "지금 담임은 뻑하면 손발로 때리는데, 뺨을 때리거나 하체를 발로 마구 차기도 한다"며 "그리고 나서는 조용히 불러서 미안하다고 그런다"고 말했다. 얼마 전부터는 일부 담임 교사들이 가위를 들고 다니며 학생들의 구레나룻을 현장에서 잘랐다고 한다. 성인이는 "선생님들이 학생을 자기 밑의 사람으로 보는 것 같다"며 "언제 학교를 그만둘지 나도 잘 모르겠다"고 말했다.

1인시위 했더니 피켓 던지며 "지랄싸네"

물리적 폭력만 학생들을 괴롭히는 건 아니다. 교사들이 툭하면 "절이 싫으면 중이 떠나라"거나 "악법도 법이다"라며 인권침해적이고 폭력적인 말을 하고, 일부 교사는 '××새끼' '병신' 등의 욕지거리도 예사로 던진다고 학생들은 푸념하고 있다.

이런 현실을 뜯어고치려고 목소리를 내는 학생들도 있지만, 계란으로 바위치기 격이다. 표현과 집회·결사의 자유는 학생들의 것이 아니다. 서울 중앙고 3학년에 재학 중인 이하람 군은 학교 교문 앞에서 두발 자유를 요구하는 1인시위를 벌이던 중 한 교사에게 피켓을 빼앗겼다. "두발 규제는 다수결에 의해 정당화될 수 없다. 즉각 폐지하라"고 적힌 이 군의 피켓은 구겨지고 내동댕이쳐졌다. 이 군은 "선생님께 잘못된 것은 바꾸겠다는 얘기를 했더니 '지랄싸네'라는 대답이 돌아오더라"라고 말했다.

광우병 집회에 중·고교생들이 대거 참여하고 있다는 소식에 뜨끔한 어른들은 또 이를 막기 위해 나섰다. 시도 교육감 회의가 소집되는가 하면, 학생부 교사들은 학생들의 촛불집회 참석을 막기 위해 일과 뒤 서울 여의도와 청계천으로 투입되고 있다. 또 경찰은 '문자괴담'의 진원지를 찾겠다며 경기 성남 수내고 등 일부 고등학생들에 대한 수사에 착수하기까지 했다.

2003년 유엔아동권리위원회는 한국 정부에 "학생들에게 영향을 미치는 의사결정 과정과 학교 안팎의 정치활동에서 아동·청소년의 능동적인 참여를 촉진하기 위해 법률, 교육부 지침 및 학교 교칙을 개정하고 모든 아동이 결사와 표현의 자유에 대한 권리를 충분히 향유할 수 있도록 보장할 것"을 권고했다. 그러나 아직 한국의 학교 현장에서 이런 품위 있는 권고는 쇠귀에 경 읽기일 뿐이다.

선린인터넷고의 유쾌한 반란
"자율적인 외모, 아이들이 예뻐 보인다"

교복을 입고 하교하는 남학생들은 모두 장발족이다. 뒷머리가 여느 고등학교 남학생 앞머리만큼 길다. 여학생들의 머리 모양도 제각각이다. 살짝 파마를 하거나 가볍게 염색을 한 친구들도 눈에 띈다. 교복을 입긴 했는데, 여학생의 치마와 남학생의 겉옷만 같다. 안에 받쳐입은 옷은 모두 다르다. 보통 어른의 눈으로 봤을 때 "얘네들 학생 맞아?"라는 물음이 터져나올 법하다.

최근 서울시내 특성화고교 가운데서도 가장 주목받는 선린인터넷고등학교의 교문 앞 표정이다. 이 학교는 2004년부터 두발 및 복장 규제를 완화한 데 이어 2년 뒤에는 두발 규제를 아예 폐지했다. 학생과 교사의 요구도 있었고, "자율을 누리되 그에 걸맞은 책임을 다하자"는 천광호 당시 교장의 결단도 한몫을 했다는 게 학교 쪽 설명이다. 교칙도 "두발은 자율로 하되, 단정하게"다. 파마나 염색은 금한다고 하고 있지만, 교문 앞에서 본 대로, 실제로는 세게 단속하지 않는다. 채한조 학생부장은 "새 학기 들어 5월 초까지 두발 단속에 걸린 학생은 머리를 온통 진한 갈색으로 물들인 여학생 1명뿐이고 복장 단속에 걸린 학생도 교복 대신 체육복을 입거나 슬리퍼를 신고 등교한 학생 대여섯 명뿐"이라고 설명했다.

단속에 걸리더라도 다른 학교처럼 가위나 몽둥이를 들이대는 일은 결코 없다. 조용히 불러서 타이르는 방식으로 '해결된다'. 학생들은 이 학교에 체벌용 몽둥이를 들고 다니는 교사는 없다고 말했다. 2학년 임원빈 군은 "처음 학교에 왔을 때는 학생들 머리가 길어 전부 양아치들인 줄 알고 무서웠는데, 알고 보니 머리 길이로 사람 판단하면 안 되겠더라"라며 웃었다.

그럼, 이 학교 학생들은 머리도 길고 옷에 신경쓰느라 공부를 못할까? 결코 아니다. 2008년 2월 졸업생 가운데 15명이 미국 주립대에 진학했고, 2명은 일본 대학에 입학했다. 졸업생의 대학 진학률은 59.8퍼센트에 이른다. 전국 실업계 고등학교 가운데 단연 최고 수준이다. 황호규 교장은 "자신의 용모 등 개인적인 문제에 대해서는 자율을 강조하면서 거기에 따른 문제는 자신이 책임지라고 가르치고 있다"며 "지금과 같은 생활지도가 우리 학교 학생들에게는 오히려 도움이 되는 것 같다"고 말했다. 이 학교는 내신성적 15퍼센트 안에 드는 학생들이 입학하고 입학 경쟁률도 3.5 대 1에 이른다는 게 학교 쪽 설명이다. 황 교장은 "처음 왔을 땐 학생들의 머리와 복장을 보고 꽤 당황스러웠다"며 "지금은 애들이 예뻐 보인다"고 했다. 학생들은 처음 입학해서는 대개 호기심에 머리를 길게 길러보고 머리에 신경도 많이 쓰지만 대개 한 학기를 못넘긴다고 했다. 머리 모양 등에 대한 흥미가 금방 사라진다는 것이다.

임 군은 "두발 단속을 당할 때 훨씬 더 머리에 신경이 많이 쓰였던 것 같다"고 했다. 억누를수록 튀어오르려 하고, 놓아두면 아무것도 아니란 사실을 이들은 경험으로 깨닫고 있었다. 2학년 배진희 양은 "머리를 한번 길러보면서 자기 자신을 찾아가는 것도 좋은 것 같다"고 추천했다.

선린인터넷고의 사례는 "중·고등학교 때는 공부나 열심히 하고, 대학 가서 자유를 실컷 누리면 되지 않느냐"는 학생 인권 탄압 논리를 뒤집는 유쾌한 반란이다.

자율과 인권이 아닌 타율적인 훈육 중심의 한국 학교가 어디서 기원했는지와 관련해 일제강점기 때의 황국신민화 교육에서 연원을 찾아야 한다는 주장이 있다. 식민통치를 위해 통제·관리하는 규율 시스템이 적용됐고, 해방 이후에도 잔재를 떨치지 못하고 그 맥을 이어왔다는 것이다. 오성철 서울교대 교수는 "박정희 시대에 민족주의 강화라는 사회적 조건 속에서 식민지 시대의 형식이 강화됐다"며 "현재 학교 제도의 문제는 민족주의에 대한 반성과 그 맥을 같이해야 한다"고 말했다.

학생인권 보장 협의체 구성 협의

반면 이런 훈육 체계는 근대 학교의 보편적 특성으로서 한국의 경우 식민통치 기간을 거치며 단지 강화됐을 뿐이라는 반론도 나온다. 1960년대 후반 영국의 전국 청소년 조직이 내건 구호를 보면 "처벌에 대한 두려움 없이 의사를 자유롭게 표현할 수 있게 해달라" "체벌 중단" 등 현재 한국과 비슷한 수준의 요구들이 나왔다는 것이다. 결국 서구는 68혁명을 통해 권위주의적 교육을 청산했고, 한국은 이제야 뒤늦게 요구를 발산하고 있다는 게 인권교육센터 '들'의 배경내 상임활동가의 시각이다.

연원에 대한 논쟁을 떠나, 초·중·고에서의 인권 문제 개선을 위한 학교 안팎의 노력이 최근 속도를 내고 있다. 법제도 개선과 학교 안 일상의 민주화라는 두 축이 중심이다.

우선 전교조와 국가인권위원회 등은 학교 안의 인권 확보를 위한 사회협의체 구성을 추진하고 있다. 천희완 전교조 참교육실장은 "학교의 설립자와 경영자, 학교장이 헌법과 국제인권조약에 명시된 학생의 인권을 보장하도록 초중등교육법 18조 3항이 개정됨에 따라 이를 구체화하는 내용의 사회 협약을 단체들 간에 협의 중"이라며 "국가인권위원회를 비롯해 보건복지가족부, 각 시도 교육청, 전교조, 교총 등이 함께 참여하게 될 것"이라고 말했다.

사회 협약의 시안을 보면, 신설된 법 조항이 구체화되고 현실적인 의미를 갖도록 학교 규칙을 점검하고 학교 운영을 개선하는 활동을 벌이는 한편 학생 인권 상황을 점검하고 개선 방안을 모색·실천할 협의체를 구성하는 것을 뼈대로 하고 있다. 또 학생 자신도 인권을 보장하는 주요 주체임을 강조하고 있다. 2008년 4월 30일 관련 토론회 때 협의체 구성의 필요성에 대한 기본 인식을 확인하고 현재 구체적인 내용을 놓고 단체들끼리 협의 중이라는 게 천 실장의 설명이다.

이런 움직임은 17대 국회 때 인권단체들의 의견을 모아 만들어진 최순영 의원의 '학교인권법안'이 국회 교육위원회를 넘어서지 못하고 좌절된 데 따른 후속 대책의 성격도 있다. 학교인권법안은 구체적으로 체벌과 정규수업 시작 이전에 등교하는 행위, 자율학습을 강요하는 행위 등을 금지하는 내용을 담고 있었는데, 한나라당이 다수당인 18대 국회에 이런 법안을 재상정하기는 일단 어렵다고 본 것이다.

인권위 인권 매뉴얼, 전교조 교사 교육

이와 동시에 학내 일상의 민주화를 위한 각 기관·단체들의 행보도 힘을 얻고 있다. 국가인권위는 학교에서 쉽게 적용 가능한 학교 인권 매뉴얼을 만들어 각 학교에 배포할 예정이다. 매뉴얼은 자치와 참여, 신체의 자유, 사상·양심·종교의 자유, 표현의 자유 등을 학교 안에서 보장하기 위한 구체적인 내용들을 담기로 했다.

흥사단 교육운동본부의 권혜진 사무처장은 "그동안 단체들이 정책과 논리의 흐름만 좇아왔지 학생들의 고통받는 삶의 질에 대한 관심은 상대적으로 적었다"며 "일상적인 문제를 건드리지 않으면 안 되겠다는 생각"이라고 말했다. 이를 위해 교육운동본부 쪽은 중고생들을 대상으로 인권교육과 기자교육을 동시에 실시해 인권침해 사건이 있을 때마다 학생 기자단이 직접 취재해 사회에 알리도록 할 계획이다. 전교조도 소속 회원들을 대상으로 한 온라인 인권교육을 재개하기로 했다.

임지현 한양대 교수는 "학교 인권은 결국 학교의 일상 문화가 바뀌어야 하는 것"이라며 "현장에 있는 사람들이 고민하고 나설 수밖에 없다"고 말했다. 청소년 인권사이트 '아수나로'의 활동가 공현 씨는 "기본적으로 두발 규제나 복장 단속을 할 수 없게 하는 등의 내용을 법적으로 명시할 필요가 있다"면서도 "두발이 자유화된 학교에서도 개별 담임교사가 '우리 반은 아니다'라면서 강제하고 처벌하는 사례도 있는 등 미시적인 부분에서 교사의 권력도 해결해야 할 과제"라고 말했다.

유관순도 17살이었다

박진 다산인권센터 상임활동가

16살 겨울에, 스스로 '난 다 자랐구나' 생각했다. 그리고 정말로 그때 성장한 인격과 교양이 지금까지 이어지고 있다. 나머지 20여 년은 풍파에 시달린 경험에 의한 덧붙임 정도 되겠다. 그래서 청소년을 미성숙한 존재라고 확신하는 어른들을 보면, 어처구니가 없다. 청소년들이 뭘 알겠냐고 무시해버리는 그 입으로 쏟아내는 게 고작 주식 정보와 아파트 분양권 이야기인 것을 보면, '차라리 자라지 말지……'라는 측은지심마저 불러일으킨다.

다른 의미로 요즘 아이들이 불쌍해서 죽겠다. 인권교육을 하려고 찾아간 중·고등학교 강당과 교실. 풀기조차 없이 축 늘어져 지쳐 쓰러지기 일보 직전의 아이들과 눈을 맞추면, 인권교육을 할 것이 아니라 아이들을 모두 데리고 산이나 들로 뛰어나가면 딱 좋겠다 싶다. 성공이라는 잔인한 가치를 위해 시민으로서 누려야 할 자유, 인간으로서 누려야 할 권리를 모두 유보당하는 청소년들. '현재 행복하지 않은데, 미래에는 행복해질까?'라고 아이들에게 되물어보지만, 이미 행복의 척도를 경쟁과 이윤에 둬버린 천박한 대한민국의 어른 주제에 할 말은 아닌 것 같아, 자괴감의 늪에 빠지고는 한다.

그런데 청소년들이 말을 걸었다. 오랜만에 듣는 생기발랄한 목소리로. "잠도 못 자게 후려치더니, 이제는 위험한 걸 먹으라니, 그게 말이 되니?" 나도 깜짝 놀라고, 국민도 깜짝 놀랐다. 졸던 잠이 휙 달아났다. 촛불행사에 참여해 똑 부러지게 광우병 이야기를 하는 청소년들의 이야기를 듣자면, 깔깔깔 후련한 웃음이 절로 나왔다. 혹자들은 논술 학습의 효과라고 평가하기도 하지만, 모르시는 말씀. 예전부터 어둠의 시대에 등불이 길을 낼 때, 맨 앞에는 늘 청소년이 있었다. 일제시대의 광주 학생운동, 군사독재 시대의 민주항쟁을 기억해보라. 어려울 것 없다. 유관순 언니가 17살 청소년인 것을 생각해보면 되겠다.

깜짝 놀란 건, 경찰이나 교육당국도 물론인가 보다. 청소년 사이에 동맹휴업을 제안한 문자가 돌자, '광우병 괴담' 운운하더니, 배후에 전교조가 있다는 헛소리로 광우병 증세를 일찌감치 보이는 분이 나타나지를 않나, 사생활이 뭔지도 모르는 경찰은 무작위로 문자를 모조리 뒤지고, 심지어 집회 신고를 했다는 이유로 수업 중인 학생을 불러내 조사했다(언제부터 집회 신고가 범죄행위가 되었나? 경찰은 물론 조사를 방조한 학교의 책임을 묻지 않을 수 없다). 촛불행사장에는 사찰 암행을 나온 교육 '꼰대'들이 즐비하고 학교 방송에선 '촛불행사장에 가면 죽는다'는 엄포가 연일이다. 심지어 광우병 미국산 쇠고기는 안전하다는, 마치 미축산업체 홍보자료 같은 것이 교육 자료로 배포되기에 이르렀다. 맙소사, 정말 깜짝 놀라셨군.

깜짝 놀라신 분들, 이른바 청소년 보호를 위해 촛불행사장에 어슬렁거리시는 검은 양복들을 위해서 청소년을 대신해, 16살에 인격을 완성한 아직도 마음은 청소년인 한 아줌마가 말해주겠다. "우리가 입시 때문에 약 먹고 아파트에서 떨어질 때 당신들 뭐했어? 살려달라고 울부짖을 때, 뭐했냐고. 학교자율화 조처? 영어 몰입 교육? 광우병 쇠고기 수입? 당신들이 무능하고 잔인하니까, 우리가 나설 거야. 왜냐, 우리도 대한민국의 국민이고, 자유와 권리를 가진 시민이거든. 그리고 이건 우리 문제거든. 우리가 당신들의 미래와 건강까지 지켜줄게. 고마우면 그냥 고맙다고 해."

열세 살, 약한 어깨를 두드려준다면

경기 성남시 중원구 성남동 '함께 여는 청소년 학교'의 자아존중감 수업 시간. 자신의 대인관계 스타일을 물어보는 20가지 질문을 읽어내려가던 정민(13·이하 학생과 학부모 이름은 모두 가명)이가 짜증을 내기 시작했다. "너무 어려워!" '잘 모르면 그 사실을 인정한다' '다른 사람 잘못을 보면 직접 말해준다' '나의 느낌을 솔직하게 표현한다' 등의 질문에 1점부터 10점까지 스스로 점수를 매겨보라는 과제다. 무슨 말인지 모르겠다며 잔뜩 부어오른 정민이가 선생님한테 "왜 이렇게 만들어놨어요! 왜 이런 걸 갖고 왔어요!"라고 따진다. 영준(13)이는 아예 모든 질문에 1점을 표시했다. 선생님이 살살 달랜다. "영준아, 다시 잘 읽어보고 질문 내용에 네가 어느 정도로 해당되는지 생각해봐." 영준이가 "무슨 말인지 모르겠어요"라며 투덜대자 선생님은 문제 하나하나를 짚어가며 "친구가 잘못한 걸 보면 영준이는 어떻게 해? 기분이 나쁠 땐 어떻게 해?"라고 차근차근 설명을 해준다. 그제야 영준이는 "아무 말 안 해요"라며 3점, 4점에 점수를 매겼다.

문제를 끝까지 푼 15명 가운데 '신중형 스타일'이 절반 가까운 7명이나 나왔다. "신중형은 소극적이고 혼자 있는 걸 좋아하며 고집스럽고 고민이 많은 성격 유형"이라는 이수희 상담교사의 설명에, 신경질을 내던 아이들이 어느샌가 "맞아, 맞아"라고 고개를 끄덕인다. 삼성사회정신건강연구소에서 자원활동을 나온 이 교사는 "아무래도 아이들이 내성적이고 대인관계에 서툴다 보니 이런 유형이 많이 나오는 것 같다"고 말했다.

22명 학생 대부분 가정환경 만족도 낮아
함께 여는 청소년 학교는 사단법인 '함께 여는 교육연구소'가 성남 지

역 저소득층·저학력 중학교 1학년생을 상대로 운영하는 지역아동센터다. 중1 수업치고는 집중력·이해력이 낮아 보이는 건 이 때문이다. 법적으로 지역아동센터는 만 18살 이하까지 이용할 수 있는데, 실제로는 대부분 초등학생을 상대로 운영되는 까닭에 성남 지역에서 중학생이 갈 수 있는 센터는 이곳을 포함해 2곳뿐이다. 여기선 오후 4시부터 저녁 9시까지 주변 학교의 현직 교사들이 자원활동으로 국어·영어·수학·과학을 '과외'해주고, 운동이나 그림 그리기, 책 읽기, 요리, 공예품 만들기 등 놀이도 함께 한다. 자아존중감을 높이는 수업이나 공동체 안에서 관계 맺는 방법을 알려주는 치유 교실도 운영한다.

청소년 학교에 모인 아이들 22명은 이곳과 연계된 풍생중, 성일중, 성일

여중 등의 기초생활수급권자 자녀 가운데 교사들의 추천을 받아왔다. 초등학교 때부터 다니던 지역아동센터가 이곳과 연계돼 있어 자연스레 오게 된 경우도 있고, 청소년 쉼터에서 온 아이들도 있다. 처음 청소년 학교에 왔을 땐 대부분 과잉행동장애나 폭력장애, 우울증에 시달리는 아이들이었다. 대부분 조손 가정이나 한부모 가정에서 자란 탓일까. 청소년 학교에서 실시한 학습효율성 검사에서 13명이 가정환경 만족도가 100점 만점에 50점 이하였고, 학업유능감 조사에선 17명이 50점 이하로 나타났다.

하지만 다섯 달 가까이 이 학교를 다니면서, 아이들은 조금씩 변하고 있다. 민지(13)는 1학기 중간고사 때 10점이었던 수학 점수가 기말고사에서 60점으로 훌쩍 올랐다. 영은(13)이도 국어·영어·수학·과학 점수가 20~30점씩 올랐다. 아이들은 "공부하는 데 자신감이 붙는다"고 입을 모은다. 민지는 "예전엔 공부라는 단어 자체가 싫었는데, 이제는 좀 재밌는 것 같기도 해요. 수업을 수준별로 나눠서 하니까 알아듣기 쉽고, 잘할 수 있다고 격려도 받고요. 학교에선 못한다고 야단만 맞거나 무시당하잖아요"라고 했다. 민지는 학교의 수준별 이동수업 때 '못하는 반'에 들어가는데, 친구들이나 선생님한테 무시당하는 것 같아 학교에선 모르는 게 있어도 질문하기가 어렵고 그 반에 있다는 것 자체가 창피하게 느껴진다고 했다. 하지만 과목별로 서너 반으로 나뉘어 수업을 진행하는 청소년 학교에선 자신이 어느 반에 들어갈지를 직접 선택할 수 있고, 누가 어느 반에 있든 신경쓰지 않기 때문에 적극적으로 공부를 할 수 있단다. 희영(13)이도 "학교에선 공부 못하고 '노는 애들'이 MP3 플레이어를 틀어놓거나 시끄럽게 해서 집중이 안 되는데 여기선 안 그래요. 선생님들도 학교에선 애들이 말 안 들으면 앉았다 일어나기 벌을 세우지만, 여기선 공부할 마음이 안 들면 다른 방에서 책을 읽거나 잠을 자면 되니까 서로 방해가 안 돼요"란다.

"학교에선 무시당했는데 이젠 좀 재밌어요"

정훈(13)이는 "영어에 관심이 생겼다"고 했다. 학원에 다닌 적이 없어 수업 시간에 선생님이 무슨 말을 하는지 알아들을 수 없었는데, 청소년 학교에서 기초 단어부터 차근차근 배우면서 "이제 좀 알게 됐다"고 자랑스러워했다. 그뿐만이 아니다. 책 읽는 데도 재미를 들였다. 처음 〈김정호 전기〉를 청소년 학교에서 빌렸을 땐 20일도 더 지나서야 반납할 수 있었는데, 지금은 2~3일이면 거뜬하게 한 권을 읽어낸다. 〈해파리의 뼈〉라는 어린이 철학책은 하루 만에 다 읽었다.

아이들은 이곳에서 자신을 사랑하고 아끼는 방법도 배우고 있다. 비슷한 처지에 있는 친구들이라 마음을 터놓기도 쉽고, 서로 이해하고 감싸안아주는 폭도 넓다.

"학교 친구들한테는 사생활 얘기 못하잖아요. 고민을 얘기해도 건성으로 듣고, 소문만 나고……. 말해봐야 답답하기만 해요. 근데 여기서는 서로 처지가 비슷하니까 다 알아들어요. 힘내라고 위로도 해주고요." 왼쪽 손등에 볼펜으로 엄마 그림을 예쁘게 그려놓은 가인(13)이가 조심스레 입을 열었다. 가인이는 초등학교 3학년인 남동생과 엄마랑 셋이 산다. 일용직 노동자인 아빠는 술을 많이 마시고, 엄마를 자주 때렸다. 몇 달 전부턴 아예 집을 나가서 두 달에 한 번 집에 얼굴을 비친다고 했다. "아빠가…… 미워요. 여기 선생님들이 (아빠가 집을 나간 건) 제 잘못이 아니라고 하셨어요." 후드득, 가인이 안경 아래로 굵은 물방울이 떨어졌다.

부모님이 맞벌이를 하는 희영이는 청소년 학교에 오기 전까진 "집에만 있었다"고 했다. 학원이 끝나면 저녁 6~7시쯤 되는데, 부모님이 퇴근하는 밤 10시까지 8살짜리 동생을 돌봐야 했기 때문이다. 희영이는 "너무 심심하고 외로웠는데, 여기 오면 저녁 9시까지 애들이랑 공부도 하고 놀기도 하고 선생님들이랑 얘기도 할 수 있어서 좋다"고 했다.

아이들의 변화에 만족해하는 건 부모들도 마찬가지다. 용규(13) 어머니

김정화 씨는 5년 전 남편의 사업 부도로 이혼한 뒤 혼자 용규와 여동생 정은(12)이를 키운다. 봉제 공장에서 매일 10시간씩 일을 해도 손에 쥐는 돈은 한 달에 채 90만 원이 안 되는데, 월세 22만 원과 각종 공과금을 내고 나면 시장 보기도 빠듯하다. 아이들을 학원에 보내는 건 꿈도 못 꿨다. 김씨는 "애들이 학원을 못 가니까 제 또래들이랑 어울리지 못하는 게 안쓰러웠는데, 청소년 학교에 다닌 뒤로 용규가 많이 밝아지고 안정감이 생겼다"고 했다. 또 "한창 클 나인데, 집에선 먹을거리도 잘 못 챙겨준다는 죄책감이 있다. 그런데 거기서 저녁도 맛있고 깔끔하게 차려줘서 안심이 된다"고 했다.

"나도 대화 상대가 별로 없는데, 선생님이랑 자주 통화하면서 친구처럼, 자매처럼 용규 이야기, 사는 이야기를 많이 나눌 수 있어 고맙죠. 학부모 모임엔 시간이 없어 한 번밖에 못 갔는데, 선생님들한테 아이들 장단점을 듣고, 저처럼 혼자 아이를 키우는 엄마·아빠들이나 할아버지들이랑 얘기를 하면서 공감할 수 있어서 좋았어요. 누가 장학금을 주는 것보다 이렇게 체계적으로 공부하는 방법을 알려주고, 또래들끼리 어울리게 해주고, 아이들을 편안하게 안아주는 게 고마워요. 정은이도 보낼 수 있으면 좋겠어요."

'인생 포기' 엄마도 아이 편지에 눈물

청소년 학교는 아이들 못지않게 부모·가족과의 소통도 중시한다. 아이들이 자라는 공간인 가정이 정서적으로 안정돼야 아이들도 잘 자랄 수 있다는 것이다. 이 때문에 수시로 학부모들과 통화를 하고, 학부모 모임도 두 차례 열었다. 인천 강화도로 다녀온 학부모 나들이에서 부모들은 함께 춤을 추고, '내 인생 최고의 날'을 주제로 짧은 연극도 하고, 아이가 자신한테 보낸 영상 편지를 보면서 자신과 아이들을 돌아봤다. 혼자 어렵게 아이들을 키우느라 우울 증세가 있는 은주(13) 어머니는 이날 자신의 별명을 '인생 포기'라고 지었다. 하지만 자신을 걱정하며 "엄마 사랑해요. 힘내세요"
라고 말하는 은주의 영상 편지를 본 뒤 눈물을 비치며 "기운 내서 잘 지내
겠다"고 소감을 말했다.

형규(13) 어머니는 "형규가 말수가 많은 편이 아닌데, 청소년 학교에선
말도 잘하고 친구들과도 친하게 지낸다고 선생님들이 전해줘서 안심이 된
다"며 "제왕절개로 형규를 낳고 수술실에서 나올 때 어머니가 내 손을 잡
아주시던 순간이 그렇게 포근할 수가 없었는데, 강화도 나들이 때 그 행복
한 순간을 다시 떠올리고 솔직하게 나를 표현할 수 있어서 좋았다. 선생님
들이 학부모들에게도 아이들한테처럼 신경을 써주는 게 고마웠다"고 말
했다.

물론 넉 달 동안 모든 아이들이 100퍼센트 달라진 건 아니다. 분노 조
절을 잘 못하는 현태(13)는 여전히 청소년 학교에 들어서자마자 양말을 벗
어 집어던지고, 수업 시간에도 휴대전화를 받으러 돌아다니기 일쑤다. 고
은(13)이는 2학기가 시작하자마자 할아버지한테 "학교 가기 싫다"고 투정
을 부리다 급기야 나흘 동안 가출을 하기도 했다. 일주일에 한 번씩 하는
자치회의에서 정한 '인터넷 사용은 하루에 30분만'이란 규칙도 게임을 하
다 보면 지키지 못하는 경우가 있다. 하지만 아이들은 선생님의 도움을 받
아 난생처음 방학 숙제를 멋지게 해가며 성취감을 느끼고, 선생님과 친구
들의 관심을 받으며 "내가 사랑받고 있다"는 충만함을 경험하면서 그늘을
벗어나는 방법을 터득하고 있다.

오일화 교사는 "수업을 하러 오는 선생님들과 온라인 멘토링을 해주는
자원봉사자들까지 포함하면 아이 하나를 돌보는 어른이 서넛이 된다"며
"중학교 1학년은 정서적으로나 교육과정으로 보나 한 단계 크게 성장하는
시기인데, 여기서 큰 불안감을 느끼는 아이들한테 맞춘 따뜻하고 체계적
인 도움이 아이들의 눈빛이 부드러워지는 데 힘이 되는 것 같다"고 말했다.

청소년 학교를 운영하는 데 어려움도 적지 않다. 불안장애 등에 시달리

는 아이들은 전문적인 치료가 필요한데, 그런 서비스를 제공해줄 기관도, 비용도 부족하다. 재정적인 고민도 피할 수 없다. 삼성 고른기회장학재단에서 2008년 1억 3천만 원을 지원받았고 함께 여는 교육연구소가 6천만 원을 출연했지만, 건물 보증금과 공사비, 학습 비품 등을 마련하는 데만 5천여만 원이 고스란히 들어갔다. 아직은 월세와 관리비, 상근 교사 월급, 식재료 비용 등 한 달 운영비 600여만 원을 감당할 수 없을 지경은 아니지만, 새로 받을 아이들까지 생각하면 학교 공간을 2배로 늘려야 한다.

35,945명 '청소년 전용센터' 국회 청원

그나마 청소년 학교와 이곳 아이들은 사정이 나은 편이다. 아예 돌봄을 못 받는 저소득층·저학력 중학생들은 훨씬 더 많다. 강명순 한나라당 의원이 보건복지가족부 자료를 분석한 결과를 보면, 전국 지역아동센터 2,810곳 가운데 중고생 전용 기관은 456곳에 불과하다. 그나마 초등학생과 함께 이용할 수 있는 곳도 전체 기관의 3분의 1이 채 안 되는 856곳이다. 지역아동센터를 다니는 아이들이 초등학교를 졸업하고 나면 갈 곳이 없어지는 셈이다. 이 때문에 강 의원은 2008년 8월 11일 "청소년기의 발달 상황에 맞는 복지 서비스가 필요하다"며 교사·주민 등 35,945명의 서명을 받아 청소년 전용 지역아동센터를 설치해달라는 청원을 국회에 제출했다.

오일화 교사는 "초등학생과 중고생은 발달 단계가 다르고, 정서적으로도 필요로 하는 영역이 달라 그에 걸맞은 전문적이고 세분화된 지원이 필요하다. 청소년 학교가 중1만을 대상으로 시작했던 것도 이 때문"이라며 "청소년 전용 지역아동센터 확대가 절실하다"고 말했다.

"양극화에 상처받은 아이들 끌어안자"

"지금 중학생들은 서너 살 때 외환위기가 왔고, 부모의 이혼 등 급속한 가정 해체 속에서 방치된 아이들이 적지 않습니다. 양극화가 심화되면서 일부 지역을 빼면 서울·경기 지역 중학교에서 한 반에 대여섯 명은 이런 아이들인데, 이건 수업을 제대로 진행할 수 없다는 얘깁니다. 교실 안에서 아이들과 소통하고, 정서적인 치유가 이뤄져야 합니다."

이광호 함께 여는 교육 연구소장은 '도시형 대안학교 1호'로 꼽히는 경기 성남시 이우학교를 만든 중심인물이다. 이 소장은 경기도 안에서 기초생활수급권자가 성남 지역에 가장 많고(2006년 경기도청 조사 결과 200,173명 가운데 18,063명), 2005년 경기교육청 조사 결과 학업 중단 중고생 비율이 도 전체 평균인 1.01퍼센트보다 높은 1.43퍼센트(1,158명)에 이른다는 점에 주목해 이 지역 중학생을 위한 지역아동센터를 구상하게 됐다.

이렇게 만들어진 '함께 여는 청소년 학교'는 지역의 다양한 기관·단체들과 유기적으로 네트워크를 형성하고 있다. 이곳에 올 학생들을 추천해주는 성남 지역 중학교들, 초등학생을 대상으로 하는 지역아동센터들, 교사·졸업생들이 학습을 지원해주는 이우학교, 생태 체험과 예술 치료를 도와주는 성남환경운동연합·이야기숲 등 지역 시민단체, 학생과 가족들을 정기적으로 무료 검진해주는 우리솔·밝은덕 한의원……. 이 소장이 운영하는 연구소는 이 모든 네트워크를 구성·관리하고, 교육 프로그램을 개발하는 베이스캠프 역할을 한다.

이 소장은 "청소년 학교는 지역사회와 시민단체, 학교 등이 네트워크를 만들어 도움이 필요한 아이들을 돌보는 일종의 실험"이라며 "이런 모델은 장기적으로 공교육 안에 흡수돼야 한다"고 강조한다. 그는 "학교의 자율성과 교육의 수월성을 강조하는 이명박 정부의 교육정책 방향이 사회 양극화 현상을 더욱 심화시킬 수 있다"고 우려하면서 "공교육이 이런 아이들의 복지 문제를 끌어안지 못하면 무너질 수밖에 없다"고 말했다.

이 소장은 핀란드 교육 모델을 예로 들면서 "핀란드에선 맞벌이 부부가 챙겨주지 못하는 아이들 아침식사를 YWCA 등 시민단체가 제공하고, 방과후 돌볼 사람이 없는 아이들은 지역 시민단체가 위탁받아 공부와 놀이를 함께해준다. 학교에선 중학교까진 수월성 교육을 하지 않는다. 핀란드가 세계 최고의 교육 강국이 된 힘은 이렇게 교육과 복지가 결합된 데서 나왔다"고 주장했다.

십대의 성

내가 십대 레즈비언이다, 어쩔래?

서울에도 레즈비언들의 '레스보스'*가 있다. 그것도 십대들의 레스보스다.

서울의 도심에 이른바 '레즈(비언) 공원'으로 불리는 한 공원이 섬처럼 떠 있다(위험에 노출될 가능성이 있어 공원의 이름과 위치는 밝히지 않는다). 이성애 사회에서 외로운 섬으로 고립됐던 십대 레즈비언들은 그곳에서 자유의 공기를 마시고 친구를 만나고 비로소 '자신'이 된다. 그러나 그곳은 즐겁고도 외로운 섬이다.

"여러분 덕분에 '일차' 잘 마쳤습니다"

봄날의 공원에 소녀들이 앉아 있었다. 검은색 정장을 빼입은 톰보이,

---

* 그리스 동부 에게해에 있는 섬. 이곳의 여성을 레즈비언이라 부르는데, 고대 레스보스에는 여성들만의 공동체가 있었다. 여기서 여성 동성애자를 뜻하는 단어 레즈비언이 유래했다.

©조승연

화려한 옷을 차려입은 여성들이 어울려 얘기를 나눈다. 여기에 운동복 차림에 축구공을 든 여성이 다가가 인사를 나눈다. 이렇게 때로는 서너 명, 이따금 10여 명, 끼리끼리 무리를 지어서 십대 여성들이 일요일 나들이를 즐기고 있었다. 한껏 정성을 다한 그들의 차림에서 오늘의 만남이 얼마나 중요한지 한눈에 드러난다. 공원의 중앙에 10여 명의 소녀들이 줄지어 늘어서 인사를 했다. "천상천하 유아독존…… 여러분 덕분에 '일차' 잘 마쳤습니다. 감사합니다." 흔히 '일차'로 줄여 부르는 '일일찻집'을 주최한 팀의 인사다. 일일찻집은 이 공원을 중심으로 모이는 십대 여성 성소수자들이 스스로 주최자가 되고 다 함께 관객이 되는 문화다. 인사하는 친구들을 바라보며 춤 연습을 계속하는 대여섯 명 소녀들의 손목에는 스탬프가 찍혀 있다. 공원 주변의 호프집을 빌려서 여는 일일찻집의 입장권을 대신하는 손도장이다. 그들은 인기그룹 빅뱅의 춤을 연습하며 말했다. "우리도 7월에 일차를 (주최)하거든요. 연습하는 거예요." 그렇게 그들은 문화 기획자와 공연 관객의 위치를 넘나들며 그들만의 '일차' 문화를 즐긴다.

외로운 섬에 반가운 손님도 있었다. 한국성적소수자문화인권센터(이하 센터) 활동가들이 십대의 손에 소식지 '퀴어뱅'을 건넸다. 소식지에는 성소수자의 자긍심을 높여주는 만화도 있고 안전한 성관계를 위한 지식과 검정고시 학원 정보도 담겨 있다. 센터는 2008년 4월부터 늘푸른여성지원센터의 지원을 받아서 십대 성소수자 여성과 사회적 서비스를 연결하는 이동상담 프로그램 '레인보우 브릿지'(무지개 다리) 활동을 펼치고 있다. 이날도 센터의 활동가들이 공원의 한켠에 상담소를 차리자 십대들이 하나둘 다가와 고민을 나눴다. 이들은 레인보우 브릿지의 사전조사 활동인 '물보라 작전'을 통해서 성소수자 여성들 사이에 무지개 다리를 놓았다. 물보라 작전은 십대 성소수자 여성들의 생활실태 조사를 중심으로 진행됐다. 어느새 안면을 익힌 공원의 십대 몇 명은 반갑게 다가와 활동가들과 인사를 나눴다.

공원의 또 다른 곳에선 한국레즈비언상담소 활동가들이 '학교 종이 띵동'이란 피켓을 들고 '십대 이반 교육환경 개선을 위한 실태조사'를 하고 있다. 레즈비언 '고딩어' 사전 첫 장엔 '띵동'이 나온다. 용례는 이렇다. "너네 학교 종은 어떻게 울려?" 서로를 레즈비언인지 알아보는 질문이다. 만약에 "띵동"이라고 대답했다면 당신은 동성애자. 동성애자를 뜻하는 은어인 '이반'조차 이미 이성애자들이 알아버린 상황에서 십대 성소수자들이 새롭게 개발한 은어가 '띵'이다. 그래서 그들은 '레즈비언'이나 '이반'보다는 '띵'을 애용한다.

인천·강원·부산… 전국에서 모인 '띵'들

레인보우 브릿지 십대 활동가 유성(18·가명)이는 이 공원 출신 띵이다. 그의 첫 번째 공원 나들이는 중학교 2학년 때인 2003년. 그는 학교에서 이미 띵들을 만나고 있었지만 공원에서 처음으로 그렇게 많은 띵들을 보았다. 그리하여 존재 확인. "내가 레즈비언인지 확실하게 몰랐고, 우리 학교에만 그런 애들이 있는 것이 아닐까 했는데 거기서 비로소 맞구나 했다." 일차를 가서 신세계가 열리는 희열도 맛봤다. 그는 "학교에선 이반으로 찍혔고 공부는 이미 늦었는데, 일차를 직접 준비하면서 자신감이 생기고 즐거웠다"고 돌이켰다.

일차에서 그가 맡은 일은 '남웨'. 일차팀은 사장, 부사장, 사회자, 남성 웨이터, 여성 웨이터 등을 맡은 10~20명으로 구성된다. 십대들이 스스로 회비를 모아서 종자돈을 만들고 호프집을 빌린다. 퍼포먼스가 무엇보다 중요한데, 주로 가수들의 춤을 차용한다. 공연 연습엔 짧게는 한두 달, 길게는 1년씩 걸린다. 그렇게 심혈을 기울여 준비한 일차에선 댄스타임, 공개고백 등의 프로그램을 두어서 띵들 사이의 만남도 주선한다. 유성이는 "흥행에 성공하면 1,000명까지 손님이 몰리는 경우도 있었다"고 전했다.

이러한 십대에 의한, 십대를 위한 일차 문화는 2000년대 초반부터 존재했다. 소문난 일차엔 경향 각지의 띵들이 몰려온다. 유성이의 친구 리인(이하 가명)이는 "인천에선 매주 오고, 강원도나 부산에서도 매달 왔다"고 전했다. 그곳은 대한민국 십대 레즈비언의 해방구인 것이다.

공원의 십대에겐 '또 하나의 가족'이 있다. 진짜 가족에게서는 이해받지 못하는 성정체성을 가진 아이들이 서로를 엄마, 아빠, 아들, 딸로 부르며 새로운 가족을 만드는 것이다. 리인이는 "친가족에게 느끼지 못했던 면을 선배나 친구들 속에서 찾으면서 심리적 안정감을 얻는다"고 말했다. 자신들이 배제당한 기성의 가족문화를 반복하는 한계도 있지만, 서로를 그만큼 '끔찍하게' 아낀다는 방증이다. 이렇게 혈연처럼 단단히 엮인 공원의 내부 지지 체계는 가출 뒤에도 기대는 언덕이다. 166명을 대상으로 한 '물보라 작전' 조사에서 가출한 이후에 누구와 살았는지 묻는 질문에 52.6퍼센트가 이반 친구나 선후배와 지냈다고 응답했다.

이 공원 바깥에도 자신을 드러낸 십대 성소수자들이 있다. 2008년 5월 10일 오후, 서울 여의도 한강시민공원 나무 그늘 아래서 이들의 '전국구 모임'이 열렸다.

인권운동 커뮤니티 활동에 신난 아이들

대전에서 올라온 중학생 지민(이하 가명), 대구에서 올라온 고교생 진기, 강원도에서 올라온 대학교 1학년 은희 등 청소년 20여 명이 모여 앉았다. 봄소풍을 나온 청소년 성소수자 커뮤니티 '라틴'('레인보우 틴에이저'의 줄임말·cafe.daum.net/Rateen)의 회원들이다. 이들 가운데 경기도 분당에 사는 중학교 3학년 여학생 서진이(15)는 서울의 한강도, 이반(동성애자)도 이날 처음 보았다. 각별한 첫날을 맞은 서진이는 게임을 하다가 벌칙에 걸려 노래를 불렀다. "반갑습니다~ 동포 여러분~ 이렇게 만나니 반갑습니다~."

평생 처음으로 혼자서 서울에 와봤다는 서진이는 "어떤 결심을 하고 집을 나서서 버스를 타고 여기에 왔는지 나도 모르겠다"고 말했다. 그리고 중학교에 들어와 자신이 여성을 좋아한단 생각에 힘들었던 기억을 토해냈다. 얼마 전 두 살 위의 언니에게 커밍아웃을 했다가 '하나님의 섭리를 역행하는 죄인'이란 소리를 들었던 아픈 기억, 정말로 다니고 싶었던 교회에 나갔을 때 전도사가 '가정은 올바른 남녀의 결합'이란 얘기를 하자 남들은 웃는데 혼자서 털썩 주저앉아 말없이 울었던 기억을 곱씹었다. 그래도 비로소 '동포'를 만난 소녀의 얼굴엔 웃음이 번졌다.

이날 모임에 참석한 맑음(17)이는 중학교 시절에 공원에 몇 번 나갔지만 공원 문화에 적응하기 힘들었다고 한다. 그래서 성인이 되기 전까지 정체성에 대한 탐색을 묻어두어야 하나, 고민하던 즈음에 라틴을 만났다.

라틴을 만든 진기(18)는 대구발 서울행 고속버스 첫차를 벌써 여러 번 탔다. 매달 열리는 라틴의 정기모임을 위해서 새벽 6시 20분 첫차를 탔다. 진기는 "지방에선 성소수자 인권운동을 접할 기회가 적다"며 "그래서 자기 안의 호모포비아도 크고 탈반도 많이 한다"고 덧붙였다. 그렇게 답답했던 진기는 스스로 성소수자의 인권을 얘기하는 커뮤니티를 만들었다. 현재 라틴의 회원 수는 560여 명. 그는 "정말로 이만큼 커뮤니티가 커질 줄은 몰랐다"며 "목마른 인재들이 스스로 찾아왔다"고 말했다. 라틴은 한 달에 한 번씩 성소수자 관련 토론 모임을 연다. 이날도 봄소풍을 나오기 전에 퀴어 퍼레이드에 들고 나갈 피켓을 만들었다.

라틴에는 소수자 중의 소수자 정체성을 가진 청소년도 있다. '여고에 다니는 남학생' 준엽(18)이는 스스로를 '여성에서 남성으로'(Female To Male) 트랜스젠더로 소개했다. 어린 나이에 스스로를 레즈비언도 아닌 트랜스젠더로 정체화한 것이다. 준엽이는 "열다섯 살에 레즈비언의 정체성도 받아들이지 못해 스스로 가방끈으로 목을 조였다"며 "고등학교 2학년 때 어렵게 선배 FTM 트랜스젠더를 만나 내 정체성을 확인했다"고 말했다.

그렇게 어렵게 성정체성을 찾아온 준엽이는 "어른들은 성인이 된 뒤 (성정체성을) 결정하라고 하지만 사실 그 말에는 어른이 되면 그렇지 않을 것이란 전제가 들어 있다"고 말했다. "치마를 입고 있으면 벗고 있는 것 같다"는 그가 여고를 다니며 겪었을 고충은 '안 봐도 비디오'다. 날마다 "여자냐 남자냐"고 나무라는 교사들과 전쟁을 치렀다. 그는 "지금도 여자로 패싱할 수밖에 없는 상황이 온다"며 한숨을 지었다. '패싱'(Passing)이란 자신의 정체성을 정확히 드러내면 차별받기 때문에 자의 반 타의 반으로 정체성을 숨기는 일을 말한다.

이렇게 새로운 세대의 레즈비언들은 동성애자 인권운동의 오래된 슬로 건을 몸으로 실천하고 있다. '침묵은 죽음이고, 행동만이 삶이다.'(Silence Is Death, Action Is Life) 더 이상 행복은 무지개 너머에 있지 않다. 바로 여기가 무지개 너머의 섬이다.

성소수자 집회에 떠오르는 '십대팀'

자신의 문제에 맞서는 십대 레즈비언들은 성소수자 인권운동의 희망 으로 떠올랐다. 2007년 성적 지향을 차별금지 항목에서 삭제한 차별금지 법안에 반대하는 운동 과정에서 레즈비언 십대들의 활약은 빛났다. 이들 의 갑작스런 등장은 성소수자 차별반대 연대운동체인 '무지개 행동'이 십대 팀을 별도로 결성하는 것으로 이어졌다. '십대팀'은 당시 서울 대학로에서 차별금지 법안에 반대하는 퍼포먼스도 벌였다.

서울 북아현동에선 십대팀의 춤연습이 한창이었다. 인기가수 아이비 의 흥겨운 노래가 흘러나오는 가운데 십대팀 아이들이 춤을 추고 있었다. 공연을 준비하는 십대팀 10명 중에 9명이 레즈비언. 가히 '청소녀 아마조네 스'의 전성기다. 이들은 일일찻집 준비에서 익혔던 노하우를 후원파티에 쓰 고 있다. 이들이 주최하는 '성소수자 십대가 십대를 위해 만드는 커밍아웃 가이드북' 발간을 위한 후원파티는 홍익대 부근 클럽에서 열린다.

언니, 나이 든 동성애자 처음 봐요

한채윤 한국성적소수자문화인권센터 대표

2008년 십대에서 육십대까지 여섯 세대에 걸친 레즈비언들이 함께 만나 소통해 찬란한 역사를 만들어나가자는 뜻에서 '육색찬란'이라고 이름 붙인 한국 최초의 캠프가 강원도에서 열렸다. 아쉽게도 육십대 참가자는 없었지만 오십대까지의 다양한 세대 총 50여 명의 레즈비언(바이섹슈얼·트랜스젠더 레즈비언까지 포함해)이 모였다. 특히 '육색찬란 캠프'는 미성년자라는 이유로 늘 배제됐던 십대들이 다른 세대들과 함께 참여한 캠프라는 점에서 의미가 크다.

나이차 극복하고 놀 수 있을까 했더니

지금까지 동성애자 커뮤니티에서 십대와 비(非)십대는 서로 등을 돌린 듯 소원하게 지내왔다. 상황이 이렇게 된 것은 청소년보호법이 제정된 1997년으로 거슬러 올라간다. 당시 청소년보호법은 (국가보안법보다 더한 악법이라는 비판의 목소리가 높았듯이) 청소년들을 어떤 식으로든 '성적'인 것과 연결시키면 범죄라는 식이었고, 사이버 공간의 동성애자 모임들은 애매하게 법에 걸려 모임 해체를 겪을까 봐 아예 청소년 가입을 금지해 모임의 '적법성'을 보장받았다. 물론 동성애자 인권운동 단체에서는 청소년 동성애자들을 위한 여름학교를 여는 등 연결고리를 만드는 노력을 기울였지만, 친목 기반의 커뮤니티는 성인 모임과 청소년 모임으로 완전히 이분화됐다.

2002년에 한국 최초의 동성애자 웹사이트인 엑스존(exzone.com)이 청소년 유해 사이트로 지목되면서 이에 항의하는 운동이 조직됐고, 이를 계기

2007년 '퀴어문화축제'의 한 모습.

로 청소년보호법의 동성애자 차별 조항을 삭제해야 한다는 문제의식이 확산됐다. 청소년보호법의 독소조항이 2004년 개정되기는 했지만, 이미 시작된 '분리'를 멈추게 하기엔 역부족이었다. 십대와 비십대들은 서로에 대한 소식을 마치 남의 동네 이야기를 풍문으로 듣는 정도로 계속 멀어져갔다.

2007년 한국성적소수자문화인권센터에서는 십대 성적 소수자에 대한 실태조사를 기획하면서 많은 십대들을 직접 만나 이야기를 나누게 됐는데, 이때 만난 한 십대 청소년 동성애자의 말을 빌리자면 "스물두 살 넘은 레즈비언은 없는 줄 알았어요"라고 할 정도였다. 바로 이런 말들이 육색찬란을 기획한 계기였다.

청소년기의 고민을 혼란과 방황, 혹은 착각으로만 치부해버리는 사회에서 십대 동성애자들이 자신의 사랑이나 삶에 확신을 갖기 어렵다. "나이 들어서도 사랑하는 사람이랑 살 수 있나요?"라고 묻는 십대의 고민을 함께 나눌 자리가 필요했다. 나이 든 동성애자를 만나보지 못했기에 나이 든 자신의 모습을 상상하기도 힘들었을 것이다. 지금과 다른 삶을 상상하고 과거의 나를 해석하며 미래의 나를 기획하는 것은 나의 일상 테두리 밖의 이들과 만날 때 가능하다. 육색찬란 캠프는 십대들에게 '이 사회에서 당당하게 자신의 삶을 살아가고 있는 좀더 나이 든 레즈비언들'의 모습을 눈앞에 보여주자는 소박한 목표로 시작됐다.

뒤풀이는 '커밍아웃 가이드북' 후원 파티

그러나 과연 십대부터 오십대까지 별 마찰 없이 소통할 수 있을지, 혹여 캠프에서 도리어 갈등이 깊어지면 어떡하나 걱정도 없진 않았다. 단지 '여성을 사랑하는 여성'이라는 공통점만으로 연령차나 지역차, 그리고 각기 가치관의 차이를 뛰어넘을 수 있을지도 의심스러웠다. 하지만 이 모든 건 기우였다. 첫날 참가자들의 이름과 별자리와 취미 등을 조사하는 빙고 게임에서부터 연애와 섹스, 커밍아웃과 아우팅, 종교, 취업과 독립 등 여러 주제로 이야기를 나누는 수다방, 배정된 방별로 준비하는 장기자랑까지 모든 프로그램 진행에서 참가자들은 서로의 '나이'는 전혀 중요하지 않은 듯 함께 어울렸다.

이성애 사회가 흔히 상상하는 그런 세대 차이는 문제가 아니었다. 육색찬란에서의 소통은 단순한 세대차이 극복 프로젝트가 아니라, 다른 듯하지만 사실은 같은 억압을 겪고 있는 동질적 존재로서 서로를 발견하는 소통이었다. 그 소통을 통해 진심으로 세대 간 연대의 가능성을 꿈꿀 수 있었다.

캠프가 끝나고 십대들은 부모님이나 선생님이 아닌 어른들과 생활의 소소한 이야기를 나눈 것만으로도 정신적 위안을 얻었다며 감사해했고, 결혼 압력과 독립에의 욕구 사이에서 고민에 휩싸인 이십대는 이미 그 고

비를 넘긴 삼십대에게 갈등 극복의 요령을 들을 수 있어 좋았다고 평가했다. 삼십대 이상은 "십대들이 마냥 어리기만 할 줄 알았는데 예상보다 사려 깊어서 좀 놀랐어"라며 그동안 무심했던 자신을 반성하고 이제는 자신이 가진 자원을 십대들을 위해 쓸 수 있는 방법을 찾고 싶다고도 했다.

첫 번째 캠프라 진행상의 부족함은 있었지만, 황금 연휴였던 2박3일을 기꺼이 캠프에 쏟았던 참가자들에게 세대 간의 교류가 얼마나 절실한지만큼은 알 수 있었다. 그 덕에 캠프의 뒤풀이는 흔한 술자리가 아니라 십대 동성애자 친구들이 직접 마련한 '청소년을 위한 커밍아웃 가이드북 제작을 위한 후원 파티'에 참여하는 것으로 정해졌다. 이제 이렇게 한 걸음씩 시작이다.

제 2 3 조

모든 사람은 일할 권리, 자유롭게 직업을 선택할 권리,

공정하고 유리한 조건으로 일할 권리,

실업상태에서 보호받을 권리가 있다.

모든 사람은 차별 없이 동일한 노동에 대해

동일한 보수를 받을 권리가 있다.

노동자도
사람이다

여성 노동자는 앉고 싶다

"앉고 싶다."

정은미(가명) 씨 입에서 외마디가 새나왔다. 정 씨는 서울의 한 백화점 1층 매장에서 일하는 판매사원이다. 오전 9시 30분에 출근해서 이 시각까지 점심시간 1시간 쉰 게 다다. 그가 일하는 매장에는 의자가 없다. 점심을 먹은 오후 1시부터 6시까지 5시간을 줄곧 반듯한 정자세로 서 있었다. 얼마 전 백화점의 모니터링에서 '자세 불량'으로 경고를 받았기 때문에 요즘 자세에 더욱 신경을 쓰는 중이다. 이날따라 손님이 없는 탓에 제품에 대해 설명하느라 손을 움직이거나 폭 70cm의 ㄱ자 모양 좁은 매장을 왔다갔다 할 일도 없었다. 손님이 없으면 대기 자세로 가만히 서 있어야 하기 때문에 더 힘들고 지루하다.

정 씨는 하지정맥류 진단을 받고 3개월간 주사로 치료했다. 하지정맥류는 다리 부분에서 혈액이 제대로 순환하지 못하고 정체돼 혈관이 부풀어오르는 병이다. 서 있는 시간이 길면, 발병 확률이 높다. 3년 전부터 혈관이 부풀어올라 겉보기에 흉했지만 별다른 통증이 없어서 내버려뒀더니, 이제는 걸을 수 없을 정도로 아프다. 치료하는 데만 120만 원이 들었다. 그 뒤로도 **빡빡한** 하지정맥류 스타킹을 신고 몇 달을 더 지내다가 겨우 스타킹을 벗었는데, 6개월도 채 지나지 않아 다시 사라진 실핏줄이 눈에 보이기 시작했다. "다리가 피로를 느낄 때는 앉아서 쉬어줘야 해요. 안 그러면 재발합니다." 머릿속으로 의사의 충고가 스쳤다. 그러나 매장에는 의자가 없으니 앉아서 쉴 수가 없다. 사정은 의자가 있는 매장도 다르지 않다. 판매 직원이 앉아서 손님을 맞는다는 것은 서비스 정신에 어긋난다는 게 이 백화점의 '깨뜨릴 수 없는' 방침이다.

6개월이 채 지나지 않아 재발

하루 8시간 이상을 서서 일하는 백화점 판매식 여성 노동사들의 건강권이 위험에 놓여 있다. 민주노총 서비스연맹은 백화점에서 서서 일하는 판매직 여성 노동자 88명과 카드회사 등에서 앉아서 일하는 전화상담원 및 사무직 여성 노동자 169명을 대상으로 하지정맥류 검사를 했다(보통 이런 조사를 할 때는 대조군을 실험군의 2배 이상으로 설정하기 때문에 앉아서 일하는 여성을 더 많이 조사했다). 그 결과 서서 일하는 시간이 하루 8시간이 넘는 판매직 여성 88명 중 하지정맥류 진단을 받은 이는 모두 30명으로 나타났다. 반면, 앉아서 일하는 169명 중 하지정맥류 진단을 받은 경우는 7명에 불과했다. 앉아서 일하는 노동자의 유병률은 4퍼센트인 데 비해, 서서 일하는 노동자의 유병률은 34퍼센트로 무려 8배 이상 높다.

서서 일하는 기간이 길수록 하지정맥류 유병률도 높았다. 각 요인이 병을 유발하는 정도를 나타낸 위험비를 조사한 결과, 서서 일한 기간이 하지정맥류의 발병에 미치는 영향이 가장 높았다. 서서 일한 기간이 3년 미만인 사람보다 3~5년 일한 사람이 하지정맥류에 걸릴 확률이 8.9배 높은 것

으로 나타났다. 3년 미만 일한 사람과 5
년 이상 근무한 사람을 비교하자 그 간
극은 더 커져, 무려 12배 높은 것으로
나타났다. 윤간우 녹색병원 전문의는
"출산 경험, 가족력 등 요인도 위험비가
높은 것으로 나타났지만, 이번 검진에
서 보듯 서서 일하는 기간이 길수록 하
지정맥류에 걸릴 확률은 높았다"고 설
명했다(표 참조). 그는 "하지정맥류는 오
래 서 있어서 생기는 병인데, 종일 서서
일하는 분들은 중간에 적절히 앉아주
면 발병률을 많이 낮출 수 있다"고 말
했다.

의자만 있으면 해결되는 문제지만,
백화점의 의자들은 대부분 고객용이
다. 정은미 씨가 일하는 백화점 현관 앞

서서 일하는 노동자의 하지정맥류 유병률

직업	유통업체 판매 여성	콜센터 직원·사무직
조사대상	88명	169명
하지정맥류	30명	7명
유병률	34%	4%

요인별 정맥류 위험비

요인			위험비
나이	20~30대	40~50대	0.679
서서 일한 기간	3년 미만	3~5년	8.982
(1일 8시간 근무)	3년 미만	5년 이상	12.735
비만	정상	비만	0.446
가족력	없음	있음	2.571
출산 경험	0회	1회 이상	5.549

*위험비는 각 요인이 병을 유발하는 정도를 나타낸 값이다. 출산 경험의 위험비가 5.549라면, 출산 경험이 없는 사람에 비해 출산 경험이 있는 사람이 병에 걸릴 확률이 5.549배 높다는 얘기다. 하지정맥류의 경우 서서 일한 기간이 발병에 가장 큰 영향을 미치는 것으로 나타났다.
자료: 민주노총 서비스연맹

에는 고객용 등나무 의자가 아무도 앉지 않은 채로 놓여 있었다. 현관 밖
에도 벤치 여러 개가 놓여 있었다. 그러나 모두 '고객의 쉼터'다. "저희는 고
객용 의자에는 앉을 수가 없어요. 잠깐이라도 앉았다가 일어설 수 있는 공
간이 1층 언저리에 있었으면 좋겠네요." 55개 화장품·가방 매장이 꽉 들어
찬 화려한 백화점 1층을 둘러보며 정 씨가 말했다. 정 씨가 쉬기 위해서는
지하 2층에 있는 직원 전용 휴게실로 내려가야 한다. 10분 쉬기 위해 지하
2층에 가면 내려가고 올라오는 데 2~3분이 지나간다.

10분 앉으려고 다른 층의 휴게실로

매장 내에 의자가 있는 경우에도 앉을 수는 없다. 백화점 화장품 매장

에는 손님과 상담할 때 앉는 의자가 있다. 그러나 이 의자는 말 그대로 상담용일 뿐이다. 손님용으로 마련된 의자가 놓인 의류 매장에서도 마찬가지다. ㄱ백화점 화장품 매장에서 일하는 김아무개 씨는 "아무리 다리가 아파도 손님이 없을 때도 매장 내 의자에 앉을 수 없다"며 "앉으려면 휴게실이 있는 2층이나 4층으로 가야 한다"고 말했다.

ㅅ백화점 6층 아동복 매장에서 일하는 박아무개 씨는 "예전에 목동 '행복한 세상'이라는 매장에서 직원이 앉아서 판매할 수 있도록 한 석이 있어요. 그런데 고객들이 이걸 못 받아들여서 결국 나중에 의자를 다 치웠어요. 여기 의자가 두 개 있지만, 앉는다는 것은 상상도 못할 일이에요"라고 말했다. 다른 의류 매장에서 일하는 이아무개 씨는 "저희 매장은 직원이 4명입니다. 의자도 두 개가 있죠. 사실 4명 모두 종일 서 있을 필요는 없어요. 4명 중 2명이 서서 고객 응대를 하면 다른 2명은 앉아 있는 것도 합리적으로 일할 수 있는 방법인데, 그런 게 불가능해요"라고 말했다. 이 씨는 "컴퓨터 전산 작업을 할 때도 앉아서 하면 집중도 잘될 텐데……"라며 말을 흐렸다.

매장 내에 의자가 없거나 의자가 있어도 앉을 수 없는 것은 물론이고,

백화점별 휴게실 현황

롯데백화점 노원점

구분	근무인원	휴게실 개수
지하 1층	455	2
1층	417	1
2층	248	1
3층	268	0
4층	224	2
5층	292	0
6층	255	1
7층	239	1
8층	538	1

현대백화점 목동점

구분	근무인원	휴게실 개수
지하 2층	503	6
지하 1층	568	3
1층	497	0
2층	154	1
3층	149	1
4층	187	2
5층	247	1
6층	119	1
7층	7	1

자료: 민주노총 서비스연맹

롯데백화점 본점

구분	근무인원	휴게실 개수
지하 1층	720	1
1층	730	0
2층	300	1
3층	360	1
4층	360	1
5층	430	1
6층	280	1
7층	340	1
8층	440	1

갤러리아 명품관(동관)

구분	근무인원	휴게실 개수
1층	평균 150~170	0
2층	〃	1
3층	〃	0
4층	〃	1

자료: 백화점 홍보실

발끝이 들어가는 공간, 발판과 깔개

하루 종일 서서 일하는 사람들의 작업 환경은 어떠해야 할까. 백화점이나 마트에서 카운터를 앞에 두고 좁은 공간에서 종일 서 있는 계산원, 재고나 지난 상품을 매대에 내놓고 하루 종일 팔거나 향수·보석 등 진열장을 앞에 두고 종일 서 있는 판매원 등은 카운터, 매대, 진열장이 작업 공간이다.

미국 보건행정안전국은 서서 일하는 노동자들이 편안하고 건강한 자세를 유지하도록 하기 위해 이런 공간에 대한 가이드라인을 제시했다. 발끝이 들어갈 수 있는 공간을 만들고, 발바닥이 편안하도록 발판이나 푹신한 깔개를 깔아야 한다(그림 오른쪽). 둘 다 조금만 신경쓰면 금방 실천할 수 있는 것들이다. 현재 우리나라 마트나 백화점에서 서서 일하는 노동자의 작업대에는 이런 배려가 전혀 없다(사진 왼쪽).

휴게실도 절대적으로 부족하다. 민주노총 서비스연맹과 〈한겨레21〉은 갤러리아백화점 명품관 동관, 롯데백화점 본점·노원점, 신세계백화점 본점, 현대백화점 목동점 등 서울의 다섯 군데 백화점을 대상으로 휴게실 현황을 조사했다. 이 중 휴게실이 층마다 있는 곳은 신세계백화점 본점 한 군데에 불과했다. 롯데백화점 노원점은 3층과 5층, 롯데백화점 본점과 현대백화점 목동점은 1층에 휴게실이 없었다. 갤러리아백화점은 2층, 4층에만 휴게실이 있었다.

정민정 민주노총 여성부장은 "백화점 직원들은 쉴 수 있는 시간이 간식 시간 30분, 상황에 따른 티타임 20분 등 하루 평균 30~50분에 불과한데, 이 시간 동안 동선이 긴 백화점에서 다른 층까지 오고 가는 것은 너무 많은 시간이 들어 다른 층에 있는 휴게실은 이용하기 힘들다"며 "층마다 다리를 편안히 하고 쉴 곳이 필요하다"고 말했다. 롯데백화점 본점 1층에서 일하는 김경란(가명) 씨는 "지하 1층 휴게실까지 가려면 너무 멀기 때문에 2층에 있는 직원 통로의 계단에서 주로 쉰다"고 말했다.

통로에서 밥도 먹고 커피도 마시고

김 씨를 따라 직원들이 다니는 직원 동선 구간에 가봤다. 1층의 한 명품 매장 옆 통로를 꺾어드니 문이 나왔다. 문을 밀자 화려한 백화점 매장과는 상반되는 어두컴컴한 직원용 통로가 나왔다. 그 계단을 걸어 올라가자 의류 상자들이 여기저기 쌓여 있었다. 바닥에는 유니폼을 입은 다른 매장 직원 3~4명이 주저앉아 이야기를 나누고 있었다. 김 씨는 "여기는 일하는 직원이 정말 많거든요. 다른 백화점의 두 배예요. 그런데 휴게실은 다른 백화점과 마찬가지로 층마다 하나씩이에요. 결국 이런 통로에서 쉬는 거죠. 여기저기 상자를 깔고 앉아서 밥도 먹고 커피도 마시고 그래요"라고 말했다.

지하 1층 푸드코트에서는 손님과 섞여 음식을 먹을 수 없기 때문에 음식만 사서 15층 직원식당으로 가는데, 밥은 빨리 먹어야 하고 15층까지는 너무 먼 탓에 통로 바닥에 주저앉아 먹기가 일쑤라고 한다. 통로에선 치마를 입은 판매 직원이 무릎 꿇은 자세로 쉬고 있는 모습도 보였다. 치마를 입고 바닥에 앉기가 어려워 이런 자세로나마 쉬고 있는 참이다. 다시 직원 전용 통로인 초록색 계단이 나왔다. 그 계단 통로 여기저기에 직원들이 앉아서 담배를 피우거나 쉬고 있었다. 홍보실 관계자는 "인원은 많지만 공간은 부족하기 때문에 직원용 통로에 의자를 두고 휴식 공간으로 이용하고 있다"고 말했다.

갤러리아 백화점에 근무하는 ㄱ씨도 "4층 휴게실에 쉬려고 가면 사람들이 너무 많아 쪼그리고 앉아서 기다리다가, 한 사람이 나가면 그제야 자리로 가서 누울 때도 많다"고 말했다.

직원들이 '쉬는 곳'에 대한 백화점의 방침도 문제다. 홍보실 직원이 "층마다 쾌적한 휴게실을 갖추고 있다"고 소개한 신세계백화점 본점 1층 여성쉼터를 가봤다. 들어가니 녹초가 된 여직원 20여 명이 의자에 앉아서 발을 뻗고 쉬고 있었다. 환기가 잘 되지 않아 퀴퀴한 냄새가 코를 찔렀다. 휴게실 곳곳에는 피곤에 절어 의자를 붙여 누워 있는 직원도 여러 명이었다. 휴게실에서 쉬고 있던 한 직원은 "환기가 잘 되지 않아 답답하다"고 말했다. 이 직원은 "종일 서 있다가 점심 시간에 잠깐, 또 간식 시간에 잠깐 와서 쉬는 건데, 누워 있으면 백화점 직원이 와서 톡톡 두드린다"고 귀띔했다. 그는 "휴게실에서 누우면 다른 직원이 이용하지 못한다는 건데, 그러면 다른 백화점처럼 잠시 누워서 몸을 쉴 수 있는 공간을 만들어줘야 하는 것 아니냐"라고 말했다.

백화점은 이율배반의 공간이다. 쇼핑하는 손님들은 점점 넓고 쾌적한 공간에서 편리하게 쇼핑할 수 있다. 그러나 고객의 공간이 넓어질수록 그곳에서 일하는 직원들의 공간은 좁아지고 있었다. 직원들은 마땅히 앉을 곳도 없고 편안히 쉴 곳도 부족했다. 갤러리아백화점에서 근무하는 한 직원은 "예전에는 3층에도 직원 휴게실이 있었는데 3층을 수선실로 바꿨어요. 고객에게 더 빨리 수선 서비스를 제공하기 위해서죠. 직원의 공간을 줄여서 고객의 편의를 확보하는 식이죠"라고 말했다.

의사와 변호사는 앉아서 일하는데

민주노총 서비스연맹, 전국여성연대, 한국여성민우회, 노동건강연대,

노동환경건강연구소, 참여연대 등은 '서비스 여성 노동자에게 의자를 주자'는 국민캠페인단을 구성했다. 서비스 노동자들에게 의자를 제공하는 것에 대한 고객 동의를 확보하는 사회적 분위기를 조성하고, 백화점 사업주와 노동부에 요구를 전달하는 것을 주요 내용으로 한다. 정민정 민주노총 여성부장은 "의사와 변호사가 고객을 맞을 때 앉아 있다고 해서 아무도 무례하다고 생각하지 않지만, 백화점 판매 직원들이 앉아 있으면 무례하다고 생각한다"며 "고객의 그런 인식이 백화점 업계에서 직원들을 앉지 못하게 하는 원인이 되는 측면도 있다"고 말했다. 이 때문에 국민캠페인단은 백화점 업주들을 설득하는 것은 물론, 고객의 인식 전환도 함께 유도할 예정이다. 정 부장은 "고객을 기다리는 동안 다리가 아플 때 잠시 앉아서 쉴 수 있으면, 몸과 마음이 피로한 채로 일하는 것보다 훨씬 좋은 서비스를 제공할 수 있을 것"이라고 말했다.

산업안전보건법 산업안전보건기준에 관한 규칙 제277조는 "사업주는 지속적으로 서서 일하는 근로자가 작업 중 때때로 앉을 수 있는 기회가 있는 때에는 당해 근로자가 이용할 수 있도록 의자를 비치해야 한다"고 규정하고 있다. 그러나 '고객이 왕'인 백화점에서는 이 법도 뒷전이다.

판매직 여성노동자 직업병들

민주노총 서비스연맹은 2008년 3월부터 6월까지 백화점 화장품 판매직 여성노동자 618명을 대상으로 설문조사를 했다. '직장에서 가장 먼저 해결돼야 할 것'에 대한 질문에 응답자의 절반에 가까운 249명(41.5%)이 "아픈 다리 문제를 해결하는 것"이라고 답했다. 166명(27.6%)은 "과도한 평가 금지"를, 151명(25.1%)은 "제대로 휴가를 갈 수 있는 것"을 원했다. △폭력 문제 해결 △화장실 증설 △식수 설치도 요구사항에 포함돼 있었다.

판매직 여성노동자들은 하지정맥류 외에도 여러 가지 병들로 고생하고 있었다. 230명이 알레르기성 비염을, 153명은 방광염을 앓고 있었다. 우울증에 걸렸다고 응답한 사람도 57명으로, 전체의 9.7퍼센트를 차지했다. 방광염이 있다고 응답한 한 직원은 "고객을 상대하다가 화장실을 가기가 힘들기 때문에 참는 버릇이 생겼다"며 "그러다 보니 물도 잘 안 먹게 되고, 결국 방광염에 걸렸다"고 말했다. 우울증을 호소하는 직원은 "매장에서 항상 웃으며 고객을 상대하잖아요. 고객이 어떤 모욕적인 말을 해도 웃어넘기잖아요. 이 때문에 집에 오면 갑자기 과격하고 폭력적으로 변해요. 집에 가는 길에는 자꾸 우울해지고 말을 안 하기도 해요"라고 말했다.

'감단직' 노동 착취 현장, 아파트

"경비는 사람 취급도 안 하죠, 뭐."

사방이 어둑해진 경기 일산의 한 아파트 단지 안. 주민들의 분리수거를 돕던 아파트 경비원 이광철(72·가명) 씨가 허리를 펴면서 말했다. "화요일이 제일 정신없는 날이에요, 분리수거일이라." 푸른색 유니폼의 가슴에는 그가 속한 용역회사의 이름이 붙어 있다. 그는 용역회사에서 이 아파트 단지에 파견된 직원 12명 중 하나다.

"연금, 자녀 지원 없어 월급 95만 원이 전부"

새벽 6시부터 다음날 새벽 6시까지 꼬박 일하고 그가 받는 월급은 952,000원. 969,000원에서 의료보험 17,000원을 뺀 금액이다. 월급명세서엔 여기까지만 적혀 있다. 몇 시간 일해서 얼마를 받게 된 건지, 용역회사가 얼마를 떼어갔는지는 알 수 없다. 하루 24시간씩 한 달의 절반을 일하니 2008년 최저임금인 시간당 3,770원만 적용해 계산해도 그의 봉급은 최소한 1,357,200원이 돼야 한다. 하지만 이는 '꿈같은 소리'다. 그는 이른바 '감단직'(감시적·단속적 노동자)이기 때문이다.

감단직은 최저임금법도 비껴가는 노동시장의 사각지대다. 최저임금법 5조는 기업에 입사한 지 3달이 안 된 수습사원과 함께 감단직 노동자는 이 법의 적용을 받지 않도록 했다. 경비원, 검침원 등과 같은 감시적(監視的) 노동자와 아파트·건물의 전기·냉난방 기술직 등 단속적(斷續的) 노동자는 다른 일반 노동자처럼 노동의 강도가 세지 않거나 업무가 연속적이지 않기 때문이라는 게 그 이유다. 이 때문에 1953년에 만들어진 근로기준법도 '근로시간, 휴게와 휴일에 관한 규정' 등에서 감단직은 예외로 하고 있다. 그래서 감단직 노동자는 주 40시간 노동의 시대에 84시간을 일할 수 있고, 사용자는 이들에게 연장근로수당과 휴일근로수당을 지급하지 않아도 된다. 2004년 노동부 용역으로 비정규노동센터가 실시한 '감시·단속적 근로자 실태조사'에 따르면, 이 씨 같은 감단직 노동자는 334,846명에 달했다. 이 가운데 65.3퍼센트에 해당하는 218,000여 명이 경비 및 건물 관리인이었다. 그 뒤로는 정확한 실태 파악이 돼 있지 않다는 게 노동부의 설명이다.

이 씨가 월급 95만 원을 받는다고 해서 그의 노동이 '늘그막에 놀기 뭣해서' 하는 건 아니다. 생존을 위한 몸부림이다. 빌딩 청소부 일을 하던 이씨 부인이 쓰러졌는데 병원비가 만만치 않다. 8년간의 청소부 생활로 온몸에 골병이 들었으니 이제 다시 일하기는 어렵다. 자식 셋은 출가했지만, 그들도 사교육비 부담에 형편이 어렵다. "큰아들은 애들이 중학생, 초등학생이니까 학원 두세 개씩 보내느라고 절절맨다더라고. 용돈은커녕 집에도 잘 못 와요. 우리도 애들한테 폐 끼치고 싶지 않고……."

국민연금 가입자도 아닌데다 개인연금을 들어놓은 것도 없는 그에게 이 일은 유일한 노후 보장책이다. 얼마 전 65살 이상 저소득층에게 지급하는 경로수당을 신청해봤지만 그마저도 자식과 수입이 있다는 이유로 떨어졌다. 이 씨는 "경비들은 대부분 벌어놓은 것도, 연금도 없는 처지라 해고될까 무서워 하소연도 못하는 사람들"이라고 말했다. 월급을 받지 않으면 생계가 막막한 동료 최 씨도 요즘 한숨이 깊다. 나이가 많아 내년 3월 재계약이 안 될 가능성이 높기 때문이다.

서울 종로구의 반지하방에서 만난 이 씨 부부는 서로를 걱정했다. 이씨가 "24시간 근무를 서는 동안 아내가 쓰러지면 혼자 죽어도 내가 어쩔 수가 없다"며 한숨을 쉬자 부인은 "24시간 동안 잠도 못 자고 밥도 제대로 못 먹고……"라며 말을 잇지 못했다. "11년을 경비로 돈 적게 받고 무시당하며 일했지만 노동청 사람 한 명 보지 못했다"는 이 씨는 "8시간씩 일하는 분들처럼 우리도 사람 취급 받으며 임금을 받고 일했으면 좋겠다"고 말했다.

그나마 연초에 잘리지 않고 살아남은 것만도 다행이다. 11개동 1,530세대에서 12명이 24시간 맞교대로 근무하다 이제는 6명씩 교대로 일한다. 6명은 해고당했다. 1110동 경비를 맡던 그는 이제 1109동까지 담당하게 됐다. 두 개 동에 한 명씩, 한 명의 경비원이 500여 가구의 뒤치다꺼리를 담당한다. 이로써 한 가구가 한 달 관리비 가운데 2,000원가량씩 '절약'하게 됐다. 기계실과 전기실 인력도 절반으로 줄었다. 한 명씩 있던 아파트 단지 남자 청소원도, 조경 담당자도 잘렸다. 청소와 조경 업무는 고스란히 경비원의 몫이 됐다.

경비실·전기실·기계실에 분 피바람

전국의 아파트 경비실과 설비실, 전기실 등에 인원 감축의 피바람이 분 것은 2007년부터였다. 2005년 최저임금법 시행령이 개정되면서 2007년엔 감단직 노동자들에게 법정 최저임금액의 70퍼센트를, 2008년부터는 80퍼센트를 보장하도록 했다(그전엔 그렇게 일하고도 50~60만 원만 받기도 했다). 그야말로 최저임금도 안 되는 월급임에도 관리비 상승을 걱정한 아파트 주민들은 인원 감축으로 맞섰다. 상당수 아파트가 1인당 1개동씩 맡던 경비원을 절반으로 줄이면서 한 사람이 2개동씩 맡도록 했다.

이 씨가 일하는 곳 옆의 ㅍ아파트도 마찬가지다. 19개동에 26명이던 경비원이 얼마 전 절반으로 줄었다. 이 아파트 경비원 김아무개 씨는 "경비원 임금이 오르면 그만큼 경비원을 자를 테니 차라리 돈 적게 받고라도 잘리지 않고 일하고 싶어하는 사람들도 있다"고 말했다. 이 아파트 부녀회는 단지 내 시장 유치, 분리수거 등 수익사업을 통해 번 돈으로 최근 무인경비 시스템을 갖췄다. 김 씨는 "관리비 오르는 것, 돈으로 치면 아주 적은 금액인데 그 돈 때문에 사람을 마구 자른다"며 "이 동네 아파트가 다들 경비원을 줄였다"고 말했다.

그렇잖아도 화단 풀뽑기, 쓰레기 줍기, 재활용·음식물쓰레기 분리수거 정리, 택배 받아났다 전해주기 등 본연의 업무를 벗어난 부가 업무에 허덕이던 감단직들의 노동강도는 훨씬 세졌다. 노동강도가 약하다는 이유로 최저임금 이하의 봉급을 주면서, 실제로는 잡다한 많은 일을 시키는 노동착취의 현장이 바로 아파트인 것이다.

아파트 주민들은 영악했다. 또 다른 편법을 동원했다. 감단직들에게 새벽시간에 4~5시간가량의 휴게 시간을 주기로 한 것이다. 잠을 자라는 것이다. 그러면 수치상으로는 하루 노동 시간이 그만큼 줄어드니 임금을 낮출 수 있다. 그러나 이는 기만책일 뿐이다. 노동법상 휴게 시간은 사용자의 통제를 벗어나 자유로운 장소 이동을 할 수 있어야 하지만, 경비나 설비직 근무자가 그렇게 했다가는 바로 그날 목이 날아간다.

아파트 관리자들은 현재 추세처럼 감단직 고용을 줄이면서 잡다한 업무까지 맡기는 건 주민들이 '도끼로 제 발등 찍는 격'이라고 본다. 경기도 한 아파트의 송아무개 관리소장은 "경비들 근무여건이 열악해지면서 피해는 고스란히 입주민에게 갈 수밖에 없다"고 지적했다. 무인경비 시스템을 도입한다고 해도 어차피 일이 생기면 사람이 가봐야 하는데, 인원이 줄수록 경비라는 본연의 업무에 더 소홀할 수밖에 없다는 것이다.

아파트 감단직 가운데 지하에서 일하는 설비직의 경우 노동조건도 여러모로 열악하다. 서울의 대표적인 부촌으로 꼽히는 목동의 한 아파트 지하에 있는 설비실. 천장은 석면에 검은 때가 덕지덕지하다. 석면 일부는 부서져내린 흔적도 있다. 석면은 폐암을 일으키는 것으로 알려져 최근엔 건축자재로도 쓰지 못하도록 하고 있다. 그 위험성을 아는 설비직 노동자들은 업무용 책상이 있는 쪽에는 천장에 비닐을 받쳐놓았다. 한 직원은 "우리 아파트도 얼마 전 경비를 6명에서 4명으로 줄였는데, 옆 단지에서 사람 줄였다는 얘기를 듣고서 따라하는 모양새"라며 "설비직도 2명을 줄였는데, 23년 된 아파트가 갈수록 노후화하는데도 직원은 줄이고 있으니 답답한 노릇"이라고 말했다. 서울 하계동 ○○아파트 관리사무소 직원 ㅅ씨는 "예전

서울 목동의 한 아파트 단지 지하에 있는 설비실. 석면으로 된 천장에서는 가루가 날리는 듯하고 퀴퀴한 냄새가 계속 코를 간지럽혔다.

에 지역난방을 하고 있는 목동 ㄷ아파트에서 감단직으로 일할 때 63살 먹은 분이 그 덥고 공기 안 통하는 기관실에서 10년째 일하다 대상진피라는 피부병에 걸렸는데, 근무 마치고 귀가한 다음날 새벽에 돌아가셨다는 연락을 받은 적이 있다"며 주민들이 지하에서 일하는 노동자들의 여건에도 관심을 가져줄 것을 호소했다.

지하 설비실, 석면 천장 아래 근무

이들을 더욱 힘들게 하는 건 소속은 용역회사이지만 실제로 노동 지시를 내리는 건 아파트입주자대표모임이나 부녀회, 관리사무소 등이라는 지위의 이중성이다. 위탁 고용이라는 외피 속에 업무 외적인 일들을 마구잡이로 시키지만 하소연할 수도 없다. 경기도 구리에 있는 아파트에서 전기 설비 일을 하는 김아무개 씨는 이 아파트에서 일한 지 3년째이지만 아직까지 소속된 ㅇ용역회사 사장 얼굴을 한 번도 본 적이 없다. 아파트관리사무소가 낸 채용 공고를 보고 찾아와 실무 직원은 물론 동대표의 면접까지 봤다.

김 씨는 "원래는 아파트의 공용 부분과 관련된 일을 해야 하지만 '변기 뚫어달라' '문짝 고쳐달라' '세탁기 선 연결해달라'는 민원까지 가서 해줘야 한다"며 "심지어 이사 오는 주민 가운데는 '이 아파트가 그런 일을 다 해준다고 해서 왔다'는 이도 봤다"고 말했다. 감단직 직원들을 마치 머슴 부리듯이 하는 게 현실이다. 김 씨는 "아파트는 입주자대표들의 공화국으로, 그들은 무소불위의 절대 권력을 휘두른다. 그들이 마음에 안 드는 직원을 (관리사무소에) 말하면 그 사람은 바로 갈린다"며 한숨을 내쉬었다.

비용만 놓고 보면 아파트 감단직들을 관리사무소가 직접 고용하든 용역회사를 통해 간접 고용하든 비슷하다는 게 업계의 시각이다. 그럼에도 용역회사를 쓰는 건 이처럼 해고를 마음대로 할 수 있기 때문이다. 인천 ㄱ아파트 관리소장을 2년째 하고 있는 김아무개 씨는 "최저가입찰제로 위탁회사를 선정하면 회사가 수주액의 10~15퍼센트를 가져가기 때문에 감단직 급여는 직영 때보다 더 내려갈 수밖에 없다"며 "직영하면 직원 관리에서 문제가 생겼을 때 정리하기가 어렵기 때문에 용역을 쓰고 있다"고 말했다.

임종훈 씨의 경우는 이런 감단직 노동자들이 모순에 맞서 싸우는 게 현실적으로 얼마나 어려운지를 잘 보여준다. 전북 전주의 ㅅ아파트에서 전기 쪽 일을 하던 그는 "감단직 직원에게 왜 상시적 업무를 맡기느냐"고 아파트입주자대표모임에 항의했다. 모임 회장은 관리소장에게 "쟤 못 내보내면 소장 네가 나가라"고 했고, 소장은 용역회사 사장에게 "위탁 해지"를 언급하며 압력을 가했다. 얼마 후 회사는 그를 해고했다. 그는 지방노동위원회와 중앙노동위원회를 거쳐 부당해고 판정을 받았으나 회사는 4개월 후 그를 재해고했다. 다시 노동위원회에서 같은 결정을 내리자 회사는 행정법원에 소송을 냈다.

그 와중에 임 씨는 회사를 스스로 그만둔 상황. 법원은 회사가 밀린 임금과 퇴직금 700여만 원을 지급하라는 조정권고를 했다. 그러나 회사는 지급을 거부했고, 임 씨는 최근 민사소송을 내기에 이르렀다. 노동자 개인을 상대로 법정으로 문제를 끌고 들어가면 지루한 공방에 스스로 나가떨어질 것이라는 게 자본의 판단이다. 임 씨는 "이달 초부터 신경정신과에 다니는데 '긴장성 두통'이라고 한다"며 "잘 근무하던 사람에게 어떻게 그럴 수 있는지, 그 배신감을 도저히 참을 수 없다"고 말했다.

전문가들은 최저임금제를 입법 취지대로 감단직 노동자들에게 공평하게 적용하는 한편, 노동부의 현장 근로감독이 강화돼야 한다고 본다. 이를 위해 2012년으로 예정된 감단직 노동자의 최저임금제 적용 시한도 당길 필요가 있다는 지적이다. 남우근 한국비정규노동센터 정책국장(노무사)은 "임금을 올릴 경우 인원 감축 등이 우려된다고 해서 노동조건을 낮게 하는 것을 허용하는 것은 최저임금제 취지에 맞지 않다"며 "근로기준법상 감단직 관련 규정을 축소 또는 폐지하는 게 궁극적 방안 가운데 하나"라고 말했다.

한 가구당 관리비 몇 천 원 아끼기 위해 사람을 자르고, 실제로 쓸 수 없는 휴식 시간을 주고, 열악한 노동여건에 몰아넣고 머슴처럼 부리는 곳, 대한민국 아파트는 또 하나의 노동착취 현장이다. 다만 우리의 삶과 너무 밀접한, 늘 마주치는 이들이 그 가운데 서 있다는 점이 이 공포영화의 기괴함을 더할 뿐이다.

노동조합 세워질 토대가 없다

이른바 '감단직'(감시적·단속적 노동자)이 아파트에만 존재하는 건 아니다. 각종 건물에서 전기, 보일러, 냉난방, 조경, 청원경찰 등의 일을 하는 이들 대부분도 감단직으로 분류된다. 감단직 16년차인 김아무개 씨는 서울 시내 유명 3층 건물에서 기계 냉난방을 맡고 있는데, 연봉이 2,800만 원가량으로 아파트 경비직에 비해서는 그나마 나은 편이다. 하지만 근무 조건은 별반 다르지 않다. "잔디 깎고, 정수기 물 떨어지면 생수통 갖다 꽂고, 건물 페인트칠 하고, 인테리어도 하고, 전등 관리하고, 회의한다고 하면 테이블보 깔아주는 것까지 웬만한 일은 다 해야 한다"는 게 김 씨의 설명이다. 그도 1년 내내 두 명이 24시간 맞교대를 한다. 설날이든 추석이든, 걸리면 근무를 한다. 그러면서도 "늘 고용 불안에 시달리고 있다"고 그는 하소연했다.

멀쩡하게 직원으로 근무하던 감단직 노동자를 용역으로 전환하면서 갈등을 빚는 사례도 있다. 서울 구로동 ㄱ오피스텔에서 12년째 전기 쪽 일을 하던 윤아무개 씨는 "용역 전환을 할 테니 용역회사로 옮기라"는 말을 듣고 동료 노동자 17명 가운데 9명과 함께 이를 거부했다. 그러자 관리인은 해고 통보를 해왔다. 기계전기 관리실 점거농성에 들어갔으나 용역 깡패들에게 얻어맞고 쫓겨났다. 서울지방노동위원회와 중앙노동위원회 모두 이들의 부당해고 구제요청을 기각했다.

아파트 쪽 감단직들은 고령자가 많은데다 사업장 규모가 작아 노동조합 활동이 미약하지만, 건물에서 일하는 감단직들은 비교적 사정이 나은 편이다. 그럼에도 다른 비정규직들이 그렇듯 단결권·단체교섭권·단체행동권 등 노동3권을 행사하기는 여간 어려운 일이 아니다. 노조를 결성하거나 파업을 벌이려고 할 때 원청 사업자가 해당 용역업체와 계약을 해지해버리면 이들은 순식간에 갈 곳을 잃는다. 현행법은 이 경우를 부당해고로 보지 않는다. 그래서 감단직들은 2007년 단병호 민주노동당 의원 등이 추진한 법 개정을 기대했다. 노동조합법 81조에 '원청이 노조 활동을 방해할 목적으로 용역 계약을 해지하거나 위협할 경우 부당노동행위로 간주한다'는 취지의 법안이었으나, 국회 환경노동위원회에서 논의하다 흐지부지돼버렸다.

공룡에게 먹힌 꿈, 막내작가 무한노동

　시작은 단순했다. 한밤중에 20대 초반의 막내작가가 SBS 옥상에서 투신자살을 했다. SBS의 한 심야 프로그램을 외주제작하는 곳에 소속된 이였다. 일하다가 뛰어내렸으니 '과도한 의미 부여'도 가능할 텐데 동료들은 숨죽였다. 열악하다고 소문만 무성한 방송사 '밑바닥 생활', 그게 무엇이기에 이리도 사람들을 숨죽이게 할까. 방송사의 '막내'들을 직접 만나보자 다짐했다.

　과정은 복잡했다. 막내작가들을 접촉하기가 한국방송작가협회장 인터뷰 잡기보다 어려웠다. 그들은 바빴고, 불안정했고, 끊임없이 누군가의 눈치를 봤다. 이른바 '메인작가'가 허락하지 않아 인터뷰를 못한다는 이도 여럿이었다. 모두가 이름과 소속 프로그램을 숨겨달라 했다. 주 70시간이 넘는 노동에 시달리면서도 누구 하나 "나는 노동자"라는 말은 하지 않았다.

"메인작가가 허락하지 않아 말 못해요"

　"올 것이 왔다, 했죠."

　이성희(가명) 씨는 딱 잘라 말했다. 그는 자살한 막내작가가 일했던 곳에서 막내로 일한 경험이 있다. 공중파 프로그램을 제작하는 외주업체의 막내작가를 1년째 해오고 있다는 그는 "지난 1년간은 인간의 삶이 아니었다"고 말했다. 그는 "그나마 방송사 옥상에서 떨어져 죽었으니 이슈가 됐지, 알게 모르게 가슴앓이하며 죽어가는 막내들이 얼마나 많은지 아느냐"고 반문했다.

　막내로 일하면서 이 씨는 2주일에 하루씩밖에 못 쉰다. 오전 10시까지 출근해서 밤 12시 언저리에 퇴근한다. 일이 다 끝나서 하는 퇴근이 아니다.

월급으로 받는 80만 원을 택시비로 날릴 수 없으니 필사적으로 '막차'에 몸
을 실어야 한다. 그래서 밤 12시는 귀가의 데드라인이다. 그렇게 집에 들어
가면 늘 새벽 1시. 다시 컴퓨터 앞에 앉는다. 몇 개월 새 얼굴에는 여드름

이 잔뜩 솟아나고 몸은 6킬로그램이나 불었다. 좀처럼 움직이지 못하고 앉아서 자료조사, 섭외 등을 하다 보니 몸이 굳어갔다. 오랜만에 만난 친구들은 그를 알아보지 못했다.

이 씨는 "자살한 막내작가의 빈소에서도 동료들이 힘들어했다"고 전했다. 서로 상처를 건드릴까 싶어 쉬쉬했다. 해당 프로그램의 김형민 PD가 자신이 칼럼을 써온 웹사이트 '하종강의 노동과 꿈'에 글을 올렸을 뿐이다. 그는 '당신은 내 뒤에 있었습니다'라는 글에서 "이 정글에서 당신과 비슷한 아픔을 겪고, 당신과 같은 선택은 아니라 하더라도 그에 버금가는 고통을 겪어야 하는 사람들은 기하급수적으로 늘고 있다"고 말했다.

'막내'들은 나이순이 아니다. 철저히 계급순이다. 메인작가 아래에 '서브'나 막내작가(자료조사 혹은 스크립터)가 있고, PD 아래 FD나 영상편집 등의 보조직군이 자리한다. '막내'는 방송사 카스트제도의 제일 하층에서 꼭대기를 바라보며 매일 밤 방송사의 불을 밝힌다. 2001년 방송작가협회 조사 결과를 보면, 보조작가의 주당 평균 노동 시간은 62시간, 월급은 70~100만 원이었다. 그나마도 외주제작사·케이블 방송을 제외한 공중파 방송사에서 일하는 막내들의 평균치였다.

다른 일을 하다 뒤늦게 방송작가 일을 시작했다는 송인숙 씨는 "모아 놓은 돈이 없었다면 방송 일은 시작하지 못했을 것"이라고 말했다. 현재 강원도의 한 방송사에서 일하는 그는 "지방 방송사가 가난하고 제작비가 충분치 않다 보니 꼭지가 3개인 프로그램에 메인작가가 셋이고 거기에 막내작가를 한 명 붙인다"고 전했다. 막내작가 한 명이 세 명의 메인작가를 '모셔야' 하는 상황이다. "정규직과 똑같이 아침 9시에 출근해서 밤을 새우고 주말에도 섭외를 한다. 하지만 기본적인 4대 보험도 안 되고 식대나 차비도 안 나오니 버티기가 어렵다"고 한다. 방송사가 외진 데 있어 택시비만 한 달에 30만 원이 나오지만, 방송작가가 되고 싶다면 감수해야 한다. 그는 "계란으로 바위 치기란 생각에 아무도 말하지 않는 것"이라고 전했다.

박정란(가명) 씨는 안색이 좋지 않았다. "회사 앞이라 잠깐 나온 건데 다시 들어가봐야 한다"고 했다. 그는 방송극작과를 졸업하고 교수 추천으로 한 외주제작사에 막내작가로 들어갔다. 이제 일한 지 10개월 남짓. 학교에서 '힘든 일'이란 얘기를 수없이 들어 각오는 했지만 현실은 상상 이상이었다. "하루도 안 쉬고 일주일 내내 일하는 경우가 3분의 1이 넘어요. 일주일에 한두 번 정도 밤을 새우고요." 일주일 노동 시간은 70시간을 훌쩍 넘긴다. 처음 석 달간은 대학에서 '용돈'으로 50만 원씩 줬다. 회사는 공짜로 3개월간 사람을 써보는 셈이다. 이후엔 회사에서 90만 원을 준다. 20만 원인 월세를 내면 생활이 빠듯하지만 "어차피 돈 쓸 시간도 없다"고 한다.

노동 시간의 절대치보다 힘든 건 일의 내용이다. "막내작가의 일이란 것이 정확한 업무 분장이 없다. 메인작가나 PD의 수발을 드는 일은 다 해야 한다." 기획회의 참여, 자료조사, 촬영구성안 작성, 섭외, 아이템 선정, 예고 구성, 홍보문안 작성, 프리뷰(촬영 테이프 전부 보기), 편집구성안 작성 등 프로그램 제작과 관련된 일과 자료 대출, 복사, 공문 발송, 커피 심부름, 출연료 지급 등 잡무도 처리해야 한다. 시간이 많이 들거나 반복적으로 해야 하는 일은 모두 막내 몫이다.

최근엔 막내작가들이 촬영 테이프의 타임 코드를 일일이 적어 편집기획안을 작성하기도 한다. PD가 촬영해온 테이프를 전부 보면서 "몇 번 테이프의 재생 10~13분 사이에 어떤 내용이 있다"는 식으로 프리뷰 노트를 작성한 뒤 "1번 테이프의 10분 이후에 5번 테이프의 20분 장면을 갖다 붙여라"는 식의 편집구성안을 작성한다는 이야기다. 한 중견 작가는 "PD의 영역으로 분류됐던 편집 분야까지 막내작가나 기타 보조직군이 기초 작업을 하는 경우가 많아지고 있다"고 말했다. 작가협회가 2002년 '방송작가 가이드라인'을 발행해 부당한 업무 지시를 막아보려 했지만 현장에선 역부족이었다.

불투명한 '방송사 입성 과정'도 문제다. 한국방송 공채 1기였던 14년차

방송작가는 "국제통화기금(IMF) 위기 이후로 공채가 없어졌다"고 말했다. 한데 1990년대 잇따라 문을 연 방송아카데미에서 교육을 수료한 '방송작가 지망생'들은 쏟아져나왔다. 1980년대 후반부터 작가협회에 근무한 관계자는 "방송아카데미가 관련 방송사 프로그램에 보조작가를 집어넣기 때문에 이런 인맥 없이 보조작가로 취업하기가 더 어려워졌다"고 말했다. 그 과정에서 '막내'들은 첫 번째 좌절을 겪는다.

대학 졸업을 앞두고 방송작가가 되기로 결심한 박혜진(가명) 씨에겐 돈이 없었다. 일단 휴학을 하고 아르바이트를 시작했지만 100~300만 원 하는 방송아카데미 비용을 대기에는 역부족이었다. 그러던 중 인터넷에서 '유명 방송작가가 1대1 강의를 한다'는 글을 보고 그에게 전자우편을 보냈다. 해당 방송작가는 "기초부터 실전 작법까지 1대1(4명 이하)로 강의한다"며 "일주일에 두 번씩 6개월 과정이며 강의료는 매달 30만 원"이란 답장을 보내왔다.

그때부터 박 씨는 매주 두 번씩 '선생님'의 오피스텔을 찾았다. 함께 수업을 듣는 학생은 5명이었다. '수하생' 생활은 1년을 훌쩍 넘겼다. '6개월 마스터 과정'이라고 했지만 1년이 되도록 '동기' 4명 중 누구도 취업이 되지 않았다. 그럼에도 '선생님'의 말은 학생들의 '법'이었다. 그는 늘 "이 바닥이 좁다"며 "난 늘 마음속으로 점수를 매기니 잘 보이라"는 말을 반복했다. 수업 시간마다 "예능 바닥이 얼마나 개방적인지 아냐"며 적응을 시켜준다는 명목으로 음담패설을 늘어놓았다. 여학생들에게 "처녀, 손 들어라" "좋아하는 체위를 말해보라"고 했고, 긴치마를 입고 가면 "다리도 예쁜데 좀더 걷어보라"고 했다. 함께 1박2일 야유회를 가서는 학생들과 껴안고 입맞춤을 하며 노래를 불렀다. 한 명이 나갔다. 남은 4명의 '동기'들은 '좁은 바닥'에 소문이 날까 싶어 아무 불평도 하지 못했다. 혼란스러운 날이 이어졌다.

1년이 조금 지났을 때 박 씨는 '동기' 중 가장 먼저 취업이 됐다. '선생님'이 준 주소를 꼭 쥐고 찾아간 곳은 케이블 프로그램의 외주 제작업체. PD

한 명, 메인작가 한 명, 서브작가 한 명이 있는 사무실이었다. 면접이라 차려입고 갔지만 PD는 그를 보고 메인작가에게 "○○형이랑 얘기한 애야, 그냥 쓰면 돼"라고 말했다. 다음날부터 나오라고 했다.

막내 착취하는 괴물 방송사

그래도 합격했다는 기쁨에 '선생님'에게 연락을 했다. 선생님은 대뜸 "내가 너를 거기 취직시키느라 PD한테 술접대를 하고 돈을 많이 썼다"며 "사례비를 달라"고 했다. 돈이 없다며 박 씨가 당황하자 "그럼 일단 내 돈으로 사례를 할 테니 다음달에 달라"는 문자가 왔다. 액수는 첫 월급으로 받게 될 50만 원이라고 했다. "다른 사람들한테는 사례비로 100만~120만 원을 받는데 넌 특별히 글을 잘 쓰니까 깎아준 것"이란 말도 덧붙였다. 월급이 50만 원 정도라는 사실을 이렇게 처음 알게 됐다.

박 씨는 그곳에서 열흘을 버텼다. '수업료 360만 원에 성희롱도 참아왔는데……' 싶어 끝까지 해보려고도 했다. 하지만 연예정보 프로그램의 자료조사 일은 밤을 새워도 끝이 없었다. 그는 "바로 위 '서브작가'는 아예 사무실에서 먹고 자고 했다. 집에 가려면 눈치가 보여서 갈 수가 없었다"고 말했다. 하루는 대중문화평론가를 섭외하지 못하자 PD가 "씨×년아, 막내 주제에 말대답이냐" 등 욕설을 퍼부었다. '선생님'은 "3개월만 버티면 더 좋은 곳에 넣어주겠다"고 했지만 그 말은 "3개월 뒤에 사례비 또 준비해라"로 들렸다. 그는 잠적했다. 박 씨는 "돌이켜보면 다 허풍이었는데 등용문 없이 막막한 상황이다 보니 그에게 매달렸다"면서도 '선생님'의 영향력이 커 여전히 두렵다고 했다.

'막내'를 착취하는 방송사는 외주제작사가 늘어가면서 점차 괴물의 형상이 됐다. 한 중견 PD는 "요즘엔 아침 프로그램 닷새 방송분에 6개 외주제작사를 경쟁시켜 하나씩은 낙오시키고 3번 이상 낙오되면 아예 회사를 아웃시킨다"고 말했다. 백경민 작가는 이같은 시스템에서 일하는 외주제작사의 막내작가로 일했다. 아침 방송의 연예인 관련 꼭지를 맡았던 기간은 '피 말리는 경쟁'이었다. 기껏 방송을 만들었는데 그 주에 채택되지 못하면 돈을 받지 못한다. 막내작가의 월급은 제작비를 받으면 떼어주는 식이라 제작비를 받지 못한 외주사는 막내에게 한 푼도 주지 않는다.

　막내작가는 매일 아침 출근하자마자 담당 프로그램과 같은 시간대의 방송 3사 시청률을 기록해 제작진에게 문자로 발송한다. 시청률이 낮게 나오면 분위기는 험악해진다. 백 작가는 "막내작가의 업무가 메인작가와 PD의 눈치를 많이 보게 돼 있어 시청률이 낮으면 일은 일대로 하고도 욕을 먹는다"고 말했다. 낙오되지 않으려고 발버둥치다 보면 노동 시간은 길어지고 제작비는 빡빡해진다. 그는 "도제식이라고 하지만 이런 상황에서는 뭔가를 가르치고 배울 수 있는 여력이 없다. 결국 정신없이 돌아가는 방송의 시청률 경쟁에 우리는 소모될 뿐"이라고 말했다.

　김영미(가명) 작가는 한국방송 아침 프로그램의 한 꼭지를 제작하는 외

촬영 현장에는 배우와 PD 이외에 숱한 '보조'들이 있다.

주제작사에 근무했다. 한 달에 50~60만 원을 받았는데 어느 순간 월급이 끊겼다. 사장은 돈이 없다고 했다. 노동부에 문의했더니 방송작가는 프리랜서라 보호가 안 된다는 말을 들었다. 같은 회사에 다녔지만 PD 4명, 촬영기사 2명은 정규직이어서 그와 입장이 달랐다. 매일같이 방송 3사 동시간대 시청률에 스트레스 받아가며 만들어온 방송이었다. 돈을 안 주다니 괘씸하고 억울해 방송사인 한국방송에 직접 항의해보기도 했다. 한국방송 관계자는 "외주업체에 결제를 다 했다"는 말만 되풀이했다. 계약서 한 장 없이 믿고 일한 대가는 혹독했다. 그는 "함께 일해도 정규직과 계약서 없는 사람이 다르다는 걸 경험했다"고 말했다. 결국 그는 임금을 달라는 소송을 냈다. 그 사이 사장은 폐업신고를 했다. 그렇게 소송에 뛰어들고 회사와 싸우면서 그를 괴롭힌 건 "소문이 안 좋게 나서 더 이상 일을 못하면 어쩌나"란 걱정이었다. 그는 1년의 재판 끝에 임금 300만 원을 받을 수 있게 됐다.

"방송사 정규직 노조, 그만 외면하라"

김 작가는 "어떤 프로그램의 몇 회까지 혹은 언제까지 어떤 조건하에 일한다는 내용을 명시한 계약서를 썼으면 좋겠다"고 말했다. 하지만 이런 간단한 바람이 이뤄지긴 쉽지 않다. 실제로 한국방송, 문화방송, SBS 등 방송사의 구성작가협의회와 방송작가협회 차원에서 계약서를 쓰자는 문제제기를 한 지는 3~4년이 됐다. 김옥영 방송작가협회장은 "방송사 대표들과 만나 매년 원고료 협상을 하는데 그 자리에서 계약서 문제를 꺼내곤 하지만 전혀 먹히지 않는다"고 말했다. 방송사가 독점계약을 맺기 바라는 스타급 작가들은 계약을 꺼리고, 필사적으로 계약서 한 장이 필요한 막내 작가군은 방송사가 꺼리는 형국이다.

정윤미(가명) 씨는 막내였던 1990년대 후반, 새로 온 국장에게 "못생겨서 나가야겠다"는 말을 듣고 하루아침에 잘렸다. 그는 "요즘에도 그렇지만 국장이나 팀장, PD 등이 바뀌면 작가들은 잘릴까 봐 좌불안석"이라고 말했다. 중견 작가가 된 지금까지도 국장의 모욕적인 해고 통보에도 움츠려야 했던 막내 시절의 기억은 또렷하다. 그는 "5~6년차까지는 계약서가 없으면 당할 공산이 크다. 어린 작가들에겐 계약서가 꼭 필요하다"고 말했다.

김옥영 회장은 "방송작가가 되고 싶다는 열망을 이용해 방송사가 막내 작가들을 착취하고 있다"며 "막내들은 무한노동을 하고 있다"고 말했다. 민주언론노조 김세희 노무사는 "프리랜서로 취급됐던 학습지 노동자들이 오랜 투쟁을 거쳐 노동자성을 인정받았듯, 방송가 보조직군들도 '이기는 판례'를 쌓아나가고 싸움에 나서야 한다"고 말했다. 한 방송사의 14년차 PD는 "결국 힘없는 사람들의 목소리만으로는 안 된다"며 "힘있는 메인작가나 정규직들, 특히 각 방송사의 정규직 노조가 비정규직 문제, '막내' 문제를 더 이상 외면하지 말아야 한다"고 했다. 거대한 방송사의 몸집만큼이나 '막내작가' 계급을 누르는 힘의 구조도 거대했다. 오늘도 그렇게 만들어진 프로그램들이 화려하게 소비되고 있다.

'온에어'도 돈을 못 받았다고?

 2008년 봄, 드라마 제작 과정을 소재로 하여 방영된 SBS 드라마 〈온에어〉는 '드라마 자아비판'이란 평가를 받으며 시청률 25퍼센트 안팎의 '대박'을 터트렸다. 이 드라마는 방송사와 외주제작사·연예기획사의 관계, 협찬과 PPL(간접광고), 스타 시스템, 신인배우 '끼워 팔기', 시청률 지상주의, PD·작가를 비롯한 방송가 사람들의 모습 등을 실감나게 그리며 드라마 제작 관행의 문제점을 날카롭게 짚어냈다. 하지만 〈온에어〉 안에서도 보조출연자(엑스트라) 같은 '드라마 제작 인력 피라미드'의 가장 아래층의 실

드라마 제작 과정을 소재로 삼은 SBS 〈온에어〉의 한 장면.

상은 빠져 있었다. 더구나 SBS는 방송이 끝난 지 1년 반이 넘은 현재까지도 보조출연자 400여 명의 출연료를 지급하지 않고 있다. 왜 보조출연자들은 '반성문'에서도 다뤄지지 못하고, 노동의 대가조차 받기 어려운 걸까.

생활고에 버린 배추 주워 김치 담그기도

방송계에선 '기형적인 외주제작 시스템'에서 그 원인을 찾는다. 방송영상산업 육성과 콘텐츠 다양화를 내세워 1991년에 도입된 '외주 의무편성 비율'은 3퍼센트에서 현재 40퍼센트로 늘어났다. 방송사는 제작비가 많이 드는 드라마·쇼·오락 프로그램 대부분을 외주제작으로 돌렸다. 자체 제작의 절반 비용으로 프로그램을 만들 수 있고, 직접 만들 땐 받을 수 없는 기업 협찬도 가능하기 때문이다. 2007년 10월 13일 한국방송 국정감사에서 한국방송의 외주제작 비율이 1998년 1TV 6.5퍼센트, 2TV 25.8퍼센트에서 2008년 1TV 25.1퍼센트, 2TV 46.2퍼센트로 급증한 사실이 지적됐다.

〈온에어〉만 봐도 총 제작비 50억 원 가운데 SBS가 지급키로 한 돈은 27억 원뿐이다. 케이드림은 나머지 제작비를 투자사와 PPL, 기업 협찬 등으로 충당해야 했다. 그런데 SBS가 약속한 27억 원 가운데 9억 원이 덜 지급된 상황에서 투자사 일부가 케이드림에 투자금 반환을 요구했다. 그러자 SBS는 9억 원이 출연료와 스태프 인건비 등으로 쓰일지 알 수 없다며 지급을 보류해버렸다.

문제는 엉뚱한 곳에서 터졌다. 〈온에어〉를 비롯해 문화방송 〈에덴의 동쪽〉 〈스포트라이트〉 〈에어시티〉, 한국방송 〈미우나 고우나〉 등의 보조출연자 섭외·출연 용역을 맡았던 기획사 월드캐스팅이 출연료를 제때 지급받지 못해 부도가 나버린 것이다. 제작사는 보조출연자가 촬영한 지 통상 두 달 뒤에 출연료를 지급하기 때문에 기획사의 '출연료 미수금'은 매달 1~2억 원가량 되는데, 월드캐스팅의 부도 직전 미수금은 〈온에어〉 1억 원을 비롯해 15억 원에 이르렀던 것으로 알려졌다.

〈에덴의 동쪽〉 4월 출연료 40여만 원을 아직 받지 못한 보조출연자 고미정(가명) 씨는 "언제 출연료를 받을 수 있을지 막막하기만 하다"고 했다. 한 달 수입이 60만 원 안팎인 고 씨한테 40만 원은 큰돈이다. 3년 전 사업에 실패하고 카드빚을 갚지 못해 '신용불량자'가 된 외아들이 대리운전 등으로 버는 돈은 고스란히 그 빚을 갚는 데 들어간다. 초등학교 2학년 손자까지 세 식구가 입에 풀칠이라도 할 수 있는 건 오로지 그가 벌어오는 출연료 덕분인데, 들어와야 할 돈이 몇 달째 들어오지 않으니 늘어나는 건 돌려막기로 불어가는 신용카드 대금과 한숨뿐이다. 촬영이 없는 날 새벽이면 집 근처 채소 도매시장에 나가 팔다 버린 배추나 푸성귀를 주워다 김치도 담그고 반찬도 만들어 '새는 돈'을 줄여보지만, 없는 살림에 '출연료 미지급'은 너무 가혹한 현실이다. 고 씨는 "아침·점심 식대로 받는 9,000원이면 우리 식구 며칠 반찬값인데, 그거라도 아끼려고 어떻게든 도시락 싸서 다니며 번 돈인데……. 그나마 젊은 사람들은 부르는 데가 많지만, 나처럼 나이 먹은 사람은 출연할 수 있는 프로그램도 많지 않아 더 힘들다"고 했다.

　그럼 출연료를 받기만 하면 모든 문제가 해결될까. 보조출연자 김지윤(가명) 씨는 대구에서 드라마 촬영이 있어 밤 12시께 방송사 앞에 도착했다. 새벽 1시 출연자들을 실은 제작사 제공 버스가 출발했고, 새벽 5시부터 오후 5시까지 꼬박 12시간을 촬영했다. 물론 기다리는 시간이 훨씬 더 많지만, 언제 어떤 상황에서 부를지 몰라 화장실 한 번 가는 것도 눈치가 보인다. 다시 버스를 타고 집결지로 되돌아온 것은 저녁 9시. 장장 21시간을 투입한 노동의 대가는 70,900원이었다. 기획사가 준 출연료 명세서엔 '시간 전 (출연료) 37,000원, 시간 후 (출연료) 15,000원, 식대 13,500원, 교통비 5,400원'이라는 항목이 적혀 있었다.

　하지만 보조출연자 소개용역을 맡은 기획사와 방송사가 맺은 용역 계약서의 출연료 지급기준을 그대로 적용하면, 김 씨가 이날 받아야 할 돈은 109,210원이다. 우선 '시간 전'(오전 9시~오후 6시 촬영분)이라고 표시된 기본

출연료가 37,000원이 아니라 53,000원이고, '시간 후'(시간 전 이외의 촬영분)로 적힌 연장수당은 32,860원이다. 교통비는 7,000원, 식대는 한 끼에 5,450원씩 16,350원을 받아야 한다. 사라진 38,310원은 어디로 갔을까.

기획사들 "보조출연자와 교섭 못해"

한 중견 기획사의 간부는 "보통 보조출연자 출연료의 20~30퍼센트를 소개료로 뗀다"고 했다. 즉, 김 씨의 38,310원은 김 씨를 소개해준 기획사가 수수료로 챙겼는데, 정작 김 씨 자신은 자신이 덜 받은 돈이 얼마나 되는지조차 모르고 있었던 것이다. 직업소개 요금 기준을 정해놓은 노동부 고시를 보면, 소개료는 임금의 4퍼센트를 넘어선 안 되고, 계약서를 작성해야 한다. 현행 기획사의 소개료 비율 산정은 명백한 불법이다. 문계순 전국보조출연자노동조합 위원장은 "장기 촬영을 할 땐 1인 1실 기준으로 하룻밤에 30,270원씩 숙박비를 지급하도록 돼 있지만, 기획사에선 되레 5,000원씩 받고 숙소를 잡아준다. 깎은 식대를 주는 것도 아까워 김밥 한 줄로 식사 제공 생색을 내기도 한다. 우리 밥값, 잠값까지 착취하는 걸 고쳐보려고 항만노조처럼 노조가 노조원들의 직업 소개를 할 수 있을지 구청에 문의해봤지만, 안 된다는 답변만 돌아왔다"고 말했다.

2만여 명으로 추산되는 보조출연 인력 가운데 이 일을 생계수단으로 삼고 있는 사람은 1천 명가량이다. 2년 전 보조출연자 노조가 결성된 건 이렇게 먹고살려고 하는 일에서 기본적인 '게임의 규칙'조차 지켜지지 않기 때문이다. 노조는 제일 먼저 한국예술, 태양기획, 한강예술, 대웅기획, 월드캐스팅 등 대형 기획사들과 단체교섭을 시도했다. 하지만 기획사들은 △보조출연자는 근로자가 아니므로 단체교섭의 주체가 될 수 없고 △노조 설립 과정의 민주적 절차성·대표성이 의심되며 △기획사는 방송사의 하부조직과 유사해 단체교섭의 주체가 될 수 없다는 이유를 들어 이를 거부했다. 노조는 이것이 부당노동 행위라며 서울지방노동위원회에 구제신청을 냈지만 기각당했다. "조합원들이 (기획사와) 사용종속 관계를 맺고 임금을 목적으로 근로를 제공하는 근로자로 볼 수 없고, 여러 기획사에 중복적으로 신상명세서를 등록해 선택적으로 노무를 제공하기 때문"이라는 게 지노위의 설명이었다. 이에 문계순 위원장은 "보조출연자들은 출근 시간부터 두발 상태까지 기획사의 철저한 지휘·감독 아래 정해진 근무 시간에 일하고 정해진 보수를 받는다. 방송사와 기획사들이 체결한 용역 계약서를 봐도, 보조출연자의 공급·운영을 기획사가 몽땅 위임받았는데 어떻게 단체교섭 상대가 아니라는 거냐"고 반박했다.

영화노조 "힘들어도 스스로 권리 찾기"

한계는 있지만, '사용자'가 상대를 인정하는 데 인색하지 않았다는 점에서 영화산업노조의 성과는 주목할 만하다. 2005년 출범한 영화산업노조는 국내 영화사들의 협의체인 영화제작가협회와 2007년 임금·단체협약을 맺는 데 성공했다. 노조엔 배우를 제외한 연출·제작부, 촬영·조명부, 미술, 의상, 소품, 분장 등 분야의 영화산업 노동자들이 가입돼 있다. 첫 임금협약에서 양쪽은 시급 11,000원, 주 하루 휴일, 4대보험 가입, 유급휴가 보장, 모성보호 등의 조항에 합의했다. 2008년 7월 15일 두 번째 임금협약에선 △임금 6퍼센트 인상 △미술·의상·분장·소품·동시녹음 분야 노동자의 최저임금 설정과 고용보험 적용 △임금 지급 기준에서 빠져 있던 10억 원 미만 저예산 영화에 수익배분제 도입 등에 합의하면서 한 걸음 더 나아갔다. 현재까지 단체협약을 적용한 영화는 〈신기전〉 등 20여 편에 이른다.

김현호 영화노조 정책실장은 "노조가 만들어진 2005년은 한국 영화산업의 파이가 커져 '나눠 먹어야 한다'는 인식이 보편적일 때였고, 그래서 단체협약 시도도 먹혀들었다"고 분석했다. 협약을 적용한 영화의 경우 노동시간이 주당 60시간에서 50시간으로 줄었고, 영화사가 제작비를 아끼려고

프리 프로덕션을 압축적으로 진행해 영화 촬영 일수도 줄어드는 등 노동·생산 과정이 '합리적'으로 조정되기도 했다. 김 실장은 "이 때문에 오히려 스태프들의 임금은 더 줄어버려 조합원들의 불만도 적지 않고, 1천 명가량인 진성 조합원 수도 크게 늘지 않고 있다"면서도 "그래도 노조를 통해 스스로 권리를 찾아가면서, 현장이 바뀔 거라는 기대를 품은 이들이 적지 않다"고 말했다.

뻔한 적자 구조, 스타 시스템

스타 모시느라 단역 등 터지네

'방송의 그늘'을 키우는 건 방송사의 비현실적인 제작비 후려치기뿐만이 아니다. 외주제작사들의 지급 능력을 넘어선 스타 몸값 올려주기 경쟁은 제작사는 물론 기획사, 보조출연자와 스태프의 목을 연쇄적으로 옥죄고 있다.

방송사에 '흥행 보증수표'를 제시하고 외주를 따내야 하는 제작사는 2007년 현재 850개가 넘는다. 하지만 보증수표가 돼줄 '톱스타'는 그보다 훨씬 적기 때문에 캐스팅 전쟁이 벌어진다. 방송통신위원회의 연구자료를 보면, 2000년만 해도 회당 360만 원 선이던 주연 연기자 출연료는 2005년 1,300만 원으로 급격히 뛰어올랐다. 일부 톱스타들의 회당 출연료는 2,000만 원을 훌쩍 넘는다. 〈태왕사신기〉의 배용준은 회당 1억 2,500만 원을 받았고, 박신양은 〈쩐의 전쟁〉에서 회당 5,000만 원을 받았다. 〈베토벤 바이러스〉의 경우 회당 제작비가 1억 3,000만 원인데, 주연배우 4명의 출연료가 9,000만 원을 넘는다고 제작사인 김종학프로덕션의 김종학 대표가 하소연한 적도 있다. 이는 제작비의 70퍼센트다. 나머지 돈이 '나머지 사람들'한테 돌아간다.

방송사는 제작비를 절반밖에 지급하지 않는데 제작사들은 나머지 제작비를 어디서 감당할 수 있을까. 간접광고나 협찬은 경기가 나빠지면서 갈수록 줄어들고, 한류 열풍을 탄 외국 판매와 각종 부대사업 수익이 있다지만 실현되기까진 너무 먼 미래다. '초대박' 〈태왕사신기〉와 〈이산〉을 제작한 김종학프로덕션이 2007년 94억 원 적자를 기록했고, 두 프로그램의 단역·보조출연자 출연료와 스태프 인건비 문제를 아직 해결하지 못했다는 게 놀랄 일이 아닌 셈이다. 심지어 SBS 〈아들 찾아 삼만리〉의 경우 주연인 소유진·이훈조차도 출연료를 다 받지 못해 다른 연기자 10여 명과 함께 제작사 수앤영을 상대로 소송을 내기도 했다.

일부 톱스타 출연료 폭등은 제작사는 물론 연예기획사에도 파장을 미쳤다. 박대해 한나라당 의원실이 공개한 자료를 보면, 제작사나 연예인이 소속된 기획사 직원들이 월급이나 퇴직금을 제대로 받지 못해 노동부에 진정을 내는 사례가 증가하고 있다. 연예기획사를 포함해 제작사를 상대로 낸 노동부 진정은 2003년 405건에서 2007년 638건으로 급증했다. 2008년 9월 현재 541건이다. 팬텀엔터테인먼트는 2008년 9

월까지만 해도 11건의 진정을 당했고, 〈식객〉 〈워킹맘〉 〈뉴하트〉 등을 제작한 제이에
스픽처스는 임금 체불 등으로 2005년 한 해에만 26건의 진정을 당했다.

탤런트, 성우, 코미디언 등이 만든 한국방송영화공연예술인노동조합의 김영선 부위
원장은 "선택당하는 직업인 배우가 자신의 '상품성'에 적합한 출연료를 받아가는 걸
누가 뭐라고 할 수는 없는 일"이라면서도 "하지만 대다수 출연자와 스태프들이 출연
료조차 제대로 지급받지 못하는 현실을 바꾸려면 노조가 방송편성위원회에 참여해
야 한다"고 주장했다. "〈태왕사신기〉 〈이산〉의 출연료 문제가 해결되지 않았는데 왜
같은 제작사가 만드는 〈베토벤 바이러스〉를 방영하느냐"는 얘기다. 미국의 경우 배우
조합이 방송편성위원회에 참여해 제작사의 재무구조, 실적, 출연료 지급 능력 등을
모두 점검한 뒤 자신들의 의견을 낸다고 한다. 박대해 의원도 "드라마 출연자나 스태
프들은 제작사의 출연료 지급 능력을 전혀 알지 못한 채 프로그램 출연을 결정해야
한다"며 "출연료 미지급·체불 관행을 뿌리 뽑으려면 방송편성위원회에 배우와 스태
프의 참여가 반드시 필요하다"고 지적했다.

안마에 대한
엇갈린
시선

욕망의 도시, 안마하는 사람들

안마는 산업이다. 2008년 현재 한국의 안마 산업은 삼분돼 있다. 변종 성매매의 대명사인 안마시술소, 보건의료 목적의 안마원, 여가와 휴식 공간으로 떠오른 마사지숍 등이다. 최근 경찰의 단속, 헌법재판소의 결정, 관련 단체와 업주들의 반발 등으로 이들 안마 시장이 요동치고 있다.

'안마라는 산업'에 종속된 '안마하는 사람들'도 흔들리고 있다. 법률, 공권력, 시장 논리 등이 어찌 돌아가는지는 잘 모르지만, 어쨌건 매일을 살아내야 하는 사람들이다. 시각장애인, 여성 이주노동자, 성매매 여성 등은 한국 안마 산업의 최하층을 이루고 있다. 이 글은 그들의 이야기다. 서로를 탓하고 밀어내야 살아갈 수 있는 그들의 엇갈린 시선에 대한 이야기다.

사채에 쫓겨 '스스로' 들어온 이들

두 사람 모두 안면이 있다. 오며 가며 아는 체할 정도는 됐다. 10월 31일과 11월 1일, 그들이 잇따라 자살했다는 뉴스를 봤다. 슬펐다기보다는 공감했다. 서울 장안동 안마시술소 종업원 이아무개 씨와 오아무개 씨의 심정을 김수빈(가명) 씨도 모르지 않는다. 언제건 손님이 오면 맞아야 하는 안마시술소에서 숙면은 사치다. 잠이 부족하니 감정의 기복이 심해진다. 처지를 비관하기 십상이다.

우울함을 곱절로 키우는 건 돈이다. 2008년 8월 이후 근처 '아가씨들'은 일손을 놓았다. 석 달째 수입이 없다. 지금 장안동에는 불 켜진 '안마' 간판이 몇 개뿐이다. 경찰 단속 때문이다. 2004년엔 청량리였고 2008년엔 장안동이다. 그때는 집창촌이었고 이번엔 안마시술소다. 자살을 택하지 않은 대다수 장안동 성매매 여성들은 이주를 선택하고 있다. 지방 도시의 안마시술소로 옮겨 돈을 계속 버는 것이다.

최대 2천여 명에 이르렀던 장안동 안마업소 종사자들은 대부분 이미 떠났다. "그들 가운데 절반 정도가 애를 키우는 엄마였다"고 김 씨는 말했다. 엄마는 생활력이 강하다. 자식 때문이다. 단속 이후, 장안동 안마시술소 '엄마들'은 발빠르게 움직였다. 다방 또는 술집에 들어가거나 출장 안마사 일을 시작했다. 그들에겐 돈이 필요하다.

집창촌에 비해 안마시술소의 성매매 여성들은 '하이 클래스'에 속하는 것으로 알려져 있다. 강제로 발목 잡힌 게 아니라 스스로 이 직업을 선택했고 벌이도 그만큼 많다는 게 통설이다. 한 꺼풀 벗기면 다른 맥락이 있다. '큰돈'이 필요한 여성들이 이곳에 온다. 큰돈을 벌고 싶은 탐욕이 아니라 달리 큰돈을 벌 수 없는 환경 때문에 이곳에 온다. 급한 돈이 필요한 여성에게 한국의 노동시장은 냉혹하다. 할 일이 없다.

김 씨 역시 고교 졸업 뒤 회사원 생활을 했지만 빚 때문에 '스스로' 장안동에 왔다. 2004년 오토바이 퀵서비스 일을 하던 아버지가 사고를 당했다. 병원비가 1천만 원이 넘었다. 이럴 때 은행은 돈을 빌려주지 않는다. 월급 더 주는 회사로 옮기려 해도 고졸 20대 중반 여성에게 그런 기회는 오지 않았다. 사채를 썼다. 안마시술소는 사채를 갚을 유일한 길이었다.

사채를 갚으러 오기도 하지만 사채를 얻으러 오기도 한다. 장안동 안마시술소와 결탁한 사채업자들이 돈을 빌려주는 것이다. 이자와 원금은 안마시술소의 수입에서 떼간다. '돈 많이 버는 자발적 성매매 여성'이란 표현은 장안동 안마시술소 여성에 대한 반쪽짜리 설명이다. 이들이 짊어진 사채의 굴레를 다른 '노동'으로 해결할 길을 터주지 않는 한, 경찰 단속은 성매매 근절과는 거리가 있다.

시각장애인 '바지사장' 앞세워 주객전도

김 씨는 '안마'도 한다. 처음 오면 열흘에서 보름 정도 배운다. "안마를 잘못해서 뼈가 부러지는 바람에 업주가 배상해줬다는 이야기를 들었다"고 김 씨는 말했다. 그러나 순전히 안마 받으러 오는 이는 드물다. 경찰 단속이 시작된 이유다. 2004년 9월, 성매매특별법 시행 이후 경찰은 청량리, 미아리 등 집창촌을 집중 단속했다. 성매매 산업은 사라지지 않고 변신했다. 2005년부터 안마시술소는 성매매의 대명사가 됐다.

그게 다 김 씨와 같은 '아가씨들' 탓이라고 시각장애인 안마사 임희연(가명) 씨는 생각한다. 경력 30년의 임 씨는 스무 살 때까지 지방 소도시에서 집안 농사일을 도왔다. 부모님은 아예 학교 보낼 생각을 하지 않았다. 성년이 되어서야 대한안마사협회가 운영하는 안마수련원에 갈 수 있었다. 2년 동안 해부생리, 병리보건, 안마이론, 안마역사, 안마실습, 전기치료 등을 배웠다. "모두 1,031시간의 과정을 이수해야 안마사 자격증이 나온다"고 임 씨는 말했다. 1,031시간의 수업은 임 씨가 미래를 도모할 수 있는 유일한 버팀목이었다.

1979년 그가 안마사 일을 처음 시작했을 때만 해도 안마시술소는 없었다. 시각장애인들이 일하는 안마원이 전부였다. "안마원은 직접 손님을 받기보다는 호텔이나 여관과 계약했어요. 호텔에 외국 손님이 오면 거기 가서 안마를 했죠. 일본 손님이 많았어요." 방귀 뀌는 소리에 잠시 웃었다고 발로 걷어찼던 일본 손님을 잊을 수 없다. 그가 기억하는 '안마원 시대'는 시각장애인 안마사들이 세 끼니를 겨우 해결하던 때다. 안마 산업이라고 할 만한 게 없었다.

1980년대 중반부터 바뀌었다. '3저 호황'이 왔다. 기업들의 접대 비용이 늘었다. 성매매 산업이 팽창했다. 안마를 겸한 변종 성매매가 등장했다. 그 시절부터 임 씨도 안마시술소에서 일했다. 안마원보다 큰 규모로 영업하니까 손님도 늘고 수입도 늘었다. 결정적인 변곡점은 외환위기였다. 1998년부터 돈이 안마시술소 시장에 흘러들었다. 기업형 안마시술소가 생겨났다.

큰 규모로 하는 만큼 법적 안전판이 필요했다. 현행법상 안마자격증은 시각장애인만 받을 수 있다. 이들만이 안마를 내건 영업행위를 할 수 있다. 시각장애인은 합법적 운영을 위한 '바지사장'이 되고, 실제 사업자금과 운영은 업자가 담당하는 방식이 자리를 잡았다. 시각장애인들은 이를 두고 '정안(正眼) 자본'이라고 부른다.

업자들 가운데 다수는 술집 등을 운영하다 사업을 전환한 경우다. 외환위기 이후 중소 자영업자의 급증이 안마 산업의 판도에도 영향을 준 셈이다. 이후 안마시술소의 '주객'이 완전히 뒤집어졌다. 안마의 타락이 본격화됐다. "그 뒤부터 안마사라고 하면 남자들한테 '서비스'해주는 걸로 알더라"고 임 씨는 말한다. 2004년 성매매 집결지 단속은 화룡점정이었다. 포주들까지 안마시술소에 뛰어들었다. 11월 1일 자살한 이아무개 씨가 일한 곳도 시각장애인 명의의 안마시술소였다.

"정상·퇴폐 가려 일할 처지 아냐"

지난 20여 년간 안마 산업은 극적으로 변했다. 그러나 시각장애인 안마사 임 씨의 처지는 전혀 나아지지 않았다. 타락한 '정안 자본'의 유입은 오

불 꺼진 업소, 눈에 불 켠 업주들

서울 장안동 안마업소 밀집 거리가 황톳바람 날리는 서부영화의 주점 앞 풍경처럼 썰렁하다. 아예 안마업소 간판을 떼어낸 곳들이 눈에 띄었고 몇몇 네온사인이 켜진 곳도 문은 굳게 잠겨 있었다. 언뜻 보기엔 이곳에서 불법 성매매의 싹이 잘린 듯했다. 하지만 안마업소라는 공간을 떠났을 뿐 일부 업소는 인근 모텔에 둥지를 틀고 영업을 이어가고 있다. 한 건물의 주차장 관리인은 "모텔방을 한 달 80만 원에 잡고 성매매를 계속하는 업소도 있다"고 귀띔했다.

겉으로 보이는 평온함과는 달리 업주들과 경찰의 신경전은 팽팽하다. 경찰은 그동안 260여 명을 입건하고 업주 10명을 구속하는 등 안마를 가장한 성매매 업소에 대한 압박의 고삐를 늦추지 않고 있다. 업소의 침대와 욕조까지 다 압수해가는 방식으로 성매매의 씨를 말리는 게 목표다. 생계 위협에 처한 업주 1명과 성매매 여성 2명이 스스로 목숨을 끊으면서 업주들의 반발도 극에 달한 상태다. 이들의 분노는 "돈은 돈대로, 성접대는 그것대로 다 받아먹은 경찰이 이제 와 이럴 수 있느냐"는 것이다. 이름을 밝히지 말아달라는 한 업주는 "한 업소가 한 달에 적어도 150만 원씩은 경찰 쪽에 상납을 했고, 성매매 여성에게서 성상납을 받은 경찰 직원도 있다"며 "업주들 사이에 간추려보니 돈 받은 전·현직 동대문경찰서·서울경찰청 직원이 89명이었고, 이 가운데 액수가 큰 40여 명의 명단을 추려놓은 상태"라고 말했다. 그는 "성상납을 한 업소 아가씨 중에서는 '내가 그 경찰의 신체 특징도 아니 나가서 증언하겠다'고 나서는 이도 있다"고 주장했다.

'뇌물 경찰 명단'은 애초엔 경찰을 협박하기 위한 '공포탄'이었으나 업주들이 갈수록 궁지에 몰리면서 점차 '철갑탄'으로 변신하고 있다. 명단 공개는 곧 경찰과 전면전을 선포하는 것과 마찬가지여서 다시는 관련 업소 영업을 못하게 될 텐데 업주들이 진짜 공개를 하겠냐는 의문에 다른 업주는 "이미 죽게 생겨 더 이상 고민할 게 없다"고 답했다. 장안동발 시한폭탄의 초침이 제로를 향해 달려가고 있는 셈이다.

동시에 업주들은 경찰 쪽에 '유예기간'을 달라고 요구하고 있다. 남은 업소 가운데 건물 임대 계약이 가장 길게 남은 업소의 계약 만료 기간까지만 강경 단속을 멈춰달라

107

는 것이다. 그러면 죽어버린 지역 상권이 살아나는 대로 업종을 바꾸든, 장안동을 떠나든 하겠다는 게 업주들 쪽의 주장이다. 그러나 이는 경찰 인사로 현재 강경 정국을 이끌고 있는 이중구 동대문경찰서장이 다른 곳으로 옮긴 후 영업을 재개하려는 업주들의 기만 술책이라는 게 경찰 쪽 시각이다. 이 서장은 〈한겨레21〉과의 전화 통화에서 "그동안 단속당해오면서 (퇴폐안마 영업을) 하면 안 된다는 걸 다 알면서, 무슨 유예기간을 달라는 얘기냐"며 "유예기간은 없다"고 못박았다.

불법 성매매를 뿌리뽑기 위한 경찰 단속의 필요성은 인정하면서도 그 방식의 문제를 지적하는 목소리도 나왔다. 앞서 만난 건물 주차장 관리인은 "건물 주인에게 불법 업소와 재계약하면 강력한 세무조사를 벌이겠다고 경고하는 등 세무 당국도 함께 나서야지, 이런 식이라면 뿌리뽑기 힘들다"며 "안마업소는 다 불을 껐지만, 그 사이사이 불 밝힌 단란주점에서 이뤄지는 성매매를 경찰이 단속했다는 얘기를 듣지 못했다"고 꼬집었다.

히려 족쇄가 됐다. 임 씨는 안마시술소에서 일한 돈을 모아 지난 2000년 경기 광주에 직접 안마시술소를 차렸다. 그러나 경쟁을 이기지 못했다. 더 큰 시설과 '아가씨'를 갖춘 다른 업소가 손님을 끌어갔다. 결국 2006년에 문을 닫았다. "눈 보이는 사람들이 나를 속이는" 억울한 일도 많이 겪었다. 평생 모은 돈도 날렸다.

지금은 충남 서산의 안마시술소에서 다시 안마사로 일하고 있다. "그 신세가 처량하고 서글프다"고 임 씨는 말했다. 임 씨가 일하는 업소에는 시각장애인 안마사 3명과 '아가씨들'이 있다. 손님이 오면 18만 원을 받는다. 그 가운데 2만 원이 안마사 몫이다. 10만 원은 성매매 여성이 가져간다. '일반인' 업주와 '시각장애인' 사장이 1만 원씩 받고, 4만 원을 다시 가게 운영비 명목으로 업주가 가져간다. 임 씨는 아가씨들이 밉다. "그런 걸 해서 돈 버는 아가씨들 가운데 뭐 제대로 된 게 있겠느냐"고 말한다.

일이 이렇게 된 데에는 시각장애인들의 생존 문제가 있다. 중증 시각장애인들의 다수는 가난하다. 임 씨의 표현을 빌리자면 "부모와 형제조차 도와주지 않는다". 일제 때부터 시각장애인들에게 독점권이 주어진 안마사 자격증이 유일한 생계 수단이다. 영세했던 안마 산업에 외부 자본이 밀려들면서 일부 시각장애인 안마사는 자신의 생계를 의탁하지 않을 수 없었다. 안마시술소 바지사장이 되면 한 달에 200~500만 원까지 받는다. 안마원에선 열심히 해도 한 달에 170만 원 정도가 고작이다.

안마시술소 단속이 나오면 시각장애인 안마사들이 경찰서 앞에 몰려가는 경우도 있다. 경찰의 단속은 성매매를 대상으로 삼지만, 안마시술소가 문 닫으면 시각장애인 바지사장과 안마사까지 일자리를 잃는다. 최근 장안동 단속은 예외다. 기업형 안마시술소가 밀집한 이곳 70여 개 업소 가운데 시각장애인 이름으로 등록된 곳은 서너 업소에 불과하다. 사업이 번창하자 장안동의 '정안 자본'은 시각장애인을 제쳐두고 대담한 무허가 영업을 해왔다.

8천여 '마사지숍' 종사자 20만 명

그래도 장안동 단속이 마냥 남의 일은 아니다. 서울 시내 다른 지역과 지방 도시의 안마시술소로 단속이 확대된다면 적잖은 시각장애인들은 생계의 터전을 잃게 될 것이다. 현재 안마사 자격증을 소지한 시각장애인은 전국적으로 7천여 명인데, 등록된 안마시술소는 850여 개, 안마원은 530여 개다. 당연히 일자리가 부족하다. 시각장애인 안마사 절반이 아예 취업을 못하는 상황이다. '정상 안마원'과 '퇴폐 안마시술소'를 가려 일할 처지가 아니다.

그러나 임 씨의 유일한 버팀목인 안마사 자격증 때문에 재중동포 김성령(가명) 씨는 벼랑에 몰렸다. 1995년 한국에 들어온 뒤 식당 허드렛일, 건물 청소, 목욕탕 때밀이 등을 전전했다. 그나마 안정적으로 돈을 벌 수 있는 일이 마사지였다. 마침 중국에 있을 때, 헤이룽장 성 노동국 마사지학습반에서 한 달간 마사지를 배웠다. 김 씨는 얼마 전부터 '타이 정통 마사지'

안마업의 역사

시각장애인의 안마 독점 조항은 일제시대인 1912년 조선총독부 칙령에 따라 처음 만들어졌다. 1913년 생긴 경성제생원에서 시각장애인에게 안마사·침사 면허증을 발급했다. 1945년 미 군정청이 일제시대의 모든 법을 폐지하면서 안마사·침사 면허제도도 없어졌다. 서울 시내 30여 개의 안마원도 모두 문을 닫았다. 이후 시각장애인 안마사들은 법적 보호 없이, 대나무 조각 3개를 붙여 만든 '안마피리'를 불며 손님을 찾아다녔다. '떠돌이 안마사' 시대다.

관련 규정이 다시 생긴 것은 1963년. 그러나 이때는 침사 규정이 빠졌다. 앞서 1951년 생긴 한의사 제도 때문이다. "한국 사람들은 안마보다 침을 좋아하는데 그걸 못하게 되니 안마 수요가 더 줄어들고, 침 대신 성매매와 결합해 안마가 변질됐다."(이규성 대한안마사협회 사무총장)

1988년 이후 스포츠 마사지 등이 생기면서 비시각장애인이 대거 안마업계에 들어왔고, 1997년 외환위기 때는 각 지자체가 실업 대처 방안으로 실시한 '마사지 교육'으로 일반인의 마사지 관리사 진출이 본격화됐다. 2000년대부터는 해외여행자가 늘면서 타이, 중국 등의 마사지가 국내에 유입됐다. '웰빙 사업'이 번지면서 다양한 종류의 프랜차이즈 기업들도 '자유업'으로 등록해 마사지업을 하고 있다.

최근에는 '피부마사지 관련 조항'이 또 다른 불씨를 낳고 있다. 정부가 공중위생관리법을 개정해 피부미용사 실기 시험 과목에 '전신에 마사지 오일을 바르고 고타법, 유연법 등을 사용하는 물리적 시술 과목'을 추가했기 때문이다. 안마사와 피부미용사의 갈등이 안마시장에 침투한 셈이다.

라는 간판을 내건 서울 강동구의 한 업소에서 일하고 있다. 손님이 4만 원을 내면 업주와 반반씩 나눠갖는다.

2008년 10월 30일, 헌법재판소의 결정은 김 씨에겐 위협이다. 헌재는 시각장애인 안마사의 안마업 독점권을 규정한 현행 의료법에 대해 합헌 결정을 내렸다. 이제 타이 마사지, 중국 마사지, 스포츠 마사지, 스파 마사지, 발 마사지 등은 모두 불법이 됐다. 한국인과 결혼한 김 씨는 불법 체류자가 아니다. 그러나 남편 역시 벌이가 시원찮아 함께 일해야 한다. 어쩌면 김 씨의 실직은 결혼의 위기로 이어질 수도 있다. 이혼하면 한국에 머물 권리도 사라진다. 불법 영업 단속의 낌새가 있으면 김 씨는 곧바로 몸을 숨긴다. 실제로 김 씨 주변에서 일하는 상당수 이주여성 노동자는 한국인 남편에게 이혼당하고 일거리를 찾아 마사지숍에 온 경우다.

불법인 줄 알면서도 이주여성 노동자들이 마사지숍에 몰리는 데는 이유가 있다. 한국에 도착한 이들은 공항과 항구에서 한국인 브로커들이 나눠주는 전단지부터 받아본다. 앞에는 서울시 지하철 노선도, 뒤에는 마사지 학원 광고가 있다. 학원에서 몇 달 배우면 숙식까지 해결해준다는 브로커의 말에 쉽게 넘어간다. 다른 일을 하다가 마사지 업소를 찾는 경우도 적잖다.

중국 출신 이주노동자 이성희(가명) 씨는 충남 천안의 사동차 부품 회사, 경기 부천의 용접공장에서 일했다. 월급을 못 받았다. 화난 마음으로 길을 걷는데 '중국 전통 마사지'라는 간판이 보였다. 그곳에 취업한 이 씨는 지금 한 달에 180만 원 정도 번다. 공장에서 뼈빠지게 일해 정해진 월급 60만 원도 못 받던 그로선 더 바랄 게 없다. 사장도 잘 대해준다. "다른 데서 일하기 싫다. 왜 한국에선 마사지가 불법이냐"고 이 씨는 되물었다.

현행법상 무허가 업체를 운영하는 업주들은 사업의 장래를 점칠 수 없다. 노임도 많이 줄 수 없다. 이주여성 노동자들이 이 사업의 유일한 인적 자원이다. 그들이 도망가면 가게를 운영할 수 없다. 꼬박꼬박 월급을 줘야 한다. 그 소문이 퍼져 더 많은 이주여성 노동자들이 마사지 업체에 몰리고 있다. 전국적으로 8천여 곳의 마사지숍에서 20만여 명이 일하고 있다. 여기서 일하는 이주여성 노동자의 규모는 정확히 파악되지 않았지만, 적어도 수만 명에 이를 것이라는 게 관련 업계의 추정이다.

이 시장이 팽창한 것도 1997년 외환위기와 관련이 있다. 당시 지방자치단체와 노동부 등은 스포츠 마사지 등의 재취업 강좌를 열었다. 실직자·퇴직자 및 그 가족들이 이를 배워 가게를 열었다. 안마사 자격증과는 달리 스포츠 마사지류의 자격증은 민간단체에서 몇 달간의 교육만 들어도 따낼 수 있다. 많은 업소가 문을 열었고 많은 이주여성 노동자들이 고용됐다. 최근 불경기의 여파로 중소 제조업체들의 고용이 불안해진 것도 여기에 영향을 줬다. 지금 이들은 당국의 단속이 언제부터 본격화될지 노심초사하고 있다.

누군가에겐 휴식, 누군가에겐 죽음

안마 산업의 밑바닥을 차지한 이들에게 공통점이 없지는 않다. 인천 마사지숍에서 일하던 재중동포 출신의 이주여성 노동자가 숨졌다. 그는 불법 체류자이자 불법 안마사였다. 단속이 나오자 반팔만 입고 있던 그는 옷을 껴입고 나오겠다며 잠시 자리를 피했다가 4층 건물에서 뛰어내렸다.

시각장애인 안마사들이 2006년 5월 서울 마포대교에서 펼친 장기 농성은 유명하다. 당시 집에서 투신하거나 거리에서 분신해 두 명의 시각장애인이 숨졌다. 한강 다리에서 집단으로 강물에 뛰어들기도 했다. 2008년 장안동 성매매 여성 두 명의 잇따른 자살까지 더하면, 안마 산업의 변두리에서 벼랑까지 몰린 이들의 상황을 짐작할 수 있다. 그들에게 안마는 위로와 휴식이 아니라 삶과 죽음에 대한 것이다.

안마와 마사지

안마는 동양에서, 마사지는 서양에서 비롯했다. 안마는 경혈·경락을 손가락 등으로 눌러 신경계의 불균형과 몸의 쇠약을 회복하는 고대 중국의 치료법이다. 서양의 마사지는 주로 근육을 자극한다. 이 기본 형식을 토대로 여러 하위 장르가 생겼다. 운동기능 증진을 꾀하는 스포츠 마사지, 류머티즘 치료를 위해 스웨덴에서 개발된 스웨디시 마사지, 림프·림프관 등을 자극하는 림프 마사지 등은 모두 마사지의 하위 장르다. 타이 마사지는 인도 요가와 중국 의학의 영향을 두루 받아 세계적으로 유명해졌다.

우리나라에서는 의료법(82조 1항)과 보건복지가족부의 '안마사에 관한 규칙'에 따라 이 모든 종류의 안마와 마사지를 시각장애인만 할 수 있도록 정하고 있다. 2004년 대법원은 이발소에서 이발 뒤 목을 주물러주는 행위가 무자격 안마 영업에 해당한다고 판결하면서 "손으로 사람의 근육·관절·피부 등 신체 부위를 두드리거나 주무르거나 문지르거나 누르거나 잡아당기는 등의 방법으로 혈액순환을 촉진시키고 근육을 풀어줌으로써 통증 등 증상의 완화·건강증진·피로회복 등을 도모하기 위한 물리적인 시술을 통칭"해서 안마·마사지라고 했다.

이에 따라 합법적으로 안마·마사지를 받을 수 있는 곳은 '안마원'과 '안마시술소' 두 곳이다. 안마원과 안마시술소는 면적에 따라 구분된다. 연면적 830제곱미터 이하는 안마시술소, 115제곱미터 이하는 안마원이다. 830제곱미터 이상은 허가되지 않는다. 의료법상 안마시술소와 안마원은 변형된 이름을 붙일 수 없다. 길을 걷다 마주치는 '풋숍' '릴랙스 숍' '24시간 마사지' 등의 업소는 엄밀히 보아 불법이다. 호텔 스파, 찜질방, 목욕탕 등에서 받는 마사지와 안마도 시각장애인 자격자가 아닌 사람이 할 경우 역시 불법이다.

퇴폐 벗고 안정된 일자리로

2008년 10월 31일 헌법재판소가 안마사 자격을 시각장애인에게만 허용하는 의료법에 대해 '합헌' 결정을 내렸다. 시각장애인 안마사들의 단체인 대한안마사협회는 "직업 선택의 자유라는 자유권적 기본권보다 약자의 생존권을 우위에 둔 적절하고 당연한 판단"이라고 반겼다. 반면 시각장애인이 아니면서 각종 스포츠 마사지·타이 마사지·발 마사지 등의 분야에 종사하는 사람들의 모임인 한국수기마사지사협회는 "20만 명의 비장애인이 현재 안마·마사지 산업에 종사하고 있다. 모두 곧 단속 나오지 않을까 불안해한다. 합법적으로 일하고 싶다"고 말했다. 박준수 한국수기마사지사협회장은 "헌법재판소 결정문에서 이미 '비시각장애인들의 직업선택권의 자유가 제한된다'는 점을 명시하고 있어 헌법 소원을 제기할 생각"이라고 밝혔다.

2003년부터 '위헌' '합헌' 엎치락뒤치락

두 단체의 갈등은 어제오늘의 일이 아니다. 2003년 6월 법원이 옛 의료법 61조 1항과 4항 등(시각장애인 안마사 독점 조항)에 대해 위헌법률심판을 제청하자 헌법재판소는 합헌 결정을 내렸다. 이에 마사지업에 종사하던 비시각장애인들이 모여 한국수기마사지사협회를 만들었고 2003년 10월 헌법 소원을 제기했다. 3년 뒤인 2006년 6월, 헌법재판소는 해당 조항이 직업 선택의 자유를 침해한다며 위헌 결정을 내렸다. 시각장애인만 안마를 할 수 있다는 법적 근거가 사라지자 이번에는 안마업에 주로 종사하던 시각장애인들이 '생존권 박탈'이라며 한강으로 뛰어내렸다. 이에 헌재 결정 석 달 뒤 국회는 다시 시각장애인 독점 조항을 상위법인 의료법에 추가했다. 한국수기마사지사협회는 다시 개정 의료법에 대한 헌법 소원을 제기했다.

긴 싸움의 끝인 '합헌 결정'이 시각장애인 안마사들에게도 만병통치약인 것은 아니다. 현재 안마 산업은 여러 가지 문제점을 안고 있다. 가장 큰 문제는 안마업의 대다수가 성매매와 결탁돼 있다는 점이다. 2008년 10월 현재 시각장애인이 운영하는 것으로 등록된 곳은 안마시술소 853곳, 안마원 537곳이다. 한 안마시술소에 이름을 빌려주고 영업을 하는 시각장애인 강지만(가명) 씨는 "안마원을 제외하고 안마시술소로 등록한 업체는 100퍼센트가 성매매 여성과 안마사가 함께 있는 형태로 운영되고 있다"고 말했다. 대한안마사협회도 이를 부인하지는 않는다. 이규성 사무총장은 "상당부분 성매매와 안마가 공생하고 있는 형태다. 이를 털어내고 안마가 제자리를 찾기 위해 여러 가지 조처가 필요하다"고 말했다.

시각장애인들이 필요로 하는 '조처'는 무엇일까. 이규성 사무총장은 "안마 행위가 건강보험에 포함되는 것"을 최우선 과제로 꼽는다. 안마를 건강보험에 포함하려면 국민건강보험법을 개정해야 한다. 1원이든 10원이든 보험료가 오를 수밖에 없기 때문에 국민적 합의도 거쳐야 한다. 이규성 사무총장은 "그 과정에서 안마가 의료 행위라는 인식이 생길 것이고, 불법 안마 행위에 비해 가격경쟁력도 생긴다"며 "일본에서도 이미 건강보험에 안마 행위를 적용하고 있다"고 말했다.

산업안마사·공영안마사 제도가 접점

이 '보건안마'를 고리로, 대한안마사협회와 한국수기마사지사협회의 접점을 어렴풋하게 찾을 수 있다. 박준수 한국수기마사지사협회장은 "보건안마 정책을 적극적으로 도울 테니 '독점 조항'을 풀어서 안마의 퇴폐 이미지를 벗기고 다양한 안마와 마사지 서비스가 합법화되도록 하자"고 제안하고 있다. 한국수기마사지사협회는 시각장애인 안마사 독점 조항을 푸는 대신 △산업안마사 제도 도입 △공영 안마원 설치 △5인 이상의 안마 마사지사를 고용한 업소는 반드시 1명의 시각장애인 안마사를 두게 하는 할당제 실시 △시각장애인 안마사 고용 업소에 면세 혜택을 주는 방안 등을 내놓고 있다.

산업안마사 제도는 기업 등에 시각장애인 안마사를 고용하게 해 직원들에게 안마 서비스를 제공하는 것이다. 한 텔레마케팅 업소가 자발적으로 5명의 시각장애인을 고용하고 직원들에게 안마 서비스를 제공해 화제가 된 적이 있다. 이런 내용을 법으로 정해 시각장애인 안마사들이 안마시술소 외에 취업할 수 있는 길을 열자는 내용이다. 공영 안마원 제도는 국가가 운영하는 안마원으로 일종의 '안마 국립병원'이다.

그러나 대한안마사협회는 이 모든 방안에 대해 유보적이며 지금은 '안마업을 비장애인에게 개방할 수 없다'는 입장이다. 이규성 사무총장은 "앞서 예로 든 기업에서 안마사들은 120여만 원의 급여를 받으며 비정규직으로 고용되고 있다"며 "안마 행위가 건강보험의 수급 대상에 적용되고, 안마사의 입지가 '준의료인'으로 세간에 인식되지 않는 한 노동의 질이 좋지 않을 것이 뻔하다"고 말했다.

결국 안마업을 둘러싸고 시각장애인들은 '우리의 마지막 밥그릇'이며 '시각장애인과 비장애인이 함께 경쟁하게 하는 것은 차별'이라고 주장하고, 마사지업에 종사하는 비시각장애인들은 '우리에게도 역시 밥그릇'이라고 주장하는 실정이다.

안마를 둘러싼 또 하나의 직군은 안마 업소에서 성매매를 하는 여성들이다. 이 여성들이 '업소 생활'에서 벗어나는 것 또한 안마가 퇴폐 이미지를 벗기 위해 해결돼야 할 사항이다. 이를 위해서는 어떤 대책이 필요할까.

성매매 여성 위한 현장지원센터 확대

현재 '성매매 방지 및 피해자 보호 등에 관한 법률'은 상담소 설치, 지원시설 운영 등에 중점을 두고 있다. 그러나 현장에서는 이러한 자활 대책이 실속이 없다고 말한다. 표정선 '성매매 없는 세상 이룸' 활동가는 "단속 뒤 경찰에서 조사받는 여성들은 극도의 흥분 상태에 있기 때문에 상담소를 이용할 마음을 갖기가 어렵고, 자활 대책이 실질적이지 않아 여성들이 이용하지 않는 문제가 있다"고 말했다.

최근 이 시민단체와 여성부는 피해를 입은 성매매 여성들이 상담센터로 찾아오기를 기다리기보다는 현장 밀착형으로 성매매 여성들에게 다가가고 있다. 성매매 여성의 문제를 단발성 사건의 시각에서 접근하기보다는 장기적 관점에서 문화적 토대를 바꾸겠다는 것이다. 서울 청량리와 천호동 같은 전통적 성매매 집결지를 중심으로 들어선 현장지원센터가 바로 그것이다. 현재 전국적으로 9곳이 운영 중이다. 표정선 활동가는 "청량리 센터를 2년 넘게 위탁 운영하고 있는데, 해당 지역에 있는 150여 명의 성매매 관련 여성 가운데 100여 명이 적어도 한 번씩은 다녀갔다"며 "사회적 낙인에 대한 공포를 제거할 수 있는 자활 체계가 필요하다"고 말했다. 여성부는 장안동처럼 전통적 성매매 집결지가 아닌 곳에도 이런 현장지원센터를 확대해나갈 방침이다.

외국인도
사람이다

파이프라인 따라 인권유린 흐른다

버마(현 미얀마) 서부 해안가, 벵골 만과 맞닿은 아라칸 주에서 한국의 '자원외교'가 한창이다. 대우인터내셔널과 한국가스공사가 주축이 된 컨소시엄이 개발 중인 '슈웨 천연가스전' 프로젝트가 정부의 전폭적인 지원 아래 본격적인 생산을 눈앞에 두고 있다. 사기업인 대우인터내셔널엔 '에너지 및 자원사업 특별회계' 지원금이 대거 투입됐고, 공기업인 한국가스공사는 지식경제부(옛 산업자원부)의 '지휘'와 '지원'을 받아왔다.

'치안 유지'군이 성폭행·고문·폭력

2008년 10월 21일 국제민주연대가 주최한 '다국적기업 인권기준 워크숍'에서 발제에 나선 송지우 변호사(미 하버드 법대 국제인권클리닉)가 주목한 것도 바로 이 점이다. 그는 법대생 시절인 2004년부터 슈웨 가스전 사업을 추적해왔다.

"슈웨 가스전에서 생산될 천연가스는 중국으로 수송된다. 이를 위해 버마 만달레이와 초퓨를 거쳐 중국 윈난 지역의 쿤밍까지 총연장 1,800킬로미터에 이르는 대규모 파이프라인 공사가 예정돼 있다. 과거 버마에서 파이프라인 공사가 벌어졌을 때, 현지 주민들은 극심한 인권유린에 시달려야 했다. 슈웨 가스전 사업이 본 궤도에 오르면, 한국 기업은 물론 정부까지 인권유린에 연루됐다는 오명을 뒤집어쓸 가능성이 높다."

송 변호사는 1990년대 진행된, 버마 서부 해안에서 남부를 거쳐 타이까지 잇는 야다나 파이프라인 건설 공사를 '반면교사'로 꼽았다. 당시 파이프라인 공사에 앞서 버마 군부는 '치안 유지'를 명목으로 공사 전 구간에 걸쳐 군 부대를 파견했다. 군 주둔과 함께 강제노동·토지몰수·강제이주가 잇따랐고, 군인들에 의한 성폭행·고문·폭력·살인 등 온갖 인권유린이 자행됐다. 송 변호사는 "야다나 파이프라인 시공사였던 미 에너지기업 유노컬과 프랑스의 토탈도 인권유린에 연루된 책임을 면치 못했다"며 "소송에

1990년대 말 야다나 파이프라인 건설현장을 따라 들어선 버마군 주둔기지 모습.

휘말려 거액의 피해보상금을 지불한 것은 물론 '인권탄압에 연루된 기업'
이란 낙인이 찍혀 두고두고 어려움을 겪고 있다"고 전했다.

실제로 유노컬과 토탈에 투자했던 일부 주주들은 야다나 사건이 알려
진 뒤 투자금을 회수했고, 유럽 각국의 연기금펀드도 두 업체에 투자한
자금을 빼내갔다. 송 변호사는 "이미 노르웨이 연기금펀드 윤리위원회는
2007년 10월 자국 재무부에 보낸 서한에서 버마에 진출한 20여 개 기업 가
운데 대우인터내셔널을 주시하고 있다고 밝힌 바 있다"며 "슈웨 가스전 사
업과 관련해 인권유린이 벌어졌다는 증거가 나오면, 언제든 투자금을 빼내
갈 것이 뻔하다"고 말했다.

슈웨 파이프라인 공사는 아직 시작되지 않았다. 과거의 경험은 인권유
린 가능성이 '명백'하며 시기도 '임박'했다고 가르친다. 한국 기업뿐 아니라
정부까지 '멍에'를 뒤집어쓸 사세다. 이미 미국의 환경·인권단체 '어스라이
츠인터내셔널'(ERI)이 현지 인권단체들과 함께 "대우인터내셔널 등이 '경제
협력개발기구(OECD) 다국적기업 가이드라인'을 위반했다"며 한국 연락사
무소(NCP)에 제소할 준비를 하고 있다.

벌써부터 제소 준비, 무엇이 '국익'인가

송 변호사는 "2005년 아라칸 주 현지를 방문했을 때 주민들은 한국산
텔레비전 앞에 모여 한국 드라마를 보고 있었다"며 "한국 기업과 문화에
친숙한 현지 주민들이 한국 기업의 이윤 추구 과정에서 인권유린의 희생
자로 전락하도록 내버려두는 게 정말 '국익'에 도움이 되는지 따져봐야 할
때"라고 강조했다.

싼 노동자 짓밟기, 돌고 도는 역사

"여성 노동자들의 기나긴 일본 원정투쟁이 승리를 거뒀다. 마산 수출 자유지역의 일본인 투자회사 한국수미다전기(대표 구시노 고이치)의 폐업 철회를 요구하며 일본 도쿄의 본사 건물 앞에서 6개월 동안 노숙을 하는 눈물겨운 투쟁을 해온 수미다전기 노조 간부 4명은 폐업 238일 만인 지난 8일 밀린 임금 등 3억 9,600만 원을 받아내는 대신 마산공장 문을 닫는다는 회사 쪽의 제안에 합의함으로써 긴 투쟁의 막을 내렸다."

1990년엔 '수미다 승리'에 박수쳤는데

1990년 6월 12일 〈한겨레〉는 사설에서 이렇게 전했다. 1987년 민주노조가 결성된 뒤 감원을 시도해온 일본계 업체 수미다전기는 1989년 10월 14일 팩시밀리 1장으로 '도산 및 해고' 통지를 보냈다. 임금과 퇴직금을 떼먹은 사장은 일본으로 달아났다. 이른바 '자본 철수'다. 정현숙 당시 노조위원장을 비롯한 4명의 노동자가 그해 11월 15일 일본으로 건너가 단식농성 등 끈질긴 싸움을 이어갔고, 일본 시민사회의 지원 속에 '작은 승리'를 일궈냈다.

1987년 7~9월 노동자 대투쟁 이후 장시간·저임금 노동으로 한국 노동자들의 고혈을 빨았던 '외국자본'의 철수가 꼬리를 물었다. 수미다 노동자들의 투쟁이 한창이던 1990년 봄 경기 부천의 전자부품 생산업체 한국피코의 노동자 100여 명도 미국 자본의 급작스런 철수에 맞서 투쟁의 날을 벼렸다. 여성 노동자들이 중심이 돼 '피코 아줌마들'로 불린 피코노조는 두 차례나 대표단을 미국 뉴욕의 본사로 보내 장기간 원정투쟁을 벌이면서 사회적 반향을 불렀다. 피코노조 법규부장을 지낸 최만정 민주노총 충남본부 사무처장은 "미 현지에서 법정 다툼이 길어지면서, 결국 공장에 남아 있던 제품을 처분해 체불임금의 일부만 건진 채 2년여 만에 싸움을 접어야 했다"고 말했다. 〈한겨레〉는 1990년 7월 11일치에서 당시 분위기를 이렇게 전했다.

"노동부 등 관계 당국에 따르면 지난 한 해 동안 자본을 철수하거나 휴업을 한 외자기업은 32개사로, △1987년 22개 △1988년 20개에 비해 크게 늘어난 것으로 나타났다. 외자기업이 밀집해 있는 마산 수출자유지역의 경우에는 100여 개에 이르던 입주업체 수가 70여 개로 줄어들었다. 이같은 현상은 1987년 '외국인 투자사업의 노조 및 노동쟁의에 관한 임시특례법'이 폐지돼 외자기업에서의 노동운동이 자유로워진데다, 지난 3년간의 비교적 높은 임금 인상과 세금 감면 혜택 축소, 원화 절상 등으로 한국에 대한 투자 매력이 크게 줄었기 때문이다."

'피해'의 역사가 '가해'의 역사로 탈바꿈하는 데는 채 한 세대가 걸리지 않았다. 수미다와 피코 노동자들의 투쟁이 세상에 알려진 지 14년여 만인 지난 2004년 8월 16일 필리핀 카비테 주 로사리오 지역의 수출자유지역(CEPZ)에선 낯익은 풍경이 연출됐다. 필리핀 정부가 외자 유치를 위해 조성한 카비테 공단 한 귀퉁이를 차지하는 한국계 의류업체 '필스전'의 노동자들은 이날 공장 안에서 노동조합 등록 선거를 치렀다. 찬성 277 대 반대 77. 숨죽이고 1년여를 기다려온 노동자들은 환호성을 울리며 노조 설립을 자축했다. '어제의 피해자'와 벌이게 될 기나긴 싸움의 시작이었다.

필리핀 한국 업체, 노조 탄압 작전

회사는 노조 설립 자체를 인정하지 않았다. 조합 설립 과정에서 "절차상 하자가 있다"며 현지 노동당국에 끊임없이 이의를 제기하며 시간을 끌었다. 마침내 2005년 11월 19일 필리핀 노동부는 필스전 노동조합이 '유일하고 배타적인 단체협상권을 가진 노조'라는 결정문을 공표했다. 회사 쪽은 이 결정에 반발해 한 달여 만에 법원에 소송을 냈다. 필리핀 법원은 4개월여 만에 이를 기각했다. 그 새 회사 쪽은 엠마누엘 바티스타 노조위원장을 해고했고, 법정 다툼이 끝나지 않았다는 이유로 노조의 단체협상 요구를 철저히 묵살했다.

그러던 2006년 8월 말 회사는 두 차례에 걸쳐 조합원 63명에게 사전 통보도 없이 무기한 '강제 휴가'를 보내겠다고 발표했다. 사실상 해고나 다름 없었다. 노조는 그해 9월 1일 파업 찬반 투표를 실시해 204명의 조합원 중 179명의 찬성을 얻어 파업을 결정했다. 협박과 회유에도 노조가 같은 달 25일 파업에 들어가자 회사 쪽은 이틀 만에 현지 경찰과 경비용역 업체를 동원해 파업 노동자들을 강제 해산했다. 흩어진 노동자들은 다시 뭉쳤고, 같은 해 10월 19일 또다시 농성장 철거와 함께 강제 해산 작전이 벌어졌다. 노동조합 간부에 대한 회사 쪽의 고소·고발과 '의문의 린치'도 잇따랐다. 한국에서 즐겨 쓰던 수법이다.

돌파구 없이 장기화한 파업은 노동자들을 지치게 했고 하나둘 파업을 접었다. 그럼에도 몇 사람 남지 않은 필스전 노동자들은 여전히 복직과 대화를 요구하며 싸움을 멈추지 않고 있다. 현지를 방문해 필스전 노조 지원 활동을 한 공익변호사그룹 공감의 황필규 변호사는 이렇게 말했다. "필리핀 정부나 법원은 필스전이 외자 유치 기업이란 점 때문에 소극적 대응으로 일관했다. 현지에서 만난 노동전문가들은 민사소송을 제기할 경우 최종 판결까지 10~20년이 걸릴 수도 있다고 말했다. 무엇보다 외자 유치에 사활을 걸고 있는 필리핀 당국은 필스전 사태가 '좋지 않은 선례'로 남겨지기를 원치 않는다. 현지에서 문제를 풀기는 불가능해 보였다." 불행한 역사가 장소를 바꿔 되풀이되고 있는 게다.

남의 땅에 진출한 다국적 기업의 횡포는 어제오늘의 일이 아니다. 자본은, 국경을 넘는 것을 종종 '자유'로 인식한다. 더 싼 임금, 더 열악한 노동환경, 그리고 노동조합 없는 세상을 찾아 오늘도 국적을 초월한 자본의 논리가 지구촌을 배회하고 있다. 한때 피해자의 나라였던 '신흥 경제대국' 한국의 자본 역시 마찬가지다.

해결책을 찾기 위한 노력이 없었던 것은 아니다. 국제사회는 이미 1970년대부터 고삐 풀린 다국적 자본에 재갈을 물리는 방법을 고민해왔다. 윤효원 국제화학에너지광산일반노련(ICEM) 프로젝트 코디네이터는 한국학중앙연구원 학술대회에서 내놓은 '노사관계 측면에서 바라본 기업의 사회적 책임 관련 국제기준'이란 제목의 발표문에서 이런 노력을 크게 3가지로 나눠 설명했다.

첫째, 유엔세계협약(글로벌 콤팩트)이다. 세계협약은 1999년 1월 말 스위스 다보스에서 열린 세계경제포럼(WEF)에서 코피 아난 당시 유엔 사무총장이 기업의 사회적 책임을 역설하면서 시작된 지구촌 차원의 캠페인으로, 인권·노동기준·환경·반부패 등 4가지 영역에서 10가지 원칙을 내걸고 있다. 2000년 7월 본격적으로 사업이 시작된 이래 2007년 말까지 120개 나라 4,300여 기업이 참여하고 있는데, 사용자단체와 노동조합, 시민·사회단체 등 '이해당사자'까지 합치면 참가 단위는 5,600여 개에 이른다. 우리나라에서도 2008년 8월 현재까지 세계협약에 참가하고 있는 기업과 단체가 모두 127개에 이른다.

최근 한국 관련 10건 중 7건이 '가해자'

그러나 세계협약은 한계가 명확하다. 조약이나 협정처럼 법적 구속력이 없으니, 따르지 않아도 특별한 제재 수단은 없다. 곽노현 국제민주연대 공동대표는 '다국적기업 관련 국제인권기준 국내 적용을 위한 워크숍'에서 "이른바 '자율적·자발적 규제'를 강조하는 건, 기업의 윤리적 행동이 가치 있는 일이긴 하지만 법적으로 강제할 만큼 가치가 큰 것은 아니라는 말과 마찬가지"라고 지적했다. '모양내기'에 불과하다는 비판이 나오는 이유다.

둘째, 국제노동기구(ILO)가 제시한 핵심 노동기준, 즉 8대 기본협약이다. 협약과 권고 형태로 만들어지는 ILO의 노동기준은 국내 노동법을 위한 모델 역할을 한다. ILO는 187개 협약 가운데 노동자들에게 가장 중요한 영향을 끼치는 8개를 △결사의 자유와 단체 교섭권 △강제노동 폐지 △아동노동 철폐 △작업장 차별 폐지 등 네 부문으로 나눠 '기본협약'으로 정하고 있다. 이 가운데 우리나라는 결사의 자유와 단체교섭권, 강제노동 폐지 관련 4개 협약을 아직까지 비준하지 않았다. 기실 조약 비준 자체가 중요한 건 아니다. 전체 노동자의 60퍼센트를 넘어서는 비정규직 노동자들이 △결사의 자유 △단체교섭권 △동일노동·동일임금 △작업장 차별 등 분야에서 전방위적으로 권리를 침해당하고 있지 않은가.

셋째, 경제협력개발기구(OECD)가 마련한 다국적 기업 가이드라인(이하 가이드라인)이다. 애초 1976년에 처음 만들어진 가이드라인은 세계화의 진척과 함께 다국적 기업의 영향력이 급속히 커지면서 '현실성이 없다'는 비판에 직면했다. 이에 따라 2006년 6월 서문과 정보공개·노사관계·환경·뇌물방지 등 10개 장으로 이뤄진 새로운 가이드라인이 채택됐다. 새 가이드라인은 역시 '권고'이자 '자발적인 원칙과 기준'일 뿐, 법적 강제력은 없다. 그럼에도 서문에서 "원칙과 기준은 (회원국의) 적용 가능한 법령과 합치해야 한다"고 강조했고, 가이드라인 홍보와 이행 감시를 위해 국가별 연락사무소(NCP) 설치를 의무화한 것은 주목할 만하다. '자율규제'의 허울은 버리지 못했지만, 분명 한 걸음 나아간 게다.

1996년 12월 '세계화'의 열기 속에 OECD에 가입한 우리나라도 새 가이드라인에 따라 2001년 5월부터 NCP를 운영하고 있다. '외국인투자촉진법'에 따라 구성된 외국인투자실무위원회(위원장 지식경제부 차관)가 NCP 역할을 맡고, 실무는 지식경제부 투자정책과에서 처리한다. 하지만 출발부터 노동계와 시민사회는 NCP 구성에 문제를 제기해왔다. 강연배 보건의료노조 정책국장은 "지식경제부 투자정책과는 외국자본 '유치'와 한국 기업의 해외 '진출' 지원을 주업무로 한다"며 "태생적으로 기업의 사회적 책임

증진과 노동기본권 보장을 위해 적극적인 역할을 할 수 없는 구조"라고 비판했다. '현실'을 들춰보자.

무력한 세계협약, 노조 외면한 '한국 NCP'

OECD 노동조합자문위원회(TUAC)는 2008년 1월 9일 48쪽 분량의 보고서를 펴냈다. 2001년 4월부터 2007년 12월까지 회원국 NCP에 제기된 가이드라인 위반 관련 진정 사건을 분석한 자료다. TUAC가 보고서에서 집계한 한국 NCP 관련 사건은 모두 10건이다. 이 가운데 2001년 11월 스리랑카 자유무역지대노조연맹(FTZWU)이 현지에 진출한 한국계 '코스모스맥'이란 업체의 노조탄압을 고발한 것을 비롯해 2007년 9월 필스전 노동탄압 사건에 이르기까지 모두 7건은 해외에 진출한 한국 자본이 '가해자'였고, 한국에 진출한 스위스 자본 네슬레와 프랑스 기업 라파즈·테트라팩 등이 관련된 3건은 한국 노동자들이 '피해자'였다.

한국 NCP의 대응은 어땠을까? TUAC의 보고서를 보면, 코스모스맥 노조탄압과 관련해 한국 NCP는 "문제의 업체는 한국—스리랑카 합작회사"라며 "노조탄압은 스리랑카 쪽에서 자행한 것으로 한국 쪽 업체는 책임이 없다"고 주장했다. 회사 쪽의 입장을 그대로 전달하는 수준에 그친 게다. 2002년 2월 진정서가 접수된 과테말라 진출 한국계 의류기업 '최신/사마텍스타일'의 노조탄압 진정건은, 한국 NCP가 차일피일 시간을 끄는 사이 과테말라 정부가 업체 쪽에 "수출면장을 취소하겠다"고 으름장을 놓아 진정 접수 17개월 만에 단체협상이 체결됐다. TUAC는 "한국 NCP는 회사 쪽이 노동자들의 결사의 자유를 침해했다는 점에 주목하지 않았고, 이른 시일 안에 문제를 푸는 데 건설적 역할을 하지 못했다"고 꼬집었다.

한국 노동자들이 '피해자'인 진정건에 대해선 달랐을까? 2003년 9월 진정 접수된 네슬레 건을 살펴보자. TUAC는 보고서에서 "네슬레 쪽이 단체협상 과정에서 공장 이전 위협 등 '명백한 가이드라인 위반 행위'를 저질

렀음에도, 한국 NCP는 노사협상이 타결되기까지 노조 쪽과 단 한 차례도 만나지 않았다"며 "반면 스위스 NCP는 네슬레 쪽에 압력을 행사하는 한편 한국 노동자들의 원정투쟁 때도 면담에 나서는 등 적극적으로 중재 활동을 벌였다"고 지적했다. 처연한 일이다.

'천일의 투쟁'도 자본의 횡포를 꺾진 못했다. 서울 금천구 가산동에선 경찰특공대가 기륭전자 비정규직 노동자들의 고공농성을 강제 진압했다. 비슷한 시간 기륭전자가 단파 위성라디오 부품을 납품하는 미국 뉴욕의 시리우스 본사 앞에선 기륭전자 방미투쟁단이 삼보일배를 하고 있었다. 생산 단가를 낮추기 위해 노동자를 착취하고, 노조를 만들면 공장을 해외로 이전한다. 시대와 장소를 뛰어넘는 자본의 논리다. 가해의 탐욕과 피해의 아픔이 동거하는 땅, '기업의 사회적 책임'을 말하는 건 부질없는가.

담 밖의 삶이 두려운 사람들

교도소 밖, 갈 곳이 없다

애초 경찰에게서 총기를 빼앗아 그걸로 은행을 털자고 일당 4명과 작당할 때 그의 인생은 이미 나락의 문지방을 넘고 있었는지 모른다. 6월항쟁의 열기에 전두환 정권은 약이 오를 대로 올랐던 1987년 여름. 뒷날의 한국 사회를 가장 적확하게 규정한 '무전유죄, 유전무죄'의 탈주범 지강헌이 동료 4명과 함께 서울 북가좌동 한 주택에서 인질극을 벌이며 비지스의 '홀리데이'를 틀어달라고 요구하기 몇 달 전이었다.

5명은 서울 능동 어린이대공원 후문 파출소에 흉기를 들고 들어갔다. 근무 경찰관의 권총을 간단히 빼앗은 뒤 아예 무기고를 털었다. 그러나 겁이 많던 일행 하나가 자수하는 바람에 사건 일주일 만에 경찰에 붙잡혔다. 턱없는 영웅 심리에 해서는 안 되는 일을 했다는 후회가 밀려왔지만, 때는 늦었다.

재판부는 강도상해 혐의로 조상석(가명) 씨에게 무기징역을 선고했다.

나머지 공범은 12년형을 받았다. 들고 간 흉기를 휘두르지는 않았지만, 치밀하게 계획된데다 범죄 의도가 워낙 반사회적이었기 때문에 높은 형량이 나왔다.

"감방 갔다 왔습니다"로 끝난 면접

아무 생각 없이 교도소 생활을 하던 중 '이대론 안 되겠다'는 자각이 밀려온 건 입소한 지 5년쯤 지나면서였다. 공부에 매달렸다. 고졸 검정고시도 통과했고, 건축 기능사를 거쳐 기사 자격증까지 땄다. 워드프로세서를 비롯해 자격증은 모두 11개. "새벽 2시 30분이 넘기 전에 두 눈을 붙여본 적이 없다"고 한다. 감옥에 들어오기 전 살았던 만큼의 인생을 감옥 안에서 살고 난 2006년, 그는 가석방의 은전을 입었다. 19년 만에 밟은 민간인의 땅은 은혜로워 보였다. "취직하면 진짜 열심히 일할 자신이 있었"기에 중소규모 건설회사에 이력서를 넣었다.

하지만 그가 낸 이력서에는 이 세상 무엇으로도 메울 수 없는 큰 구멍이 뚫려 있었다. 줄쳐진 종이 위에 그는 20살 이후 마흔이 되도록 무엇을 하고 살았는지 적어낼 재간이 없었다. 답답하기는 조 씨나 회사 쪽이나 마찬가지였다.

"그동안 뭐 했어요?"

"감방 갔다 왔습니다."

평생을 속죄하는 마음으로 성실히 살고 싶었던 그는 솔직히 대답했다. 그러곤 끝이었다. 연락은 오지 않았다. 그렇게 이력서를 11장째 쓰고 나서야 조 씨는 포기했다. 대신 고용안정센터를 찾았다. 그리고 간신히 작은 건설회사에 들어갔다. 이번엔 "천주교 수도원에서 20년 동안 일을 봤다"고 거짓말을 했다. 해질 녘 서울의 한 공원에서 만난 조 씨는 "그 모든 게 전과자로서 벽에 부닥치는 과정이었다"고 말했다.

작은 리모델링 공사장의 책임자로 일하는 동안 드디어 인생의 안정을 찾는가 싶었다. 150여만 원의 월급은 아쉬운 대로 새 여정을 위한 노잣돈이었다. 하지만 '전과'가 다시 현재의 발목을 잡으러 나타났다. 이른바 '강화도 총기 탈취 사건'으로 온 나라가 떠들썩하고 경찰은 갑호비상 명령을 내린 바로 그때, 서울에 있는 사무실로 경기 과천경찰서 소속 사복 경찰 4명이 들이닥쳤다. 경찰은 사무실 직원들이 지켜보는 가운데 가져온 몽타주 2장을 조 씨 얼굴과 대조했다. 그러곤 2명이 문 앞을 지키는 사이, 2명이 조 씨를 뺀 사장과 나머지 직원들을 데리고 사장실로 들어갔다. 사건이 일어난 날 조 씨의 행적과 관련해 1시간여 동안 질문이 이어졌다. 사무실에 홀로 앉은 조 씨는 불안과 초조 속에서 그들이 나오길 기다렸다. 밖에 있던 경찰들은 조 씨에게 "유전자 정보가 필요하다"며 면봉을 내밀었다. 입 안을 긁어 상피세포를 내놓으라는 것이다. 그들은 판사가 발부한 영장도 들고 오지 않았다. 조 씨는 "이런 경우가 어디 있느냐"고 따졌다.

검정고시, 자격증 따도 무용지물

"경찰이 찾아오는 것은 충분히 이해합니다. 범인을 잡아야 하니까, 나처럼 동종 전과를 가진 이들을 찾아올 수 있죠. 그런데 나를 만나야지 왜 회사 사람들을 찾습니까? 저보고는 사건이 일어난 날 뭘 했는지, 알리바이조차 묻지 않고 갔어요." 정확히 말해 이번에 그의 발목을 잡은 건 전과가 아니라 상식과 절차를 무시한 경찰 행정이었던 셈이다.

그 뒤 사무실 어느 누구도 그 일에 대해 조 씨에게 묻지 않았다. 다만, 이전까지는 직원들이 사무실 열쇠를 놓고 다니던 곳의 위치가 바로 다음 날 조 씨 모르게 슬그머니 바뀌어 있었다. 조 씨는 2주 뒤 회사를 그만뒀다. 세 달 동안 집에 틀어박혀 꼼짝도 하지 않았다. "진짜 패닉 상태에 빠졌다." 지인들이 옆에서 다잡아주지 않았다면 어떻게 됐을지 모른다. 다행히 몇 달 후 다른 회사에 다시 자리를 잡았다. 조 씨는 "전과자라고 편견 갖지 말고 따뜻한 눈길로 바라봐줬으면 좋겠다"는 말을 남기고 공원의 지는 노을 속으로 사라졌다.

　조 씨처럼 범죄를 저지른 대가로 교도소에서 자유형을 치르고 사회로 쏟아져나오는 이들은 해마다 3만여 명에 이른다. 또 다른 범죄를 모의한 상태에서 출소하는 일부를 빼고 대부분의 출소자들은 '이번에야말로'라고 벼르며 사회 적응에 의지를 갖는다. 이들이 가장 먼저 맞닥뜨리는 문제는 경제적 생존을 위한 취업이나 창업. 하지만 사회와의 오랜 단절에서 오는 '인식의 지체'에서부터 이력서 빈칸을 설명해야 하는 데서 오는 막막함, 이미 짙은 색안경을 끼고 바라보는 사회인들의 시선 등은 원활한 정착을 막는 걸림돌이다.

　국가인권위원회가 2006년 실시한 '출소자 차별에 관한 연구'에 따르면, 출소자들의 70.6퍼센트가 취업이 사회생활 적응에서 가장 어려운 문제라고 꼽았다. 이는 '바뀐 생활에 적응'(47.6퍼센트), '가족과의 관계 회복'(42.2퍼센트), '재범 유혹'(12.9퍼센트)보다 훨씬 큰 것이다.

　교도소에서 열심히 기술을 배우고 자격증을 딴 이들도 취업난을 겪기는 마찬가지다. 직종도 건설이나 기계 등으로 단순한데다 현장 경험도 없기 때문이다. 한국형사정책연구원이 2007년 12월 내놓은 '수형자의 사회복귀와 처우 연계' 보고서는 "현재의 수형자 직업훈련 시스템은 기술 숙련을 위한 체계가 미비돼 있으며, 자격 취득 위주의 교육으로 인해 출소 뒤 실제로 활용하기는 어려운 실정"이라고 지적했다.

3만여 출소자 23퍼센트 3년 안에 교도소로

　살인 혐의로 12년형을 선고받고 복역하다 2006년 출소한 이희수(가명) 씨는 "산업건축기사 자격증도 따고 책도 많이 보고 나름대로 준비해서 나왔다고 생각했지만, 실무 경력도 없고 인맥도 없는 상황에서 취직은 불가능했다"고 말했다. 이 씨는 겨우 자신의 과오를 알고도 받아준 한 무역회사에서 일자리를 얻을 수 있었다.

취업시 전과 사실이 문제가 되었나?

무응답 17.2%(39명)

전과를 알리고도 문제가 되지 않았다
17.2%(39명)

전과 때문에 좋지 않은 조건으로 취업이 되었다 6.6%(15명)

전과 때문에 문제가 생겼으나 다른 사람의 보증
덕분에 그냥 넘어갔다 6.6%(15명)

전과를 알리지 않았다
52.4%(119명)

전과자 직업에 대한 견해

출소 뒤 가진 직업에 대해 만족하고 있다	59.6%
출소 뒤 취업에 교도소의 자격증이 도움이 되지 않았다	57.6%
출소 뒤 일을 빨리 시작하는 것이 재범 방지에 도움이 된다	87.8%

자료: 출소자 차별에 관한 연구(국가인권위원회, 2006, 출소자 109명, 수용자 330명 대상)

취업이 어려울 경우 창업을 생각해보기도 하지만 '종자돈' 없이는 이 역
시 어렵다. 출소자들이 신용불량인 경우도 많거니와 믿을 것 없는 이들에
게 은행이나 자치단체는 담보나 보증인을 요구한다. 2004년 말 남편이 출
소했다는 김아무개 씨는 한국갱생보호공단 누리집에 경제적 고통을 호소
한 뒤 "시에서 생활안전자금을 대출하려는데 보증인이 필요하다고 해 다
시 한 번 절망하고 있다"는 글을 올려놓기도 했다.

출소자들이 이렇게 초반에 의지를 갖고 사회 정착을 위해 노력하다가
실패하게 되면 누범의 길에 빠져들기 쉽다. 연간 3만여 명의 출소자 가운
데 23퍼센트가량이 3년 안에 다시 금고형 이상을 선고받고 마치 회전문 돌
듯 교도소 안으로 되돌아가고 있다. 이에 따라 출소자들의 사회 재적응을

돕는 게 추가적인 범죄를 막는 가장 핵심적인 조건이며 결국엔 범죄로 인해 사회가 치러야 하는 비용을 줄일 수 있다는 사회방위적 개념의 접근법도 제기된다. 형사정책연구원 보고서는 "범죄자의 사회 복귀 실패는 재범의 악순환을 의미하며, 결과적으로 사회 안전에 심각한 위험 요인으로 작용한다"고 못박고 있다.

집과 직장에 들이닥치는 경찰

결국 출소자들의 원활한 사회 재정착을 위해서는 교도소 안에서부터 체계적이고 다양한 직업 및 창업 교육이 필요하다. 지방자치단체가 나서 출소자들이 지역 기업들의 직업교육을 이수하도록 하고, 정부는 해당 기업에 세금 감면이나 훈련 비용 제공 등 인센티브를 제공하는 방식도 가능하다. 이를 통해 출소자들은 실질적인 경험을 쌓을 수 있다. 국가인권위원회 사무총장을 지낸 곽노현 한국방송통신대 교수(법학)는 "우리 사회의 최소 수혜자이자 최대 소외자인 출소자들을 공동체의 일원으로 편입시키려면 그에 따른 처우를 해줘야 할 필요가 있다"며 "이를 통해 재범에 따른 사회적 비용을 줄여나갈 수 있다"고 말했다.

하지만 국가 차원의 대응은 이제 걸음마를 뗐다. 법무부는 2007년 11월 교정본부 산하에 사회복귀지원팀을 새로 만들었지만 2008년 현재 확보된 예산은 전혀 없는 상태다. 임재표 팀장은 "교도소 안에서 취업과 창업에 대한 정보를 상시적으로 제공하고 출소할 사람들에게는 교육을 하며 이를 마친 사람들을 각 단체 등과 연계하는 방법을 구상 중"이라며 "당장의 성과보다는 장기적 안목에서 준비를 하고 있다"고 말했다.

조 씨의 사례처럼 출소자의 전과와 비슷한 범죄가 일어날 때마다 집과 직장을 가리지 않고 찾아와 주변 사람들에게 출소자의 전과 사실을 '방송'하고 다니는 경찰의 행태도 시급히 바로잡아야 한다는 지적이다. 2005년 청송보호감호소를 나온 전과 4범 이상필(가명) 씨도 2년 전 살인사건 수

사차 찾아온 경찰에게 구강 상피세포를 건네주고는 참을 수 없는 모멸감에 밤잠을 이루지 못했다. 이 씨는 살인 전과도 없었던데다, 경찰이 직장까지 찾아와 위압적으로 구는 바람에 하마터면 전과 사실이 직장 사람들에게 알려질 뻔했다. 이 씨는 "청송에서 함께 나온 사람 하나는 일하던 공장에 경찰이 쳐들어와 결국 잘렸다는 얘기를 들었다"고 전했다. 국가인권위의 2006년 조사에서도 출소자의 절반가량인 48.5퍼센트가 '전과로 인해 아무 잘못도 하지 않았는데도 경찰서 조사 요구를 받은 적이 1번 이상 있다'고 답했다.

법제도적인 정비도 필요하다. 대표적인 게 전과를 이유로 한 차별을 금지하고 있는 국가인권위원회법이다. 이 법 제2조 4항은 '형의 효력이 실효된 전과'를 이유로 차별하지 못하도록 규정하고 있다. 그런데 '형의 실효에 관한 법'을 보면 3년 이하의 징역·금고형은 형의 집행이 끝나거나 면제된 뒤 5년이 지나야 형의 효력이 없어진다. 3년을 넘는 징역·금고형의 경우 형 실효까지의 기간이 10년으로 늘어난다. 따라서 적어도 출소 뒤 5년 동안은 이 사회가 전과를 이유로 각종 차별을 해도 된다는 법논리가 성립한다. 출소 직후가 출소자의 사회 적응에 가장 중요한 때라는 점을 인식한다면, 현실을 감안한 법 개정이 시급한 대목이다.

출소 5년간 차별 가능한 법 제도

벌써 네 번째 교도소를 출소한 박현수(가명) 씨는 십대 초반 이미 소년원을 들락거렸다. 6살 때 구두닦이 집단에 내맡겨진 뒤 쏟아지는 구타와 학대를 피해 뛰쳐나온 박 씨는 스스로 아이들을 데리고 다니며 구두를 닦다 아이들을 때린 혐의로 교도소를 두 차례 다녀왔다. 그 뒤에는 교도소에서 만난 친구와 어울리다 소매치기 혐의를 뒤집어쓰고 실형을 선고받기도 했다. 마지막으로는 교도소 친구의 꾐에 빠져 맥줏집에 들어가 강도짓을 하려다 붙잡혔는데, 긴장을 풀기 위해 소주 4병을 마시고 가는 바람에 현장에서 잠이 들었을 정도로 어처구니없는 '범법자'였다. 그의 학력은 초등학교 졸업이 전부였지만, 교도소에서 검정고시로 고등학교 과정을 마쳤다. 그가 좀더 어린 나이에 교도소를 나왔을 때 기초적인 생활 보장과 취업에 도움을 받았더라면 범죄의 순환 논리에 빠지지 않았을 가능성이 훨씬 컸을 것이다. 그는 이제야 한국갱생보호공단 직업훈련 과정의 문을 두드리고 있다.

'기쁨과 희망 은행' 문 열어

최대 1천만 원까지 종자돈 대출

취업하기도 쉽지 않고 창업을 하려고 해도 종자돈이 없는 출소자들. 가족 구성원 가운데 누군가 살해당하는 최악의 비극을 겪은 뒤 다시 일어서려는 범죄 피해자 가족들. 담보도 없고 보증 서줄 사람도 없는 이들이 창업을 통해 다시 사회에 발을 내디딜 때 디딤돌이 되어줄 국내 최초의 '마이크로크레디트'(무담보 소액대출) 은행이 드디어 닻을 올렸다.

2008년 6월 25일 서울 명동성당 꼬스트홀에서 창립식을 연 '기쁨과 희망 은행'이 바로 그 주인공. 이 은행은 앞으로 교도소를 나온 지 2년이 지나지 않은 출소자와 살인 사건 피해자 가족들이 창업을 하기 위해 대출을 요청할 경우 연리 2퍼센트에 최대 1천만 원까지 빌려줄 계획이다. 원금은 최대 3년 안에 상환하면 된다. 물론 담보를 제공하거나 보증인을 세우라고 하는 일은 절대 없다.

기본 요건을 갖췄다고 해서 아무에게나 빌려주는 것은 아니다. 시장조사와 좋은 점포 자리 찾기 등을 내용으로 하는 창업 교육을 받아 수료자로 선정돼야 하고, 이후 사업계획서를 제출한 뒤 현장 및 실사 검증을 통과해야 대출을 받을 수 있다. 아니면, 법무부 교정본부나 한국갱생보호공단의 추천을 받아도 된다.

은행 창립 자본금은 후원금을 모은 5억 원으로 시작했고 앞으로 더 늘려나갈 방침이다. 천주교서울대교구사회사목부를 담당하는 김운회 주교가 이사장을 맡았고, 천주교사회교정사목위원회 이영우 신부가 위원장을 담당한다. 후원기업으로는 김앤장법률사무소, 애경, SK, 세계경영연구원, 한울, GB 등이 참여하고 있다.

이영우 신부는 "출소자들에 대한 불신과 미움을 허물고 그들이 우리 이웃으로 사회에 적응해서 잘 살아갈 수 있도록 돕는다면 오히려 범죄가 줄어들 것"이라며 "차별과 절망 속에 살 수밖에 없는 출소자들을 포용하면서 희망을 심어주는 은행으로 키워나가겠다"고 말했다.

제 2 5 조

모든 사람은 먹을거리, 입을 옷, 주택, 의료,

사회서비스 등을 포함해

가족의 건강과 행복에 적합한

생활수준을 누릴 권리가 있다.

살 만한 곳에 살게 하라

주거에도 최저기준이 있다

최저임금제도가 있듯이 최저주거기준도 있다. 그것도 법으로 명시돼 있다. '인간다운 생활을 영위하기 위한 최소한의 주거생활기준'을 뜻하는 최저주거기준은 2003년 7월 주택법이 개정되면서 법제화됐다. 주거기본법 제정운동을 벌여오던 시민사회단체들의 요구가 '최저주거기준'으로 반영된 결과다. 이렇게 개정된 주택법 5조 2항에 따라 2004년 건설교통부는 최저 주거기준을 발표했다.

새집증후군만 논란, 지하 공기질은?

이 기준은 먼저 가구원 수에 따라 '최소 면적과 방의 개수'를 규정하고 있는데, 예컨대 4인 가족(부부+자녀2)의 경우엔 최소 11.2평(37제곱미터)에 3개의 방과 1개의 식사실 겸 부엌이 있는 집이 필요하다(표 참고). 둘째로 상수도 시설이 완비된 전용 입식 부엌, 수세식 화장실, 목욕시설 등의 확보를 요구하는 '필수 설비' 기준이 있다. 마지막 기준은 환기, 소음, 악취 등을 포함하는 '구조·성능·환경' 기준이 있다. 이렇게 세 가지 기준을 모두 만족해야 최저주거기준을 넘어선 것으로 본다.

통계청 인구주택총조사에 바탕하면, 2005년 최저주거기준 미달 가구는 21.1퍼센트에 이르고, 최저주거기준이 주택법에 명시되기 전인 2000년 임의로 마련된 기준에 의해 측정했을 때 기준 미달 가구는 23.3퍼센트였다. 지하거주 가구의 미달 비율은 더욱 높다. 한국도시연구소의 2005년 실태조사를 보면, 지하거주 가구 중 기준 미달 가구는 전체 가구 평균치의 두 배 이상인 43.3퍼센트에 이르렀다. 기준별로 보면, 방 수 기준 미달 가구 32.2퍼센트, 면적 기준 미달 가구 13.1퍼센트 순서였다. 그나마 최저주거기준에 추상적으로 명시된 구조·성능·환경 기준은 제외한 수치다.

홍인옥 한국도시연구소 연구위원은 "구조·성능·환경 기준은 '양호한' 같은 추상적 기준으로 제시돼 있어서 미달 통계를 내기가 어렵다"며 "습도, 소음 등을 포함하는 구체적 기준을 정해서 적용하면 지하 주거의 기준 미

최저주거기준

가구구성별 최소주거면적 및 용도별 방의 개수			
가구원수(인)	표준 가구구성	실(방) 구성	총주거면적(m2)
1	1인 가구	1K	12(3.6평)
2	부부	1DK	20(6.1평)
3	부부+자녀1	2DK	29(8.8평)
4	부부+자녀2	3DK	37(11.2평)
5	부부+자녀3	3DK	41(12.4평)
6	노부모+부부+자녀2	4DK	49(14.8평)

* K: 부엌, DK: 식사실 겸 부엌, 숫자는 침실 또는 침실로 활용이 가능한 방의 수
* 침실 분리 기준: 부부침실 확보, 만 6살 이상 자녀는 부모와 침실 분리, 만 8살 이상 이성 자녀는 상호 분리, 노부모는 별도 침실 사용

필수 설비 기준
상수도 또는 수질이 양호한 지하수 이용시설이 완비된 전용 입식부엌, 전용 수세식 화장실, 목욕시설 확보

구조·성능·환경 기준
영구 건물로서 내열·내화·방열·방습에 양호한 재질 확보
적절한 방음·환기·채광·난방 설비 구비
소음·진동·악취·대기오염 등 환경요소가 법정기준에 적합
홍수, 산사태, 해일 등 자연재해의 위험이 현저하지 않을 것

달 비율은 훨씬 높아질 것"이라고 말했다. 그는 "아파트 새집증후군은 사회적 논란이 되면서 지하방의 공기질은 논의조차 되지 않는 게 우리의 현실"이라고 덧붙였다.

최저주거기준은 있지만 이에 못 미치는 주택을 해소할 강제 규정은 없다. 영국은 최저주거기준에 못 미치는 주택에 대해 보조금 지급 등을 통해 환경 개선을 유도한다. 만약 일정 기간 안에 시정 조처가 이뤄지지 않으면 퇴거나 철거 명령을 내릴 수 있다. 그리고 최저주거수준에 미달하는 가구에 대해 공공임대주택 우선 입주를 보장하고, 소득이 기준생활비 이하인 가구에는 임대료도 면제한다. 일본은 최저주거기준을 법에 명시하지 않았지만, 공공임대주택을 지속적으로 공급하는 주택건설계획을 통해 최저주거수준 미달 가구 비율을 5퍼센트 이하로 줄였다. 임대료도 소득에 따라서 6단계로 차등 책정해 주거 빈곤층의 부담을 덜어준다.

하층의 하층은 더 이상 내려갈 곳 없어

한국의 주택법도 최저주거기준 미달 가구에 대해 우선적 주택공급 등을 명시하고 있지만, 정부가 별도의 정책을 세워서 해소책을 마련하지는 않고 있다. 이런 가운데 주거의 부익부 빈익빈은 심화된다. 홍인옥 연구위원은 "노후·쇠락 주택이 사라지면 이곳의 지하에 살던 주거 빈곤층의 상층은 그나마 개선된 집으로 옮겨갈 가능성이 있지만, 빈곤층의 하층은 적은 임대료로 옮길 곳이 더욱 없어진다"고 지적했다. 하층의 하층은 더 이상 '내려갈' 지하도 없는 것이다. 하지만 이들에게 공공임대주택은 여전히 잡기 힘든 꿈이다.

곰팡이 핀 주거권, 땅 위에서 살고 싶다

1970년대 재개발로 철거에 내몰린 '난장이'들, 그들은 하늘을 향해 공을 쏘아올렸다. 그러나 곧 땅에 떨어져버린 그 공은 결국 땅 밑에 가 박혔다. 지상에 고층 아파트가 우후죽순처럼 성을 쌓아 올라가며 풍요로운 사회의 편안한 안식처가 돼가는 동안, 지상에 제 몸 누일 곳을 돈 주고 빌리지조차 못하는 가난한 이들은 값싼 낮은 곳을 찾아 지하방에 둥지를 틀었다.

방엔 늘 습기가 가득하고, 한 줌의 햇볕과 한 줄기 바람도 외면하는 그곳에선 곰팡이가 벽지를 까맣게 갉아먹는다. 최상의 서식조건을 만난 바퀴벌레 등 다리 6개 이상의 곤충들은 친구 하자며 달려든다. 낮은 창문으로는 먼지와 각종 소음이 날아든다. 창문 옆 하수구에선 썩은 내가 피어오른다. 그곳엔 지금 대한민국 국민 141만여 명이 살고 있다.

선풍기 하루 종일 돌려도 축축한 집안

그해 들어 처음으로 서울에 폭염주의보가 내린 8월 어느 날 중구 신당 5동 주택가. 다닥다닥 붙은 다가구주택 사이로 열기가 훅 뿜어져나온다. 10년째 10평(33제곱미터)짜리 반지하방에서 부인과 두 아들과 함께 살고 있는 최아무개 씨 집에 들어서자 작열하는 햇볕은 어디 갔는지 사위가 어두컴컴하다. 후텁지근한 공기를 식히려 최 씨가 유일한 냉방기구인 선풍기를 2대나 가동했지만, 별 소용이 없다. 길바닥보다 조금 위에 달린 창문에는 발이 쳐져 있다. 바깥에서 안이 훤히 들여다보이기 때문이다. 어둡고 환기도 안 되지만 불가피한 선택이다. 장롱 뒤쪽 벽에는 오래된 신문지가 붙어 있다. 최 씨가 벽을 가리고 있던 두루마리 화장지를 치우자 시커멓게 곰팡이가 슨 벽이 모습을 드러냈다. 최 씨는 "붙여도 습기 때문에 자꾸 떨어져 더 이상 신문지를 붙이지 않고 있다"며 "겨울에 난방비 걱정에 보일러를 펄 펄 못 때다 보니 습기가 더 많이 차는 경향이 있다"고 하소연했다.

공사장에서 목수 일을 하던 그는 1998년만 해도 바로 윗동네에 번듯한 30여 평짜리 단층집을 갖고 있었다. 하지만 구제금융 한파 속에서 인부 노임 2,000만 원과 새마을금고에 진 빚 1,400만 원, 그리고 이자를 갚으려고 급매물로 집을 내놓았다가 1억 원도 못 받고 팔아야 했다. 원래 집 자리는 지금 재개발이 진행 중인데, 평당 1,500만 원의 보상비가 나왔으니 그 집에 계속 살았더라면 4억 5천만 원은 받았을 것이다. 그는 이 반지하방을 탈출할 꿈을 꾸지 못했다. "없는 사람은 이렇게 살다 죽는 거죠, 뭐." 정신장애를 가진 둘째 아들이 하루 종일 혼자 틀어박혀 지내는 옆방의 벽을 바라보며 그가 체념하듯 말했다.

통계청이 2005년 실시한 인구·주택 센서스 결과를 보면, 전국적으로 586,649가구 1,419,784명이 반지하(지하 포함)에 살고 있는데, 95퍼센트는 서울과 수도권에 집중돼 있다. 서울 시를 놓고 보면, 전체 3,309,890가구 가운데 10.7퍼센트에 해당하는 355,427가구가 반지하(지하 포함)에 살고 있는 것으로 나타났다. 서울 가정 열에 하나꼴이다.

반지하는 아파트 단지만 벗어나면 어느 동네에서나 흔하다. 그러나 쪽방이나 비닐하우스촌이 한곳에 밀집해 있어 눈에 잘 띄는 것과 달리 반지하방은 흩어져 있어 잘 보이지도 않는다. 반지하 인생은 어디에나 있고, 잘 보이지 않는다.

경기 과천시 문원동 청계1길의 단독주택 반지하에 세들어 사는 전아무개 할머니는 과천에서만 60여 년을 산 터줏대감이다. 그러나 그의 거처는 두세 평짜리 지하 단칸방이다. 문원동은 서울 강남구 세곡동과 함께 전국 3,573개 읍·면·동 가운데 반지하 거주자 비율이 가장 높은 동네다. 1,991가구 가운데 35퍼센트에 이르는 699가구(1,872명)가 지하방에 산다. 문원 2단지 지역에는 나지막한 비탈길을 따라 단독주택이 죽 이어져 있는데, 과

©박승화

경기 과천의 단독주택 반지하에는 4명의 독거노인들이 살고 있었다.

천 사람들은 이곳을 '이주단지'라고 부른다. 1980년대 초 현재의 서울랜드 자리에 살던 주민들 대부분이 옮겨왔기 때문이다.

전 할머니도 그렇게 이곳에 자리를 잡았다. 15년 전 할아버지가 돌아가 신 이후엔 혼자서 산다. 방금 병원에 다녀왔다는 할머니의 방에 들어서자 방바닥에 있는 요구르트 병이 눈에 들어왔다. 무더운 여름에 곰팡이가 슬 어 바닥이 썩어 들어가자 장판의 끝과 벽 사이에 요구르트 병을 끼워넣어 공기가 들어갈 틈을 만들어 둔 것이다. 장롱의 문도 활짝 열려 있었다. 할 머니는 "열어두지 않으면 안에서 물이 줄줄 흘러"라고 말했다. 습기가 차서 이슬이 맺히는 것이다.

무더운 날씨는 차라리 낫다. 며칠 전 비가 쏟아진 날엔 하수가 역류해 방 앞으로 밀려오는 바람에 할머니는 혼자서 물을 퍼내기 바빴다. 귀가 어 두운 할머니는 "고생이 말도 못해"라고 크게 말하며 손사래를 쳤다. 그나마 도로로 난 창문이 숨통을 터주지만, 누군가가 트럭을 자주 대놓아 그 숨통마저 막는다. 할머니는 "뭐라고 하면 자기 땅이라 그런다니까"라고 말했다. 무더운 여름에 창문을 열어두지 않을 도리가 없지만 그러면 도로에서 들어오는 먼지도 함께 마셔야 한다. 기관지가 성할 리 없다.

이날의 수은주는 33도를 훌쩍 넘었다. 이렇게 날씨는 덥고 방은 습한데, 또 다른 고통이 더한다. 할머니는 "씻을 데가 없어"라고 호소했다. 지하의 세 가구가 함께 쓰는 화장실이 너무 좁아 샤워할 공간이 없는 것이다. 할머니는 "일주일에 한 번씩 복지관에서 목욕하는 게 전부야"라고 말했다. 그렇게 여름을 나면 몸무게가 3킬로그램씩 빠진다. 할머니는 그렇게 이곳에서 4년을 살았고, 이사오기 전에도 문원동의 지하방을 전전했다.

반지하 쪽방엔 씻을 곳도 없어

이렇게 대지면적 40평(132제곱미터)짜리 단독주택 반지하에 4가구가 살고 있다. 두어 평 방에 싱크대 놓을 자투리 공간이 전부인 곳에 전 할머니부터 아흔이 넘은 또 다른 할머니까지, 4명의 홀로 사는 노인들이 거주한다. 전 할머니 방에서 나와 통로 안으로 들어가면 장아무개 할머니의 방이 나온다. 장 할머니는 "아니, 이것 좀 봐"라며 손을 끌었다. 방으로 들어가니 천장 양쪽은 습기가 차서 벽지가 울었고, 곰팡이가 잔뜩 끼었다. 할머니는 "저것 때문에 이틀 밤을 울면서 지새웠어"라며 "속상해서 보기도 싫어"라고 고개를 돌렸다. 천장이 무너지면 속절없이 죽을지 모른다는 생각에 날마다 시달린다. 그래서 기술자를 불러서 보였지만 뾰족한 해결책을 찾지 못했고, 집 주인도 고쳐줄 기미를 보이지 않는다. 문원동에 단독주택이 들어선 지 20여 년. 머잖아 재건축할 생각이 앞서는 탓이다.

환기가 잘 안 되고 습하며 햇볕이 잘 들지 않는 주거 조건은 실제로 사는 이들에게 가장 큰 불만 사항이다. 한국도시연구소가 2005년 지하방에서 거주하는 서울과 수도권 462가구를 대상으로 실시한 '지하주거공간

의 주거환경과 거주민 실태에 관한 연구' 결과, 가장 문제가 되는 주거환경
이 무엇이냐는 질문에 습기를 지목한 이가 49.5퍼센트로 가장 많았고 채광
(21.8퍼센트), 환기(10.5퍼센트), 악취(7.0퍼센트), 소음(5.1퍼센트) 순서였다. 이런
주거환경은 심리적 불쾌감을 유발할 뿐만 아니라 실제로도 건강에 좋지
않은 영향을 끼친다.

경기 하남시 신장3동에서 미용실을 운영하는 박은미 씨의 네 살배기
막내아들은 감기를 달고 산다. "1년 중 360일은 감기약을 먹는다"고 한다.
여기엔 반지하방의 영향이 크다는 게 박 씨의 생각이다. 따라간 박 씨의 집
은 대낮인데도 현관문과 장롱문이 활짝 열려 있었다. 선풍기 1대는 주인도
없이 혼자 열심히 돌았다. 습기 때문이다. 그럼에도 작은 방 책상 뒷면은
불에 탄 듯 시커멓게 곰팡이가 슬어 썩어가고 있었다. "자고 일어나면 오줌
을 싼 듯 요가 축축해져 있다"고 박 씨는 말했다. 막내아들은 급기야 한 달

박은미 씨의 반지하방 선풍기는 1970년대 청계천 봉제공장 미싱처럼 하루 종일 쉽없이 돈다.

©박승화

간 병원에 입원했다. 강원 철원에서 군 복무 중인 큰아들도 초등학교 고학년 때부터 지하방에 살며 알레르기성 비염과 축농증으로 고생했는데, 잠시 지상에 살 때는 괜찮아졌다가 이 집으로 이사온 뒤 다시 악화됐다. 박씨 자신과 남편도 기침이 계속 난다고 한다. 생전 병원 구경 한 번 한 적 없던 박 씨 남편은 언젠가 폐렴으로 실신해 병원 신세를 진 적도 있다.

박 씨 이웃인 주부 김아무개 씨도 반지하에 산다. 그런데 5년 전 이사오기 전까지만 해도 멀쩡하던 돌쟁이 둘째 아들이 그 뒤 아토피로 고생하고 있다. "남편도 팔 뒤쪽이 울긋불긋해지면서 두드러기가 나 계속 긁고 다닌다"고 한다. 병원 진단은 아직 안 받아봤다. "우리 같은 사람은 죽지 않으면 (병원에) 안 가잖아요"라고 김 씨가 웃으며 말했다.

퓨어피부과의 정혜신 원장은 "곰팡이가 많으면 호흡기에 알레르기성 질환을 일으키고 눈이나 피부 등에도 적용되기 쉽다"며 "습한 환경에서 서식하는 바퀴벌레나 개미 등 벌레가 물면 오톨도톨한 병변이 생기며 문제가 될 수 있다"고 지적했다.

어둠처럼 스며든 우울과 가족 불화

열악한 일조량과 좁은 공간은 정신건강과도 밀접한 연관성이 있다. 서울 용산동 반지하방에 여섯 달 전 이사 온 대학생 박아무개 씨는 부모, 두 언니와 함께 사는데, 큰언니와 자신은 우울증 치료를 받고 있다. 본인은 아토피도 갖고 있는데 최근엔 공황장애 증상마저 생겨 1년째 지속되고 있다. 박 씨는 "엄마도 피해망상, 폐쇄공포 등의 증상을 보이지만 병원에 가려고 하지 않는다"고 한다. 박 씨 가족은 17년째 반지하방 생활을 하고 있다. 그는 "가족들이 늘 어둡고 우울하고 가족끼리 불화가 잦다"며 "집은 늘 갑갑하고 어두운 공간이라 어서 이곳을 벗어나고 싶다는 생각을 늘 해왔다"고 말했다.

신경정신과 전문의인 이상민 대한신경정신과개원의협의회 홍보이사는

지하방의 역사

그것은 원래 '방공호'였다.

지하방은 방공호에서 시작됐다. 1970년 건축법 개정으로 주택의 지하층 설치 '의무 규정'이 신설됐다. 당시 박정희 정권이 단독주택 지하에 방공호를 두라고 했던 것이다. 물론 '북괴'의 침입에 대비하자는 명목이었다. 이렇게 생겨난 지하층은 급격한 산업화와 더불어 수도권 인구가 가파르게 늘어나면서 불법 주거지로 변형되기 시작했다. 지하나 차고 등을 임의 변경해 집으로 쓴 것이다. 물론 한국전쟁 전후로 피난민 가운데 땅굴을 파서 사는 토막민이 있었지만, 현대적 의미의 지하주거는 방공호에서 시작됐다.

애초 불법이었던 지하주거는 1984년 지하층 규정이 완화되면서 합법화되기 시작했다. 1989년에는 단독주택과 다세대주택의 지하층 의무설치 규정이 완전히 폐지됐으나, 1990년엔 오히려 공동주택 지하층 건축기준 완화에 따라 기준에 맞으면 지하에 주거공간이 허용됐다. 더불어 1980~90년대 다세대·다가구주택 건설이 빠르게 늘면서 (반)지하 거주는 수도권 어디에나 있는 거주 형태가 됐다. 1주택1가구 정책이 오히려 불법 개조와 개축을 가져와 서민의 주거환경이 더 열악해지는 면을 인정해 정부의 정책이 건축 규제를 완화하는 방향으로 서서히 바뀌어왔다.

이렇게 고도로 인구가 밀집한 수도권에서 저렴한 거주공간을 찾는 서민의 욕구와 거주공간을 최대한 활용해 임대수익을 늘리려는 주택 소유자의 욕구가 결합해 지하거주가 생겼고, 정부는 거주공간 부족이란 현실에 떠밀려 법으로 지하거주를 허용한 것이다.

민주사회를 위한 변호사 모임의 '2005년 주거기본권의 인권실태보고'에 바탕하면, 1988년에 이미 당시 서울 인구의 5퍼센트인 50만 명가량이 지하에 산다는 추정치가 있었고 1994년 서울의 다세대주택 거주가구의 20.1퍼센트가 지하에 거주한다는 연구가 있었다. 한국도시연구소는 2003년 연구에서 서울 지역 지하거주 가구를 25만 세대로 추정했다. 이러한 수치는 이미 1990년대 이전부터 지하거주가 광범위한 현상이었고, 2000년대까지 꾸준히 늘어왔음을 보여준다. 민변의 보고서에는 또 2001년 집중호우로 침수피해를 입은 92,000 가구 중 80퍼센트인 7만 가구가 다세대 및 다가구주택 지하층에 거주하는 가구였다고 나오는데, 이는 지하층의 열악한 주거환경을 다시 한 번 증명하는 것이다.

1980년대 이후에 달동네·판자촌이 서서히 개발에 밀려 사라지면서 이곳에 살던 빈민은 지하로 스며들었다. 서울의 대표적 산동네 난곡의 개발 이후에 인근의 지하방으로 이주한 이들이 대표적인 경우다. 물론 1980년대 건축된 단독주택과 연립주택 지하를 개조한 낙후한 지하방도 있는 반면에 1990년대 이후에 지어진 다세대주택의 지하는 독립적인 시설을 갖추고 환기장치를 겸비한 곳도 있다. 이렇게 숨겨진 근대의 그늘에서, 움푹 팬 서울의 상처로 지하방은 확산됐고 진화했다.

이렇게 말한다. "일조량이 적은 스칸디나비아 반도 주민들이 우울증에 더 잘 걸린다는 연구 결과가 있고, 대체로 빛의 양이 적은 겨울철에 우울증의 심각도가 증가한다. 더구나 빛이 적은 반지하방에서 사는 경우 엎친 데 덮친 격으로 그 심각도에 부정적 영향을 줄 수 있다. 이때 하루 2,500~1만 룩스의 빛을 아침에 30분~2시간 동안 쬐는 광치료법을 쓴다. 행동과학적 지식으로 봤을 때, 좁은 공간에 많은 사람이 모이면 갈등과 반목의 가능성이 높아지는데, 반지하방은 대부분 비좁은 공간이다 보니 가족 내 갈등을 심화시킬 수 있고 이런 스트레스는 유전적 취약성을 가진 사람들에게 우울증을 유발할 수 있다."

이 밖에도 창문을 통해 집으로 들이치는 먼지와 소음, 악취, 쓰레기, 각종 장사치들의 홍보물 등 반지하 거주자들을 괴롭히는 요소는 하나둘이 아니다. 신당동에서 만난 여성 김아무개 씨는 "창문 옆으로 지나가는 골목길 오토바이 소음에 아침잠을 잘 수 없다"고 고통을 호소했다. 김 씨는 "나라가 이만큼 먹고살 만하면 주택 문제는 해결해줘야 하지 않나 싶다"며 "지하방이 다 사라져야 한다"고 말했다.

반지하방은 그래서 거주공간이라기보다는 지상으로 나아가기 위한 발판의 성격을 지닌다. 하지만 실제로 지하를 벗어나 지상으로 올라가기란 하늘의 별 따기다.

과천 문원동엔 오래된 단독주택 사이로 새로 지은 다세대주택들이 드문드문 들어서 있다. 앞서 소개한 전 할머니의 전세금은 1,200만 원. 장 할머니의 전세금은 800만 원. 문원동에 재건축 열풍이 거세게 분다면 이렇게 1천만 원 안팎이 재산의 전부인 할머니들이 옮겨갈 '지상의 거처'는커녕 '지하의 거처 하나'도 찾기 힘들어진다. 평생을 과천시 문원동 토박이로 살아온 이들이 또다시 쫓겨날 위기에 놓이는 것이다. 서울 신당5동의 경우는 윗동네 재개발로 전세와 사글세 수요가 급증하면서 반지하방 값마저 크게 뛰었다. 이 동네 ㅇ복덕방의 공인중개사는 "2007년 가을부터 2008년 봄까지 1천만 원에 월세 40만 원짜리가 2천만 원에 월세 50만 원으로 오르는 등 40퍼센트 이상 올랐다"고 말했다.

한국도시연구소 조사 결과 반지하에 거주하는 이들 가운데 거주지를 옮길 계획을 가진 가구는 전체의 59.8퍼센트에 그쳤다. 그나마 1년 안에 이사가겠다는 가구는 10.8퍼센트에 그쳤다. 실제 조사 가구의 84.2퍼센트가 월평균 소득 200만 원 이하였고, 55.2퍼센트가 부채를 안고 있는 것으로 나타나 이주를 원하지만 현실적으로 여러운 것으로 나타났다. 지하거주 가구의 임대료 수준은 전세는 평균 2,974만 원, 월세는 218,000원으로 나타났다. 통계청의 2005년 인구주택총조사에서 지하방과 옥탑방 거주자의 전·월세 비율은 84퍼센트로, 전체 평균의 2배를 넘었다.

이렇게 지상의 좀더 넓은 거주 공간으로 옮길 꿈은 멀다. 부자들은 부동산 재테크 차원에서 주거지를 곧잘 옮기지만, 반지하방 거주자들은 여러모로 불쾌한 환경을 벗어나고픈 '소극적 욕구'가 훨씬 더 많이 작용한다. 그나마 반지하방을 벗어나려 해도 그 시도는 좌절로 이어지기 십상이다. 홍인옥 한국도시연구소 연구위원은 "신혼부부들은 정말로 어려운 상황이 아니면 지하방을 피한다"며 "경제적 어려움 때문에 지하로 내려간 사람이

149

다시 지상의 주거로 옮기는 경우는 드물다"고 말했다. 가족이 있는 경우에 지하주거를 택하는 이들은 신용불량 같은 극단적 상황에 처한 경우란 것이다.

3천만 원 생기면 "지상으로 나가겠다"

반지하 문제에 대해 전문가들은 우선 실효 있는 건축 기준을 마련해 반지하 주거 환경을 개선하고, 궁극적으로는 공공임대주택 공급을 확대해 반지하 거주자들을 지상으로 끌어올리는 게 필요하다고 본다. 하남에서 만난 박 씨는 "물이 나오지 않도록 방수를 완벽하게 하는 법조항이 생기든가 아예 반지하방을 못 짓게 해야 한다"며 "국민임대주택을 더 많이 지어 지금보다 더 싸게 공급하는 방안이 필요하다"고 지적했다. 도시연구소 실태조사에서 지하방 거주자가 원하는 시급한 대책으로 저렴한 공공임대주택 제공(61.8퍼센트), 전세금 융자(14.5퍼센트) 등이 꼽혔다.

우리 사회에서 주택은 여전히 공공의 영역이라기보다는 개인의 경제 능력에 전적으로 맡겨진 영역이다. 반지하는 비닐하우스나 벌집과는 달리 그나마 살 만한 공간으로 여겨져, 사회적 문제로 인식될 겨를이 없었다. 그러나 이는 반지하방의 '난장이'들이 쏘아올리는 공을 우리 사회가 보지 않았기 때문이다. 사람이 살 수 있고 살아야 하는 지상의 건축물을 향해 그들이 말없이 내미는 손길을 외면하는 한 대한민국의 주거 인권과 사회 정의, 건강 정의는 요원할 뿐이다.

"3천만 원이 생기면 어디에 쓰겠습니까?" 도시연구소가 지하방 거주자들에게 물었을 때 4명 중 3명은 한 가지 대답이었다. "지상으로 나가겠다."

반지하방 환경개선 분투기

헉, 제습제가 21개나 출동해도…

"음식물쓰레기는 그때그때 모아 냉동실에다 얼리죠. 초파리 때문에요."

서울 신답동 반지하방에서 만난 오경석 씨는 반지하 생활의 단점을 극복하는 데 도가 텄다. 그의 집에는 개당 1,000원에 못 미치는 '물먹는……'류의 제습제가 21개 설치돼 있다. 바퀴벌레 등 곤충과의 전쟁을 위해 자그마한 플라스틱 판때기 사이에 살충제를 뿌려 구석마다 설치한 게 열댓 개에 이른다. 다른 벌레와 파리를 잡기 위한 끈끈이도 있다. 1달에 한 번가량 치약으로 장판을 닦아주는 건 기본이다.

00학번인 그가 지하방에 사는 건 이번에 다섯 번째. 지하방이 뭐가 문제인지, 해결책은 뭔지 이제 알 만큼 안다. "바퀴벌레는 크기 순대로 독일바퀴, 먹바퀴, 미국바퀴가 있고요, 음식물쓰레기에 생기는 초파리는 간장 냄새와 과일 껍질의 달콤한 냄새를 좋아하는데요, 2시간에 한 번 알을 까죠." 그의 집은 여느 지하방 못잖은 습기에도 불구하고 끈임없이 쓸고 닦는 부지런함 덕에 곰팡이는 그다지 눈에 띄지 않는다.

그에게 반지하방을 고르는 요령을 물었다. "첫째는 낮 12시에 방을 봐야 해요. 채광이 얼마나 되는지 알 수 있죠. 밤에 보면 꽝이에요. 그 다음엔 장판을 꼭 들춰 얼마나 습기가 차는지 봐야죠. 가능하면 옥탑방이 없는 건물의 지하방을 고르세요. 옥탑방 있는 집은 집 주인이 욕심이 많다고 봐야죠. 세입자에게 요구하는 게 더 많습니다. 그리고 수도를 꼭 틀어봐야 해요. 지하가 물이 더 잘 나오는 집도 있지만, 위층에서 물을 쓰면 졸졸거리는 지하방도 있거든요. 그리고 마지막으로 현관문과 방의 창문이 일렬로 배치된 지하방이 환기가 훨씬 나아요."

거침없이 지하방 극복기를 설명하는 그에게 반지하방과 옥탑방 가운데 선택하라면 어디가 낫겠냐고 물었다. "옥탑방 가라면 차라리 군대에 한 번 더 갈 거예요. 군대 시절 텔레비전 드라마 〈옥탑방 고양이〉를 보고는 정말 브라운관을 부수고 싶었어요. 옥탑방에 살면 대륙성기후란 게 뭔지 제대로 알게 돼요." 철마다 바깥 기온에 절대적으로 좌우되는 옥탑방의 끔찍함에 그는 고개를 가로저었다.

그런 그도 침실 옆방의 장판을 들춰보곤 당황스러움을 감추지 못했다. 물이 흥건했기 때문이다. "헉, 이 정도인지는 미처 몰랐네요."

'1083-819-577-521-476-471-412-405-403-341.'

네 자릿수에서 세 자릿수까지 등장한다. 로또복권 당첨번호는 아닐 터다. 10개의 숫자가 일렬로 나열돼 있다. 은행 계좌번호치고는 너무 길다. 왼쪽에서 오른쪽으로 내림차순으로 정리됐다는 정도는 쉽게 알아챌 수 있겠다. 대체 무슨 숫자일까?

2005년 8월 12일을 기준으로 당시 행정자치부가 내놓은, 개인 명의로 집을 가장 많이 소유한 '최고 집 부자' 상위 10명이 각각 소유하고 있는 주택 수를 나열한 게다. 이들 10명이 보유한 집만 모두 5,508채에 이른다.

대한민국은 '부동산 공화국'이다. 모든 권력은 '집'으로부터 나온다. 집이 없는 사람은 집을 가진 사람에게 꿀리고, 집을 1채 가진 사람은 여러 채 가진 사람에게 주눅이 든다. 이사철 셋방을 몇 차례 옮겨본 사람이라면, 그 위계서열의 강고함을 뼛속 깊이 실감하고 있을 터다. 내 집 마련은 '돈벌이'의 문제일 뿐 소중한 삶의 터전을 확보하는 '주거'의 문제로 여겨지지 않는다. 민주노총 교육선전실장을 지낸 노동운동가 손낙구 씨가 쓴 〈부동산 계급사회〉(후마니타스 펴냄)는 부동산 투기로 미쳐 돌아가는 우리 사회의 현실을 적나라하게 보여준다.

10년 주기의 투기병 발작으로 계급 형성

세계적으로도 유례를 찾기 힘든 한국의 부동산 투기, 그 역사는 1960년대로 거슬러 올라간다. 손 씨는 "이때부터 10년을 주기로 한 번씩 벌어지는 부동산 투기라는 우리 사회의 발작"을 '망국병'이자 '고질병'이라 불렀다.

제1차 부동산 투기가 시작된 것은 박정희 정권의 경제개발 5개년계획

서울 개포동 구룡마을 판자촌에 서면 저 멀리 최고급 아파트 타워팰리스가 바라다보인다.

이 한창이던 1960년대 말이다. 1965~69년 12개 주요 도시 땅값은 연평균 50퍼센트씩 올라 5년 만에 7배까지 뛰었다. 급격한 도시화와 통화량 팽창, 수출 대기업의 투기 참여 등에 뒤이어 1968년 경부고속도로 착공을 계기로 투기는 극에 달했다. 1차 투기의 정점은 1969년으로 한 해 동안 12개 도시 땅값이 80.7퍼센트, 서울 땅값은 84.1퍼센트가 올랐다. 그야말로 돈 놓고 돈 먹기의 노름판이었다. 손 씨는 "당시 투기의 광기를 식힌 것은 경기불황과 1차 오일쇼크였다"며 "하지만 폭등세만 주춤했을 뿐, 한 번 올라간 가격은 좀처럼 내려오지 않았다"고 썼다.

1970년대 중반을 지나면서 부동산은 두 번째 '발작'을 일으켰다. 중화학공업 육성을 선언한 박정희 정권의 대규모 개발 정책과 각종 특혜를 받으며 땅 개발과 주택 공급에 나선 민간 건설회사가 급성장하던 때였다. 중동 건설 붐으로 한국인 이주노동자들이 국내로 송금한 외화도 한몫을 했다. 1978년 한 해에만 전국 땅값은 49퍼센트가 올랐고, 서울의 땅값은 무려 136퍼센트가 올랐다. 같은 기간 집값도 연평균 33.4퍼센트씩 뛰었다. 1980년대 접어들면서 투기 광풍은 서서히 잦아들었지만, 치솟은 부동산 가격의 '하방경직성'은 원칙으로 굳어지기 시작했다.

10년쯤 지난 1980년대 말에도 부동산 투기 열풍은 어김없이 불어닥쳤다. 1986년 아시안게임과 1988년 올림픽, 이른바 '3저(유가·금리·달러) 호황'과 주가 폭등으로 만들어진 여유 자금이 '묻지마 투기'의 실탄이 됐다. 1988~90년 전국 땅값은 연평균 26.7퍼센트, 집값은 16.3퍼센트가 올랐다. 3년 만에 땅값은 2배, 집값은 1.6배 뛴 것이다. 그 정점은 1989년이었다. 전국 땅값과 6대 도시 땅값은 평균 32.0퍼센트가 올랐고, 서울 땅값은 33.5퍼센트가 치솟았다. 이로 인해 전·월세 시장마저 요동을 치면서 1990년 봄 이사철엔 두 달 남짓한 사이 17명의 세입자들이 보증금을 마련하지 못한 것을 비관해 스스로 목숨을 끊기도 했다.

1990년대 말로 예견됐던 4차 투기는 외환위기 충격으로 현실화하지 않았다. 물론 잠시 시기가 늦춰진 것에 불과했다. 김대중 정부는 외환위기 극복을 명분으로 부동산 경기 활성화에 나섰다. 투기 억제를 위한 각종 규제가 풀렸고, 값싼 자금이 부동산 시장으로 쏟아지기 시작했다. 국민의 정부 말기와 참여정부 초기에 쏟아진 수도권 신도시와 기업도시, 행정복합도시 등 각종 개발정책도 주춤하던 투기의 불씨에 기름을 부었다. 1999년과 2000년 전국 평균 집값은 각각 3.4퍼센트와 0.4퍼센트가 올라 외환위기 때 떨어진 가격을 만회하는 수준이었다. 그러나 2001년부터 본격적으로 뛰기 시작해 2007년 말까지 58.6퍼센트가 올랐다. 특히 아파트값은 88.4퍼센트나 치솟았다. 제4차 부동산 투기는 그렇게 시작됐다. 손 씨는 이렇게 지적한다.

"지난 50여 년간 부동산 가격은 한 번 크게 오른 뒤 내려가지 않고 유지되다가 10년이 지나면 다시 수직으로 튀어 오르기를 네 번 반복해왔다. 그림으로 그린다면 계단 모양이다. ……부동산 가격 폭등의 역사를 정리하면서 그동안 들어왔던 '부동산 불패 신화'란 말이 실감났다. '민주화 이전과 이후'를 막론하고 역대 정권은 날만 새면 투기를 잡겠다고 했지만 결과적으로 모두 부동산에 패배했다."

평균 5채 소유자 해체, 1가구 1주택자 보호

그렇게 치솟아 오른 부동산은 '가진 자와 못 가진 자'의 간격을 지속적으로 넓혀왔다. 부동산 투기라는 사회적 각축에 참여하지 못한 이들은 도심에서 변두리로 밀려났고, 서울에서 수도권으로 쫓겨갔다. 재개발과 철거의 폭력에도 삶의 터전을 떠나지 못한 이들은 산동네에서 지하로 스며들었다. 손 씨는 이렇게 40년 세월 형성된 한국의 부동산 계급을 크게 6개로 분류했다.

제1계급은 집을 2채 이상 가진 105만 가구(전체의 6.6퍼센트)다. 이들이 소유한 주택 수는 총 477만 채로, 가구당 집을 평균 5채씩 소유하고 있다. 제2

계급은 집을 1채 소유하고 그 집에서 현재 살고 있는 1가구1주택자 769만 가구(48.5퍼센트)다. 3계급은 대출을 받는 등 무리를 해 어딘가에 집을 마련해 놨지만 이자 등 금융비용 때문에 자기 집은 세를 주고 남의 집을 옮겨다니며 셋방살이를 전전하는 계급이다. 전체 가구의 4.2퍼센트인 67만 가구가 여기에 속한다.

상위 3개 계급이 유주택자인 반면, 하위 3개 계급은 무주택자로 채워진다. 전세나 월세 보증금이 5천만 원이 넘는 가구는 제4계급, 사글세·보증금 없는 월세·보증금이 5천만 원 이하인 월세를 사는 사람은 제5계급이다. 전체 가구의 6.2퍼센트에 이르는 95만여 가구가 4계급으로, 30.3퍼센트에 이르는 481만 가구가 5계급으로 각각 분류된다.

마지막으로 지하방, 옥탑방, 판잣집, 비닐집, 움막, 업소 내 잠만 자는 방, 건설현장 임시막사 등에 사는 주거극빈층이 있다. 심지어 동굴·움막에 사는 이들도 있다. 전체 가구의 4.3퍼센트인 68만 가구, 인구 수로는 162만여 명이 이렇게 '제6계급'으로 살아가고 있다.

몇 십억 원짜리 초호화 아파트와 동굴·움막이 버젓이 동시대인의 주거 장소로 사용된다. 극단의 양극화가 부른 극단의 격차 사회, 부동산으로 계급을 이룬 21세기 한국의 현실이다. 어디서부터 문제를 풀 것인가? 손 씨는 이렇게 지적했다.

"일단 집을 2채 이상, 평균 5채 갖고 있는 제1계급은 사회발전을 위해 해체해야 할 대상이다. 집은 거주 목적 이외에 투기 목적으로 소유할 수 없도록 하는 게 나라 살리는 길이다. 집값이 계속 오르니 이들은 매매차익을 통한 투기이익과 임대소득 등 두 가지 이익을 얻고 있다. 이런 불로소득은 마땅히 사회화해야 한다. 1가구1주택자인 제2계급은 보호해야 할 대상이다. 이들 중에는 집은 겨우 샀지만 식구가 많고 집이 낡고 위험해 최저 주거기준을 충족하지 못하는 사람들도 있다. 가족과 안심하고 살 수 있을 만큼 주거환경을 개선하도록 지원해줘야 한다. 또 제3계급인 '유주택 전·월세'

가구는 자기 집에 들어가 살 수 있도록 지원대책을 마련해야 한다."

지하·움막 탈출할 '사다리 정책' 필요

손 씨의 말은 이어진다.

"제4계급은 집값이 현재의 절반 또는 3분의 2 수준만 돼도 돈을 좀 융통해 몇 년 안에 내 집 마련의 꿈에 도전해볼 만한 사람들이다. 이들이 내 집 마련의 꿈을 이룰 수 있도록 주택정책이 마련돼야 한다. 전형적인 셋방살이 인생인 제5계급은 스스로의 힘으로 내 집 마련의 꿈을 이룰 수 없다. 공공임대주택을 많이 확보해 30년 이상 자기 집처럼 싼값에 살 수 있도록 지원해줘야 한다.

마지막으로 162만여 명에 이르는 제6계급 대책이 가장 급하다. '지하방'으로 상징되는 부적절한 주거공간, 동굴과 움막으로 상징되는 처참한 주거공간에서 탈출할 수 있도록, 주거의 상향 이동을 지원하는 '사다리 정책'이 필요하다."

젊은 노숙인의 죽음

이동현 '노숙인 복지와 인권을 실천하는 사람들' 상임활동가

젊은 30대 노숙인 한 명이 어이없는 죽음을 당했다. 소주 한 병 훔치다 생긴 실랑이 끝에 사망한 것이다. 천 원짜리 한 장에 불과한 소주값과 귀중한 생명을 맞바꾼 어이없는 일이다. 그러나 이 죽음이 더 어이없고 개탄스러운 것은 현장에 출동한 경찰의 늑장 대응 논란 때문이다.

이날 슈퍼에서 무단으로 소주 한 병을 꺼내 마시며 가던 노숙인이 슈퍼 여주인에게 붙들려 실랑이가 벌어졌다. 하필이면 실랑이 끝에 깨진 소주병 파편이 노숙인의 오른쪽 다리에 박혀 동맥이 터졌다. 인근 주민의 증언에 바탕하면, 출혈 부위에 직접 손을 넣어 지혈했고 출동한 경찰에게 "동맥 터졌어. 그냥 두면 죽어. 동맥이야"라며 신속히 후송할 것을 요청했다. 그러나 경찰은 즉시 노숙인을 병원으로 옮기는 대신 사진을 찍고, 무전 교신을 하고, 비닐과 신문지 따위를 찾는 등 신속한 대응을 하지 않았다고 한다. 그렇게 허비한 시간이 10여 분. 엎친 데 덮친 격으로 구급차도 뒤늦게 도착했다. 결국 비닐과 신문지로 다리를 감싸고 경찰차에 실려 후송된 그는 병원 도착 뒤 얼마 지나지 않아 사망했다. 물론 경찰은 "원래 순찰차는 환자 수송용이 아니라서 구급차를 기다렸다"며 늑장 대응을 하지 않았다고 주장하지만, 당시 응급처치를 했던 주민의 견해는 다르다.

경찰은 2008년 새 간판을 달았다. "경찰이 새롭게 달라지겠습니다"라고. 아니, 훨씬 이전인 2005년에 '인권보호 종합추진계획'을 발표하며 "인권을 보호함으로써 인권 수호의 선도자가 되겠다"고 자신한 바 있다. 그러나 이 계획에 따라 구성된 경찰청 인권위원회가 경찰의 촛불시위 폭력 진압

에 항의하며 전원 사퇴했듯, 경찰의 저열한 인권의식은 좀처럼 치유될 기미를 보이지 않는다. 특히 이번 사건에서 드러나듯, 의지할 물적·인적 토대를 전부 상실한 노숙인에 대한 차별 행정은 수를 헤아리기 힘들 만큼 일상화돼 있고 은폐돼 있다. 2006년 3월 노숙인 190여 명을 상대로 한 우리 단체의 실태조사를 보면, 노숙인에 대한 부당행위의 23.5퍼센트가 경찰에 의한 것으로 나타나고, 사고가 발생해 경찰에 도움을 요청했을 때 도움을 받은 경우는 9퍼센트에 불과했다.

서울역에서 고인의 49재가 열리는 날, 경찰은 수사 기밀이라며 고인과 사건에 대한 최소한의 정보공개도 거부했다. 49재는 영정도 없이, 망자의 이름도 성도 모르는 채로 진행됐다. 규정을 따지는 경찰의 이러한 영민함과 철저함은 왜 당시 사건 현장에서는 발휘되지 않았는가? 경찰의 직무수행을 규정하는 각종 직무규칙에는 '사회적 약자에 대하여는 그 특성에 따른 세심한 배려를 하여야' 하고 '피해자 보호를 위한 초기 대응에 최선을 다하여야' 하며 '부상자가 있을 때에는 지체 없이 구호의 조치를 취하여야' 한다고 적시돼 있다.

노숙 생활은 단지 한데서 잠을 잔다는 표면적 이해와는 달리 심각한 육체적·정신적 스트레스를 받으며 치안의 안전지대에서 밀려난 상태를 의미한다. 이런 현실로 인해 경찰은 노숙인 복지 관련자 못지않게 노숙인과 접촉 빈도가 높다. 따라서 노숙인에 대한 경찰의 오해와 편견이 교정되지 않는다면 경찰에 의한 노숙인 인권침해 사례는 끝도 없이 누적될 것이다. 또한 위에 열거한 경찰 직무규정들이 단지 '인권, 사회적 취약계층' 운운하는 활자로 사장되지 않으려면 구체적 실천방안과 구속력이 마련돼야 한다. "경찰이 새롭게 달라지겠습니다." 경찰, 제발 간판값 좀 하시라!

길바닥 사람들의 노래

이동현 '노숙인 복지와 인권을 실천하는 사람들' 상임활동가

'인간이면 누구나 누려야 할 권리'를 뜻하는 인권과 노숙인들의 거리는 얼마만큼일까? 노숙 자체가 인권을 구성하는 모든 요소를 부정하는 현실에서 노숙인의 인권을 실현하기 위한 출발점은 어디일까?

"노숙인들의 주거권을 보장하라!" "노숙인의 건강권을 보장하라!" 우리는 그동안 노숙인들이 처한 현실을 개선하기 위해 인권 항목을 들어 목소리를 높여왔다. 물론 이것이 지금도 게을리할 수 없는 중요한 활동임에는 틀림없으나 인권의 실현은 '구호로써 정리되는 것'은 아니었다. 노숙인들의 일상에 개입하고 그곳에서 시작하는 인권 이야기가 필요했다. 그래서 우리는 '문화적 권리'를 화두로 삼기로 했다.

2005년 봄부터 진행된 '노숙인의 문화권 증진을 위한 월례 문화행동'을 시작으로 매주 '주말 배움터'가 진행되고 있다.

> 하늘을 지붕 삼아 신문을 이불 삼아 거리에 둥지를 튼 나
> 멸시하는 시선 게으르다는 핀잔
> 억울한 내 목소리는 길바닥에 버려질 뿐
> 더 이상 내려갈 데가 없다는 걸 알아
> 그래 이제 노숙인도 사람답게 살아야 한다고
> 거리에 버려졌던 내 목소리로 힘차게 살아갈 거야.

음악 수업 때 노숙인 학생들이 공동 작업으로 쓴 노랫말의 일부다. 학

생들은 수업을 통해, 교실 밖 수다를 통해 서로 소통하고 토론하며 조금씩 인권을 그들의 현실을 읽어내는 수단으로 삼아가고 있다.

2학기에는 민주적인 의사소통, 빈곤, 페미니즘, 장애인권 등으로 편성된 본격적인 '인권 교육'이 진행된다. 민주적인 의사소통 교육을 통해 그동안 고통을 내면화하거나 자기를 파괴하는 방식으로 표현해왔던 문제를 성찰하게 한다. 또한 각자가 겪고 있는 빈곤 문제의 원인을 진단하고, 대안을 얘기하며, 빈곤에 맞선 권리를 선언하기도 한다.

또한 성교육, 반성폭력에 대한 교육도 함께 한다. 배움터의 학생들 중에는 과거 성폭력 가해자였던 이도 있고 피해자였던 이도 있기에 이 과정은 자신들의 아픈 경험과 만나는, 쉽지 않은 시간이 된다. 그러나 학생들 스스로 주말 배움터란 공간을 "모든 사람들이 동등한 입장에서 소통할 수 있는 곳" "지금까지 살았던 방식이 아니라 새로운 방식을 만들어가는 곳"으로 인식하는 한, 분명 쓰지만 약이 되는 시간이 될 것이 틀림없다.

주말 배움터는 새로운 도약을 준비하고 있다. 인권 교육과 함께 그것을 구체적으로 실천할 방식을 고민하는 것이다. '노숙'이라는 극단의 인권침해 현장에서 시작된 인권 교육이 돌아갈 곳은 결국 다시 '노숙'이기 때문이다.

사람 좀 살게, 교도소를 바꾸라

최은옥(가명) 씨는 경기 의정부교도소에 있던 시절을 생각하면 지금도 끔찍하다. 1평 조금 넘는 방에 여성 수형자 3명이 머물렀는데 어떨 땐 5명이 머무르기도 했다. 물론 어깨를 펴고 누워 잠자는 것은 불가능했다. "모로 누워 칼잠을 자야 하는 좁은 잠자리는 옆사람을 단지 37℃의 열덩어리로만 느끼게 합니다. 이것은…… 형벌 중의 형벌입니다."(《감옥으로부터의 사색》) 신영복 성공회대 교수가 1985년 몸서리치며 고민했던 문제를 2007년 최 씨도 똑같이 느껴야 했다. 벽에 매달린 선풍기는 밤 12시가 되면 자동으로 꺼졌다. 간혹 마음씨 좋은 교도관이 새벽 4시까지 선풍기를 틀어주는 '시혜'를 베풀기도 했다.

얼마 뒤 충북 청주여자교도소로 이감했다. 거기나 여기나 동료 수형자들은 저녁에 배달되는 그날치 조간신문을 열심히 봤다. 이유는 두 가지. 세상 돌아가는 걸 알기 위함이 첫째였고, 잠잘 때 침낭 밑에 깔기 위함이 둘째였다. 신문을 깔지 않으면 습기 때문에 새벽녘 바닥이 축축해졌다. 수감 기간 내내 그는 감기를 달고 살았다. 그래도 이곳은 한 달에 생리대 10개씩을 지급해줬다. 최 씨는 "의정부교도소에서는 단 한 번도 생리대를 지급받은 적이 없어, 사서 써야 했다"고 말했다.

100년 전과 크게 변하지 않은 교도소

교도소 안의 권력관계는 바깥 세계보다 단순하고 확실했다. 모범 재소자로 인정받은 작업반장 등이 교도관의 권력을 일부 나눠가졌다. "죄를 졌다고 인격이 없는 것도 아닌데" 어떤 교도관은 나이가 많건 적건 재소자에게 반말만 했다. 동료 수형자가 부당한 처우를 고발하기 위해 국가인권위원회에 편지를 썼는데, 해당 교도관이 뜯어보고는 "앞으로 잘할 테니 취소하라"고 하는 바람에 없던 일이 됐다. 이는 별도 형식으로 돼 있는 인권위행 우편물을 검열하지 못하도록 한 국가인권위원회법을 명백히 위반한 것이었지만, 늘 그렇듯 유야무야됐다.

최 씨는 스무 달가량 교도소 생활을 하면서 교정이나 교화를 받는다는 생각은 전혀 들지 않았다고 했다. 교육이라곤 인근 대학의 교수가 와서 하는 인성교육 정도였다. 살인범이건 경제사범이건 다 똑같은 교육을 받았다. "편집증 증세를 보이거나 정신적으로 문제가 있어 보이는 사람들과 함께 있으면서 불안했다"는 최 씨는 그런 이들은 교도소가 치료를 해줘야 하는 것 아니냐고 했다. 살인죄로 10년째 복역 중인 한 재소자는 등이 조금씩 굽는 증세를 보이는데도 제대로 치료를 받지 못해 주변의 안타까움이 컸다는 게 최 씨의 전언이다.

2008년 7월 교도소 문을 나선 최 씨의 경우는 2008년 한국의 교도소 현실을 있는 그대로 드러낸다. 2008년은 1908년 일제가 독립운동가들을 투옥하기 위해 이 땅에 서대문형무소(당시 이름 경성감옥)를 처음으로 세운 지 꼭 100년이 되는 해다. 수형자들을 사회에서 격리만 한다는 기존 개념을 넘어 교정·교화에 나서겠다며 형무소는 1961년 교도소로 이름을 바꿔 달았지만 변한 건 그리 많지 않다.

한 번이라도 교도소를 다녀온 이의 절반 이상은 다시 교도소에 들어간다. 법무부가 발행한 〈2007 법무연감〉을 보면, 특히 전체 수형자 가운데 4번 이상 교도소에 들어간 이의 비율은 2000년 12.2퍼센트에서 2006년 15.0퍼센트로 해마다 꾸준히 늘고 있다. 교도소 탓만 할 노릇은 아니지만, 전문가들은 우리 사회의 교정·교화 시스템이 실패했다는 근거로 삼는다. 100살을 맞은 근대적 자유형 체계, 교도소는 전면적인 개혁을 요구받고 있다.

과밀 수용보다 가택 구금·전자발찌

최 씨 경우처럼 교도소의 과밀 수용 문제는 여전히 현재진행형이다. 법무부 교정본부는 2008년 11월 12일 현재 전국의 수형자는 모두 48,508명으로, 43,100명인 정원의 112.5퍼센트에 달한다고 밝혔다. 더구나 포항교도소와 청송제3교도소의 경우 교도관 인력이 확보되지 않아 건물 일부를 비워두고 있다. 실제 수형자들이 느끼는 답답함은 통계치 이상인 것이다.

김덕진 천주교인권위 사무국장은 "문제 해결을 위해 교도소를 더 짓기보다는 교도소 수용 인원을 줄이려는 노력이 필요하다"고 말했다. 가석방과 집행유예를 확대하고 구속 재판은 줄이면서 가택 구금 제도를 도입하는 등 큰 틀에서 사법·행형 정책의 변화가 필요하다는 것이다. 실제 서구 사회는 실형을 선고받은 수형자가 형기의 일부를 가택 구금의 형태로 보내거나 낮에는 회사 일을 하고 밤에는 교도소에 입감되는 식으로 지내게 하는 등 다양한 방법들을 시행하고 있다. 물론 중범죄자는 사회로부터 엄격히 분리된다.

한 예로 스위스의 칸톤 주 등 7개 주는 중범죄자가 아닌 경우 기존에는 징역형을 선고하던 이들에게 전자발찌를 차고 사회생활을 그대로 하도록 하는 '전자 모니터링' 제도를 시행하고 있다. 전자발찌에는 정해진 일과가 내장돼 있어 수형자가 항상 시계를 점검하고 이를 지켜야 하기 때문에 엄격한 규율이 가능하다는 게 이들 주정부의 판단이다. 우리나라는 현재 형기를 마치거나 가석방되는 성범죄자들에게 전자발찌를 채워 '이중 처벌' 논란이 일고 있으나, 경범죄자를 대상으로 한 징역형 대체 방안으로 전자발찌 도입을 검토해볼 만하다.

한국의 교도소는 적극적인 교정·교화보다는 탈옥이나 폭동 등 각종 사건·사고를 막으려는 보안 중심 체제로 굴러간다. 수형자를 오로지 통제의 대상으로만 바라보는 시각이 팽배하다 보니 내부의 인권침해가 끊이지 않는다. 수형자들이 국가인권위원회에 제기한 진정 접수건을 보면, 2002년

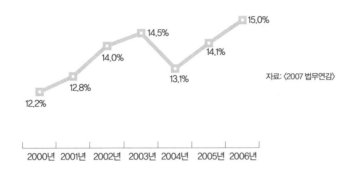

수형자에게 여러 권리를 인정하는 나라들

흡연	미국, 영국, 오스트레일리아, 프랑스, 스웨덴, 이탈리아, 뉴질랜드, 핀란드, 홍콩, 필리핀, 브라질 등
음주	브라질, 이탈리아, 스페인, 영국, 독일 등
참정권	미국(경범죄자에 한해 일부 허용), 중국, 이스라엘, 스웨덴, 독일 등
성생활권	브라질, 스웨덴, 스페인, 독일, 영국, 콜롬비아 등

자료: 〈교정인권복지론〉(천정환 지음, 푸른북 펴냄)

교도소 기결수형자 가운데 4번 이상 입소한 비율

15.0%

14.5%

14.0%

14.1%

13.1%

12.8%

12.2%

자료: 〈2007 법무연감〉

2000년 2001년 2002년 2003년 2004년 2005년 2006년

993건에서 2005년 1,871건으로 가파른 증가세를 보이다 2006년 1,379건으로 떨어졌으나 2007년에는 1,875건으로 다시 급증했다. 역대 접수건의 내용을 보면, 수형자들은 수용 환경, 진료권 제한, 인격권 침해, 부당한 징벌 등을 가장 많이 진정했다.

죄를 지어 교도소에 갔다는 이유만으로 수형자 인권은 논의조차 되지 않는다. 정치·경제적 능력을 상실한 이들 수형자의 기본권을 위해 문제를 제기하는 이는 거의 없다. '죄지은 놈들이 무슨 인권……'이라는 세간의 시선에 막혀, 갇힌 자들의 인권은 사회적 논의의 대상도 못 된다.

우선 공직선거법과 형법 등은 형이 확정된 수형자에게 참정권을 아예 주지 않고 있다. 하지만 헌법은 참정권이 모든 국민에게 있고 기본권을 제한하는 경우에도 자유와 권리의 본질적 내용은 침해할 수 없다고 규정하고 있다. 정신질환자 등을 빼고는 딱히 주지 않을 이유도 없다. 국제적으로도 수형자에게 선거권을 주는 게 대세는 아니지만, 스웨덴이 1968년 가장 먼저 수형자에게 선거권을 줬고 이스라엘·독일·오스트레일리아 등도 수형자의 선거권을 인정한다. 최은옥 씨는 "지난 대선 때 이명박 씨가 경제를 살리느니 마느니 (교도소 안에서) 우리끼리 후보를 놓고 의견만 분분했다"며 "(투표를 할 수 없어) 우리는 죽은 사람 취급을 한다던데, 정말 그런가 싶었다"고 말했다.

담배 피우고 술 마시면 안 되는 이유?

수형자의 흡연권 문제에서는 한국이 국제사회에서 소수 국가에 속한다. 미국·영국·프랑스·이탈리아·브라질 등 전세계 대부분의 나라가 수형자에게 담배를 지급하거나 사서 피울 수 있도록 하고 있다. 라이터를 지급하는 경우도 있지만, 대부분 정해진 구멍에 담배를 넣으면 자동으로 불이 붙는 방식을 통해 화재와 방화를 예방한다. 수형자 건강에 나쁘니 안 피우면 좋은 것 아니냐는 시각은, 결정권을 박탈당하지 않은 다수자의 억압적 논리일 뿐이다. 한국에서는 꿈도 꾸기 힘들지만, 이들 나라는 대부분 중범죄자가 아닌 수형자들이 제한적으로 술도 마실 수 있도록 한다. 이탈리아는 10~11퍼센트 정도 알코올을 함유한 술을 한 사람이 하루에 500밀리리터까지 매점에서 사 마실 수 있고, 담배를 허용하는 스페인은 맥주에 한해 음주도 허용한다. 교도관이 돈을 받고 수형자에게 담배나 술을 팔았다 적발되는 일이 끊이지 않는 한국과는 확연히 다르다.

이 밖에 수형자의 성생활권을 인정하는 것도 다른 나라 교도소에서는 찾아보기 어렵지 않다. 북유럽과 남미 국가 대부분은 정기적으로 배우자나 애인과 일정한 시간을 함께 보낼 수 있도록 조처하고 있다. 우리나라는 충남 천안개방교도소를 비롯해 전국 28개 교정시설에서 1박 2일 정도 가족과 함께 지낼 수 있는 장소인 '가족 만남의 집'을 운영 중인데, 2007년 이용 인원은 453명이라고 법무부가 밝혔다. 수형자 100명에 1명꼴이다. 기본적인 권리로 인정하기보다는 교도소 쪽이 수형자에게 시혜성으로 기회를 베푸는 수준에 그친다.

햇볕을 보고 운동을 하는 체육 시간 확대를 비롯해 의료 접근권 확대 등은 한국 교도소에서 심각하게 제기되는 고전적 문제에 속한다.

한국의 교정·교화가 실패했다고 보는 전문가 가운데는 현재의 교도소 제도를 혁신적으로 바꿔야 한다는 주장을 내놓는 이도 있다. 천정환 한국 교정복지학회 부회장은 뒤늦게나마 우리나라에서도 교정에 복지 개념을 적극 도입해야 한다고 주장한다. "교도소를 교정학교로 이름을 바꾸고, 교도관 대신 교정복지사 제도를 도입해야 한다. 교정복지사는 사회복지학과 함께 교정 관련 학습을 추가로 한 이들 가운데 뽑으면 된다."

오창익 인권실천시민연대 사무국장도 "사람들은 범죄자를 감옥에 보내고는 다 잊어버리지만, 더 큰 문제는 거기서 시작된다"며 "감옥이란 제도 자체가 정당한지에 대한 본질적 성찰과 비판이 필요한 시점"이라고 말했다.

그동안 한 번도 큰 틀의 변화를 겪지 않은 한국의 교도소. 100살을 맞은 한국의 교도소도 이제 새로운 길을 떠날 때가 됐다. 갇힌 자들의 인권을 향해…….

'형벌제도와 교도소' 폐지론

징역살이보다 교육에 초점을

서구사회에서는 교도소처럼 신체의 자유를 억압하는 제도는 기본적으로 반인권적인 것으로 보고 폐지 대상으로 삼는 운동이 1960년대부터 일었다. 이들은 기본적으로 '형벌'이라는 개념을 인류 역사에서 변하지 않는 가치로 보지 않는다. 프랑스 대혁명 이후 자본주의 사회를 규율하기 위해 사회적으로 만들어진 제도이기 때문에 역사적 한계를 갖고 있다고 본다. 따라서 과거 반인권적 '노예제도'가 사라졌고 최근에는 사형제가 폐지의 길을 걷듯, 조만간 '형벌제도와 교도소'가 그 뒤를 따를 것으로 본다. 전세계 감옥 폐지론자들의 모임인 국제감옥폐지회의(ICOPA)는 1982년부터 2년마다 관련 회의를 열고 있다. 노르웨이의 '크롬'과 같은 단체는 1970년대부터 현재까지 관련 활동을 지속해오고 있다.

형벌과 교도소를 폐지하는 데 따른 대안 논의도 활발하다. 최근 〈마약은 범죄가 아니다〉라는 책을 내기도 한 문성호 자치경찰연구소장은 "오로지 징역을 보내기 위한 목적의 현행 형사사법 제도와 교도소를 폐기하고, 처벌보다는 교육 중심으로 가면서 범죄에는 가능한 한 민사적으로 대응하자는 게 폐지론의 핵심"이라고 말했다. 일탈 행위가 일어났을 때 이를 항상 형사적 문제로 보고 국가 수사기관이 개입할 게 아니라 가해자가 피해자의 피해를 배상하도록 하는 등 민사적 시각으로 접근하고, 가해자를 가두고 처벌하기보다는 사회가 행위자에게 맞는 교육을 하는 방식으로 나아가자는 것이다.

주장이 워낙 전위적이라 국제사회에서 다수의 목소리로 통용되지는 않지만, 감옥 폐지론이 그동안 거둔 나름의 성과도 작지 않다. 노르웨이에서는 1970년대 소년 범죄자를 가두던 구금시설을 전면 폐지했고, 미국 매사추세츠 주와 독일 브레멘 시가 이후 같은 성격의 소년원을 없앤 것은 폐지론 운동의 전리품으로 손꼽힌다.

장애인의
'살' 권리

우리 자립했어요

서울 용산구 청파동 한 다가구 주택에 세들어 간 김현주 씨. 그는 셋방 문을 넘어서기까지 '20전 21기'의 사투를 벌여야 했다. 팔다리를 쓰지 못하고 언어장애까지 있는 그에게 현관 문턱부터 사람들의 편견의 턱까지 이 세상은 온통 '턱'투성이였다. 그 어느 하나 호락호락하지 않은······.

계약자 보고 줄행랑친 집주인들

그가 집을 구하러 나선 건 두 달 전. 이동과 대화 모두 불편한 그가 방을 구하러 다닌다는 건 불가능에 가까운 일. 누군가의 도움이 필요했다. 그러다 중증장애인독립생활연대(독립연대)에서 중증장애인에게 방을 얻어주는 'IL복덕방' 사업을 벌인다는 걸 알게 됐다. 값싼 1층 셋방을 구해야 했다. 지하층도, 2층도 휠체어로는 접근이 불가능하다. 방 안까지 전동휠체어가 들어갈 수 있어야 한다. 게다가 지면과 현관 문턱의 높이 차가 작은 1

층 방을 구하기는 하늘의 별 따기였다. 독립연대 쪽에서 부동산중개소들을 수소문해 1층에 방이 있다는 연락을 받고 달려가면 1층 현관까지 계단을 두세 개는 꼭 올라가야 하는 곳이 대부분이었다. 그렇게 열댓 군데를 돌아다녔다.

어쩌다 턱이 없는 방을 구해도, 전동휠체어를 탄 김현주 씨를 데리고 가 "이 사람이 계약자"라고 하면 부동산중개인들이 기겁하기 일쑤였다. 부동산중개인은 어쨌건 복비라도 받을 요량이어서 어렵사리 설득이 가능했다. 그러나 부동산중개소의 관문을 통과하면 그보다 훨씬 견고한 집주인의 편견이 자리잡고 있었다. "김 씨를 본 집주인들이 아예 줄행랑을 치곤 했다"는 게 최흥수 독립연대 사무국장의 전언이다. 서울 회기동에서도, 영

김현주 씨가 전동휠체어를 타고 지면에서 문턱까지의 높이를 맞추기 위해 만든 경사로를 오르고 있다.

©윤운식

등포에서도 그렇게 퇴짜맞기를 일곱 차례나 거듭한 뒤 지금의 청파동 셋방을 가까스로 구할 수 있었다. 마음씨 좋은 집주인을 만난 덕이다.

그것으로 '셋방얻기 전투'의 끝은 아니었다. 지면에서 현관 문턱까지 경사로를 설치하는 진입로 공사는 필수다. 화장실에 장애인용 변기를 설치하고, 용변 작업의 편리를 위해 세탁기는 마루로 뺐다. 이런 후속 작업을 거쳐 중증장애인 거주를 위한 최소한의 시설이 마련됐다.

비로소 김현주 씨가 본격적인 자립생활을 시작하는 팡파르가 울렸다. 보증금 2,000만 원을 김 씨 어머니가 댔고 임차인도 김 씨 이름으로 돼 있으니 말이다. 한 달에 180시간을 쓸 수 있는 활동보조인 서비스와 예전부터 알고 지내던 같은 1급 중증장애인 최종식 씨의 생활 속 도움도 그에게 큰 힘이 된다. 그 후에는 뇌병변 1급 장애인 김길면 씨와 유용비 씨가 독립연대를 통해 차례로 합류하면서 이 집은 장애인들이 자립을 하기 전에 미리 자립생활을 체험해보는 '체험홈'의 성격도 띠게 됐다.

김길면 씨는 지난 16년 동안이나 경기도에 있는 시설에서 지내다 나온 경우다. 누구보다 지금의 경험이 새롭게 여겨질 수밖에 없다. 역시 언어장애가 심한 그는 "시설에서는 다른 사람들과 대화할 일이 별로 없었는데, 여기서는 현주 형이나 용비와 마음이 통해서 좋다"면서도 "시설에 있을 때는 자립생활 하는 것 보고 편하겠다 싶었는데, 막상 나와보니 내가 생각하는 대로 되는 게 하나도 없고 만만치 않다"고 말했다. 아버지와 함께 살다 자립생활 한 달째를 맞은 유용비 씨는 "장애인끼리는 서로 잘 알고 이해가 빠르니까 용기를 얻고 힘이 된다"며 만족스런 웃음을 지었다.

"불 못 켜고 길 잃어도 포기할 수 없습니다"

자립생활을 하다 보면 웃지 못할 일들도 자주 벌어진다. 다른 이의 도움 없이는 스스로 휠체어에 오르고 내릴 수도 없는 김현주 씨 얘기다. 집에 이사 온 초창기, 한번은 저녁 9시쯤 전동휠체어를 몰고 집에 왔는데 아무도 없었다. 그는 컴컴한 방 안에서 전동휠체어에 앉아 다음날 아침까지 12시간 동안 버텨야만 했다. 혼자 있다 오줌이 마려운데도 반나절가량 참은 적도 있다. 김 씨는 화장실 이용이 불편하다 보니 예전부터 하루에 한 끼만 먹고 일주일에 한 번만 대변을 보는 습성을 길렀다고 한다.

김길면 씨는 고도근시와 난시에 사시까지 겹쳐 시력이 안 좋은데다 시설에 있는 동안 전동휠체어를 탈 일이 거의 없어 조작이 아직 서툴다. 이 때문에 집 근처를 돌아다니다 여러 차례 길을 잃어 다른 사람들 애를 태웠다. 그는 활동보조인 등에게 전화를 걸어 자신이 있는 곳을 설명한 뒤 한참 만에야 '미아 상태'를 끝낼 수 있었다. 집 안에서 '나무늘보'란 별명을 갖고 있는 김 씨는 "다른 사람들이 '쟤는 왜 빠릿빠릿하지 않느냐'고 하곤 한다"며 적응의 어려움을 호소했다.

한때 장애인 탁구선수를 꿈꾸던 유용비 씨는 훈련 도중 목을 다쳐 장애가 더 심해진 경우. 요즘에도 가까스로 혼자 서 있다가 곧잘 넘어지고, 그러고는 잘 일어나지 못해 주위를 걱정시킨다. 김현주 씨는 "집 안팎에서 뭐가 떨어지듯 '쿵' 소리만 나면 용비 걱정부터 한다"고 했다.

김길면 씨와 유용비 씨 두 사람은 모두 장애인 문학 계간지 〈솟대문학〉을 통해 등단한 시인이다. 장차 시인의 꿈을 불태우고 있다. 장애인으로서 세상을 바라보는 특유의 시각과 그동안 겪었을 차별에 대한 고뇌가 뚝뚝 묻어나는 시세계를 펼쳐 보인다. 특히 일반 초등학교 1학년 등교 첫날 친구들의 심한 놀림에 학교를 그만둬버린 유 씨의 시 속에는 짙은 어둠이 배어난다. 그가 쓴 '반달'이라는 제목의 시는 이렇다.

보름달이 되지 못한 슬픔을
먹구름으로 가려보지만
너의 모습은 너무 슬프게 보인다.

강물에 비친 자기 모습에
아무도 모르게 눈물을 흘린다.

별들이 놀려도
사람들의 무관심 속에서도
눈물 흘리지 않던 니가
모두 잠든 깊은 밤
혼자서 울고 있다.

외롭고 힘든 날을 보내며
보름달만 생각한다.

보름달이 되기 위해
아픔도 참고 살아가는 너.

오늘도
눈물을 닦고
기도하는 슬픈 너의 모습.

　　김현주 씨를 만나기 위해 서울 서대문구 홍은동에 있는 한 정형외과를
찾았다. 그는 일주일 전 혼자 전동휠체어를 몰고 횡단보도를 건너던 중 옆
에서 급정거를 하는 자동차에 부딪히는 사고를 당해 입원 중이었다. "전동
이 아닌 그냥 휠체어였으면 더 다쳤을 것"이라며 웃는 그는 왼쪽 다리가 좀
아프다고 했다. 인터뷰 동안 그는 더 정확한 발음을 위해 몸을 많이 움직
여야 했는데, 이 때문에 자꾸 코 중간으로 미끄러지는 안경을 무릎을 이용
해 추어올렸다.

"서른다섯, 계속 이렇게 살 순 없어"

서울 홍은동이 본래 집인 김현주 씨는 생후 한 달여 만에 길고 긴 황달로 고생한 탓에 뇌병변 장애를 갖게 됐다. 당시 의사는 "별것 아니니 집으로 가도 된다"고 했으나, 결과는 오진이었던 셈이다. 일반 학교 진학은 꿈도 꿀 수 없었다. 특수학교 초등 과정만 마치고 그의 학업은 중단됐다. 15살 때부터 10여 년 동안은 서울 시내 한 대형병원 재활원에서 지냈다. 중증장애인 중에서도 특히 증세가 심했지만, 그는 사람들과 어울리는 것을 워낙 좋아했다. 다니던 교회에서 장애인 두세 명씩 모아 두 달마다 장애 관련 정보를 공유하는 만남을 조직하기도 했다. 친구의 친구들까지 엮이고 이동을 도와주는 이들까지 따라붙으면서 많을 때는 수십 명이 모이기도 했다는 게 그의 전언이다.

김현주 씨가 부모 곁을 떠나 자립생활을 시작한 건 이번이 처음은 아니다. 시작은 2006년 5월로 거슬러 올라간다. 교회에서 알게 된 한 형이 김 씨에게 함께 살 것을 제안했다. 그 형은 인천 계양구에서 직장을 다니며 셋방을 얻어 살고 있었다. 김 씨의 가족들은 물론 반대했다. 다른 비장애인들의 생각도 그렇듯, "집에 있으면 편하고 좋을 텐데 왜 자꾸 나가려고 하느냐"는 것이었다. 중증장애인들을 위한 각종 시설도 마음만 먹으면 언제든 갈 수 있다. 김길면 씨도 유용비 씨도 모두 가족들에게서 같은 얘기를 들어야 했다. 그러나 그들의 쉽지 않은 선택은 스스로에 대한 치열한 실존적 고민에 뒤따른 산물이다. 그들도 대한민국 국민이고, 서울 시민이고, 법적 권한을 온전히 행사할 수 있는 성인이다. 다만 장애라는 '다름'을 갖고 있을 뿐이다.

"언제까지 부모님 밑에서 살 수 있겠어요? 부모님 돌아가셨을 때 누가 날 보살펴주겠어요. 미리 준비하지 않으면 그 단계에서 내가 어떻게 될지 모르잖아요. 부모님 살아 계실 때 집을 나와 자립을 위한 기초 틀을 만들어야겠다고 생각했어요. 그 부분에서 부모님도 인정하시더라고요."

계양구로 짐을 옮긴 그는 장애인자립생활센터에서 활동가로도 일했다. 같이 사는 형이 출퇴근을 시켜주는 등 많은 도움을 줬다. 기초생활보장수급권자로도 선정돼 장애수당을 포함해 한 달에 52만 원을 받고 있는 김 씨는 없는 살림에도 추석에는 부모님께 작은 선물과 용돈까지 드렸다. 이를 위해 센터에서 받은 얼마 안 되는 활동비를 아껴 모았다. 부모님은 "우리 아들이 처음으로 돈 벌어서 이렇게 갖고 왔네"라며 흐뭇해했다.

그러던 중 함께 살던 형이 사귀던 배필과 결혼을 했다. 처음 석 달가량은 신혼집에 함께 살았지만, 아무래도 서로 불편할 수밖에 없었다. 서울로 옮기기로 했다. 하지만 다시 집으로 들어갈 수는 없었다. 기왕 시작한 자립생활, 어떻게든 버텨내야 했다. 그가 청파동에 정착한 까닭이다.

김현주 씨는 요즘 자립생활이 쉽지 않다는 생각을 자주 한다. 게다가 요즘엔 식구가 늘어 맏형으로서의 책임감도 더 커지고 있다. 그러면서도

김현주 씨가 서울 홍은동의 한 병원에서 웃음 짓고 있다. 사지가 모두 불편한 김 씨는 항상 오른쪽 귀에 휴대전화를 걸고 받을 수 있는 블루투스 송수신기를 끼고 있다.

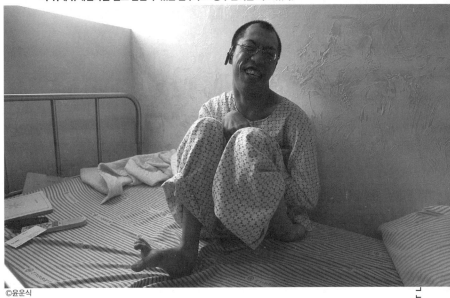

©윤운식

나름의 성취감도 쌓아가고 있다.

"중간에 힘들다는 생각을 많이 했지만 주변에 좋은 사람들이 많아 견딜 수 있었어요. 내가 다시 집에 들어가고 무너져버리면, 나도 부모님도 주변 사람들도 힘들어질 것 같았어요. 내 목표를 향해 꾸준히 노력할 거예요. 지금 하려는 일에 한 발 한 발 다가가고 있는 셈이잖아요. 시간은 남들보다 느리지만 결국 할 수 있을 거예요. 지금은 그 과정이라고 생각해요."

김 씨는 훗날 다른 장애인의 자립을 도울 수 있는 자립생활센터를 운영하는 게 꿈이다. 그의 침대 위에 놓인 〈장애학〉이라는 책이 눈에 들어왔다.

장애 수당, 공공임대주택… 갈 길 먼 제도

김 씨는 중증장애인이 자립생활을 하는 데 걸림돌이 되는 여러 제도적 맹점들도 지적했다. 인천에 살 때 활동보조인 서비스를 신청했는데, 담당 구청에서 장애 상태를 점검하기 위한 현장조사에 훈련이 안 된 아르바이트직을 보냈다는 것이다. 그 결과 배정된 분량은 한 달에 고작 40시간. 김 씨가 해당 구청 누리집의 민원 게시판에 상황을 다시 설명하자 며칠 뒤 "해결이 됐다"는 문자 메시지가 왔는데, 결과는 180시간으로 대폭 늘었다고 한다. 또 공공임대주택 신청을 하려고 보니 부모님 집을 나온 지 1년이 지나야 대상이 된다는 얘기를 들었다. 김 씨는 "그럼 1년 동안 어디 가서 생활하라는 말이냐"며 "너무나 모순된 제도"라고 비판했다.

이들과 같은 중증장애인 사이에서는 최근 2~3년 동안 '자립생활'의 바람이 세게 불고 있다. 2005년 국가가 전동휠체어 보조에 나서면서 보급이 폭발적으로 늘었고 그 결과 중증장애인들이 이동할 수 있는 폭이 넓어졌기 때문이다. 또 2007년 활동보조인 서비스가 본격화하면서 자립생활을 할 수 있는 기초적인 토대도 마련되고 있다.

하지만 아직은 시작일 뿐이다. 전체 등록 장애인 2,105,000여 명 가운데 중증장애인으로 볼 수 있는 1·2급은 549,000여 명에 이르지만, 자립생활을 하는 이들은 극히 소수인 것으로 전문가들은 파악하고 있다. 이유로는 여러 제도적 미비점들을 들 수 있는데, 활동보조인 서비스 시간의 제약이 대표적이다. 우리나라는 현재 중증장애인 1인당 하루 평균 2.5시간의 서비스만 제공한다. 루게릭병에 걸린 1급 장애인이 밤중에 돌아눕지 못해 호흡 곤란으로 사망하는 사고가 일어나는 곳이 한국이다. 미국이나 일본 등 선진국에서는 장애가 심한 경우 최고 하루 24시간 개인보조 서비스(Personal Assistant Service)를 제공한다.

또 장애인 자립생활을 위해 시급한 건 주거권의 확보와 연금을 통해 기초소득을 보장해주는 것이다. 일본에서는 중증장애인에게 10~12만 엔 (약 110~131만 원)가량의 기초연금을 지급함으로써 기초적인 생활이 가능케 한다. 미국에서는 주마다 조금씩 다르지만, 72제곱미터가량의 주택을 공급하거나 그렇지 못할 경우엔 한 달에 700달러가량을 주택 자금으로 주기도 한다.

반면 우리나라의 경우는 장애인 수당이 최고 13만 원에 불과하다. 집도 수입도 없고 가족과 함께 살지도 않는 등의 요건을 충족해야 기초생활보장수급권자가 돼 한 달에 40여만 원을 보조받는다. 또 한 달에 30만 원 이상의 수입이 생기면 수급 대상자에서 해제되기 때문에 장애인들의 경우 일할 필요성을 느끼지 않는 구조적 문제도 함께 지적된다. 조영길 한국보건사회연구원 부연구위원은 "장애인의 자립 문제를 한 가족의 문제가 아니라 사회적 기반 차원에서 접근하는 의식의 전환이 요구된다"고 말했다.

이런 한계 속에서도, 지금까지 중증장애인들이 집이나 시설에 격리되고 처박혀 있도록 강제해온 사회 시스템에 서서히 균열이 생기고 있다. 김현주·김길면·유용비 씨 같은 이들의 마음속에 사람답게 살 권리를 흔들어 깨우는 욕망이 갈수록 고개를 들고 있기 때문이다.

중증장애인 전문 부동산 중개

김현주 씨가 살고 있는 셋방을 찾고 계약하기까지에는 중증장애인독립생활연대(독립연대)의 'IL(Independent Living) 복덕방' 사업이 있었다. 중증장애인들은 사회 경험이 상대적으로 적다 보니 셋방을 구하고 계약하는 요령 등에 익숙하지 않다는 점에 착안해 이를 도와주려고 만든 서비스다. IL 복덕방은 우선 이용을 신청한 장애인의 형편에 맞는 집을 찾는데, 이 과정에서 부동산 정보업체 '부동산114'가 자체 망을 이용해 방 구하기를 돕는다. 적당한 물건을 발견하면 독립연대 활동가가 찾아가서 휠체어가 접근할 수 있는지, 화장실은 중증장애인의 휠체어가 들어갈 수 있을 정도로 충분히 넓은지 등 적합성 여부를 따져보고 개조를 통해 문제 해결이 가능한지도 점검한다.

적합하다는 판단이 내려지면 집주인 설득에 들어간다. 집주인들은 대부분 "몸도 성치 않은데 사고 나면 어떡하냐"는 반응을 보인다고 한다. 계약서에는 진입로와 화장실 등에 대한 개조 공사 뒤 계약기간이 끝나면 이를 원상복구하겠다는 각서를 써준다.

입주 뒤에는 기본적인 개조 공사를 해준다. 이 과정에서 화장실 공간 확보를 위해 세탁기를 옮기면 배관 공사를 새로 해야 하는 경우도 있고, 수도꼭지 위치도 장애인의 몸에 맞춰 바꿔줘야 한다. 서울사회복지공동모금회에서 2008년 사업비용으로 5천만 원을 지원받아 1가구당 150만 원씩 개조 공사 비용 등을 지원하지만, 전세나 월세 보증금은 어차피 본인이 부담해야 한다.

"최근까지 30명이 신청했는데 김현주 씨를 포함한 15명이 집을 찾아 입주를 했고 나머지 사람들은 가진 돈이 부족해 집을 구하는 데 어려움을 겪고 있다"고 최흥수 독립연대 사무국장은 말했다. 부족한 돈에 맞춰 높은 지대에서 셋방을 찾았는데, 도저히 전동휠체어가 올라갈 수 없을 정도로 경사가 급해 포기한 경우도 있다고 한다.

최 국장은 "집주인 중에는 '그냥 시설에서 살도록 놔두지 왜 장애인들을 데리고 다니느냐' '중간에 복비 받아먹으려고 이러는 거 아니냐'고 의심하는 이들도 있다"며 "15명 모두 서울 영등포와 노원구, 경기 광명시 등 서울 비강남권 외곽 지역에 방을 얻었다"고 말했다. 문의 02-716-0302.

가슴만 아프십니까

박경석 전국장애인차별철폐연대 집행위원장

"장애인들은 사회적 약자이기 때문에 우리로서는 가슴 아픈 것이 사실입니다. (그러나) 장애로 태어난 것도 자기의 운명입니다. ……자기의 부주의로 장애가 된 것을 사회적 책임으로 돌리는 것은 지나친 요구이자 국민된 도리가 아니라고 생각합니다."

얼마 전 강원 원주시 김기열 시장이 시 공무원들에게 훈시한 말의 일부다. 당시는 원주의 중증장애인들이 장애인 이동권 보장, 활동보조인 서비스 생활시간 보장, 장애인 가족 지원 정책 마련 등을 요구하며 시청 앞에서 한 달 이상 노숙농성을 하던 때였다. 김 시장의 말은 사실상 장애인들의 요구에 대한 답변이었다.

장애를 가지게 되는 것은 자기 운명이다? 맞다고 치자. 그러나 장애를 가졌다는 이유로 차별을 받아야 할 이유는 없다. 장애인이 자신의 장애 때문이 아니라, 철저하게 장애인을 배제하는 비장애인 중심의 사회적 환경으로 인해 차별과 배제가 가속화되는 것이며 그리하여 장애는 비참한 그 무엇이 된다. 장애인 차별은 정확하게 사회적 책임의 문제인 것이다.

비장애인들이 아무런 거리낌 없이 타고 다니는 대중교통인 지하철과 버스를 자유롭게 타기 위해 중증장애인들은 온몸에 쇠사슬을 묶고 목숨을 걸고 지하철 선로를 점거하며 이동권 보장 투쟁을 해야 했다. 그 결과 '교통약자의 이동편의 증진법'이 만들어졌고 장애인의 이동권이 권리로 명시됐다.

김기열 시장은 '권리'가 무슨 뜻인지 모른단 말인가? 국어사전을 찾아보라. '권리는 어떤 일을 행하거나 타인에 대하여 당연히 요구할 수 있는 힘이나 자격'이라 규정하고 있다. 이동권을 법률로 명시했다는 것은 장애인들이 정부나 지방자치단체에 당연히 '요구'를 할 수 있는 자격을 인정한 것이다.

그런데 김 시장은 원주 장애인들의 정당한 '국민된 요구'를 무시한 것도 모자라, 이들을 '국민된 도리도 모르는' 무도한 집단으로 매도하고, 지방자치단체장으로서 '국민이 부여한 자신의 의무'를 내팽개쳐버렸다. 그러면서도 사회적 약자인 장애인에 대해 가슴 아프게 생각한다며 자신을 치장했지만, 이는 결국 장애인을 시혜의 대상으로 전락시켜버린 것이다. '권리'를 '시혜'로 변질시켰다.

모두가 안전하고 편리하게 이용해야 할 대중교통에서 왜 장애인은 배제돼야 하는가. 스스로 먹고 씻고 입고 이동하지 못하는 중증장애인이 감옥과 같은 수용시설에서 격리되지 않고 지역사회에서 독립적으로 살아가는 데 필수적인 활동보조인 서비스가 왜 자신들이 부담해야 할 몫인가. 그것은 사회적 책임이다. 그 책임을 지기 위해서는 예산이 필요하다. 사회적 약자를 위해 예산을 부담하기 싫다는 것인가. 천박하고 냉혈적인 자본의 칼을 '국민된 도리'라는 말로 은폐하는 것이다.

2차 세계대전 당시 히틀러가 전쟁 수행에 아무런 도움이 되지 않는다는 이유로 유대인보다 먼저 장애인을 가스실로 보내버린 역사를 이 사회는 기억하고 있는가. 장애인의 문제를 그렇게 처리해버리는 것이 깨끗한가. 그런 장애인에 대한 태도는 여전히 어디서나 시혜와 동정, 지역사회에서의 격리와 배제라는 차별로 재생산되고 있다.

원주시장의 말은 어쩌면 이 사회가 장애인을 생각하는 전반적인 의식일지도 모른다. 그래서 소름이 끼친다. 야만의 사회다.

신발과 휠체어가 뭐가 다르죠?

고은채 인권교육센터 '들' 상임활동가

"우리 식당엔 휠체어 안 돼요. 바닥이 지저분해진다고요!"

"그럼 딴 사람들은 신발 벗고 식당에 들어갑니까? 신발과 휠체어가 뭐가 다르죠?"

"신발이랑 휠체어는 그러니까……."

장애인 자립재활센터를 이용하는 중증장애인들을 위해 마련한 인권교육 현장. 목청 높여 싸우는 식당 주인 역할을 하던 이가 휠체어와 신발의 차이를 설명하려다 말문이 막힌다. 역할극을 보고 있던 참여자들은 와르르 웃으며 손뼉을 치고, 한쪽에서는 "국가인권위원회에 진정한다고 해요!"라는 훈수가 터져나왔다.

휠체어를 탄 장애인의 출입을 막는 식당 앞에서 어떻게 대차게 '싸울'까? '바쁜 점심시간에 식당에서 밥 먹기'는 싸우지 않고도 누릴 수 있어야 하건만, 웬만큼 싸워서는 맛보기 어려운 권리다. 차별이 공기처럼 둘러싸인 장애인에게, 권리를 주장하는 장애인에게 이런 일은 일상다반사! 마트에서 장을 보고, 은행에서 통장을 만들며, 병원에서 진료를 받을 때 상대방의 말·눈빛·태도에서 묻어나는 차별은 일일이 열거하기도 어렵다. 차별 사례를 역할극으로 구성해 '대처 방법'을 고민하던 참여자들은 곧 싸울 수 있는 권리의 주체인 자신을 확인하게 된다. 이어서 "우리가 직접 말해야 하고 나서야 한다니까요!"라고 분노하는 어떤 장애인 참여자의 '선동'으로 분위기는 한껏 달아올랐다.

"공무원은 교육 안 받나요?"

카리스마 넘치는 목소리뿐 아니라 침묵과 말없는 눈물도 참여자에게 또 다른 울림이 됐다. 자유롭게 생각하고 말할 수 있는 권리, 비밀을 가질 수 있는 권리, 건강할 권리 등 다양한 권리 중 하나를 누군가에게 주는 '권리 선물하기' 시간. "저는…… 그러니까, 저한테 선물을 주고 싶은데…… 아, 왜 이러지……." 차마 말을 잇지 못하고 길게 흐느끼는 한 참여자의 눈물은 장애인으로 살아온 삶의 모습이었다. 조용히 주목하던 다른 참여자들의 무언의 공감과 박수는 또 다른 선물이 되지 않았을까.

5시간의 긴 교육 끝에 한 참여자가 질문을 던졌다. "인권교육, 공무원은 안 받나요? 우리만 알고 끝나면 차별이 없어지지 않는데. 인권에 대해서 그 사람들도 꼭 알아야 한다고요." 질문이라기보다는 할 말 많은 이들의 질타였으리라. 참여자들은 인권교육 이후에 진행할 캠페인을 준비하고 있었는데, 아마도 앞의 질문에 답할 주인공을 벌써 발견한 듯했다.

모든 사람은 사상, 양심, 종고의 자유를

누릴 권리가 있다.

국가의 폭력은
왜 이렇게
자유로운가

국가유공자 가족 몰살 사건

군번 K1105264. 김은수 씨는 한국전쟁이 일어난 1950년 7월 11일 징집됐다. 스무 살이었다. 전남 해남에 살던 김 씨는 보성을 거쳐 순천 15연대에서 신병 훈련을 받았다. 인민군의 남하 소식이 전해지면서 부대는 마산을 거쳐 부산으로 옮겼다. 훈련을 마친 그는 대구에 있는 유엔군 제1기갑사단 8연대에 배치됐고, 얼마 지나지 않아 팔공산에서 인민군과 치열한 교전이 벌어졌다. 참호 속에 있던 김 씨의 동향 사람은 인민군의 박격포 공격을 직격으로 받았다. '꽝' 소리 뒤에 정신을 차리고 보니 "뼈도 못 추스르고 나뭇가지에 그이의 살점만 붙어 있었다"고 한다. 무서웠다. 하지만 그는 나라에 목숨을 맡긴 군인이었다.

그가 사고를 당한 건 부대를 따라 서울로 올라와 허허벌판 모래사장뿐이던 여의도와 마포를 거쳐 평양을 찍고 평안북도로 진격하던 때였다. 입대한 지 넉 달이 갓 지난 11월, 찬바람이 불었다. 앞서가던 물탱크 트레일

러가 튀어오르는 듯하더니 뒤따르던 김 씨의 가슴을 덮쳤다. '헉~' 숨이 막
혀왔다. 그는 마포에 있던 미군 야전병원을 거쳐 대구, 그리고 부산으로 후
송됐다. 여섯 달가량 치료를 받고 제대하게 된 김 씨는 계속 군에 남기를
원했다. 이등병으로 전역하기는 싫었다. 수원 비행장 경비를 맡던 13경비
대대에 다시 배속받았다.

첫 휴가 나와 보니 새까맣게 타버린 집

1952년 10월께 그는 첫 휴가를 명받았다. 식구들은 잘 있을까? 조금 불
안하기는 했다. 편지를 계속 보내도 답신이 없었기 때문이다. 전쟁통에 흩
어진 건 아닐까? 2년 넘게 떠나 있던 집으로 한걸음에 달려갔다.

해남군 계곡면 방춘리 집 앞에 선 그의 숨이 턱 막혀왔다. 집은 꺼멓게
불에 타 있었고 할머니와 부모, 두 형과 형수 어느 누구도 보이지 않았다.
마을 사람들에게 물었다. 순간 그는 자신의 귀를 의심하지 않을 수 없었
다. 모두 죽었다는 것이다. 가족의 숨통을 끊은 것은 한국 경찰의 칼빈 소
총 혹은 권총이라고 했다. 믿을 수 없었다.

국민보도연맹에 가입한 작은형은 김 씨가 입대하던 날 경찰에 끌려갔
다가 며칠 지나지 않아 진도 갈매기섬에서 다른 보도연맹원들과 함께 살
해됐다. 어머니가 섬에 가서 주검을 수습했는데 한쪽 어깨를 찾을 수 없어
그 상태로 가져와야 했다.

다른 지역에 비해 넓은 들을 갖춘 해남군 계곡면에는 대대로 농민에 대
한 억압과 수탈이 심해 일제 때부터 사회주의 운동이 활성화돼 있었다. 사
회주의자들은 해방 뒤 인민위원회에 몸을 담게 된다. 다른 지역에서 사회
주의 사상을 갖고 있던 이들도 이곳으로 몰려들었다. 덕분에 계곡면은 '해
남의 모스크바'라는 별명을 얻었다. 소학교만 졸업한 김 씨의 작은형은 일
본 와세다대학을 졸업하고 사회주의 사상을 갖고 있던 집안 형님을 따라
해방 뒤 반탁 운동을 벌였다고 한다. 1948년 5월에는 이 지역에서 남한 단

독선거 반대 궐기대회가 열리기도 했다. 이듬해 이승만 정부가 좌익 성향 인물들의 사상 전향을 유도하기 위해 창설한 관변 조직 보도연맹에 김 씨 형은 의무적으로 가입할 수밖에 없었다. 그리고 틈만 나면 붙들려가서 동향 파악을 당하는 '예비 검속'에 시달렸다. 전쟁이 나고 7월 말 인민군이 해남으로 진입하기 직전 국가권력은 보도연맹원들이 인민군에 부역하리라고 보고 미리 몰살에 나섰다.

'해남의 모스크바'에 들이닥친 '연좌제'

순천 김씨 집성촌인 이 마을에 살고 있는 김봉태 씨는 당시 상황을 이렇게 기억했다. "우린 우익을 따라갈 수 없었어. 우리 마을의 우두머리가 좌익이었응께. 그러다 경찰이 들어오고 나서는 밤이면 달아났어. 집에 가 있지도 못해. 밤이면 경찰이 잡으러 다니고 걸리면 죽으려고 하니까. 낮에는 훤하니까 무자비하게 못했지. 달아나는 사람들을 보면 총으로 쏘고 그랬어. 나도 물 마른 깊숙한 도랑에 가족들이랑 숨어 있다 날이 새면 들어오고 그랬어. 뱀은 나와봐야 무섭지도 안혀. 사람이 무섭제."

작은형이 처형되고 나자 '연좌제'의 어두운 그림자가 집안을 덮쳤다. '낮엔 한국 경찰, 밤엔 인민군'이 지배하면서 수시로 상대방에게서 선택을 강요받고 의심의 굴레를 벗기 어려운 때였다. 사람들은 인민군이 오면 "인민군 만세"를, 한국 경찰이 오면 "경찰 만세"를 외쳐야 했다. 당시 큰형은 인민군을 따라 산으로 올라간 뒤 이제껏 소식이 없다. 그 탓에 오늘내일 출산을 앞뒀던 형수도 경찰에 끌려갔고, 총에 맞아 숨졌다는 소식은 있었으나 주검은 수습하지 못했다고 한다. 경찰이 마을에 불을 지른 뒤 나머지 가족들은 닭장에 기거했는데, 이듬해 1월 닭장까지 찾아온 경찰의 총탄에 할머니가 목숨을 잃었다. 어릴 적 어머니 젖이 부족해 배를 곯던 김 씨를 위해 물레 품앗이를 하면서도 밥을 오물오물 씹어 입에 넣어주던 인자한 할머니였다. 김 씨 아버지도 경찰에 끌려갔다. 경찰은 얼마 뒤 "시신을 수

습해가라"고 통보했다. 함께 붙잡혀갔다 풀려난 어머니도 사흘 만에 다시 끌려가 세 발의 총탄을 가슴에 맞고 운명하고 말았다.

국군에 들어가서 목숨 걸고 인민군과 싸워온 김 씨에게 국가는 철저한 배신의 쓴잔을 안겼다. 말로 다 할 수 없는 분노가 피어올랐으리라. "그 얘길 듣고는 황당한 것도 아니고 아무것도 안 뵈었제. 지서를 찾아가 항의도 했어. 뭔 죄가 있어 (우리 식구들을) 죽였냐고. 느그가 안 죽여도 수복이 되면 검사국도 있고 재판부도 있고 한디, 거기 가서 해야지. 그랬더니 경찰들이 안하무인이여. 그 당시는 자기들이 안 있어서 모른다고 말이여. 미뤄분 것이제. 내가 그때 휴가 중이라 군복을 입고 갔는디, '총 하나 달라'고 그랬어. '뭣하려고 그러냐'고 그러기에 '느그들 다 쏴죽일라고 그런다'고 그랬제."

1954년 7월 1일 국군 일등중사(지금의 하사)로 전역한 김 씨는 그제야 어머니의 주검을 찾으러 나설 수 있었다. 처형이 이뤄졌다고 들은 부락에 들어가 수소문했다. 몇 년 전에 이러저러하게 여기서 숨진 어머니를 찾는다는 말에 마침 밭 주인이 "콧등에 사마귀 난 분 아니냐"고 물었다. 어머니가 맞았다. 밭고랑의 흙을 살살 덜어내자 뼈만 남은 어머니 주검이 나왔다. 스티로폼 상자에 유골을 담은 김 씨는 흐르는 눈물을 닦으며 버스를 타고 집에 돌아왔다.

무공훈장 받고도 '빨갱이 집안' 감시당해

정나미가 떨어진 마을을 떠나려다 당숙모의 만류로 다시 자리를 잡아 나갔다. 미군 구호품으로 집을 다시 지었다. "그래서 집이 허술하다"는 게 김 씨 생각이다. 동네 저수지 축조공사에서 막일을 했다. 어릴 적 보릿고개 한 번 겪지 않을 정도로 먹고살 만한 집안이었으나 풍비박산의 대가는 혹독했다.

'한번 빨갱이 집안은 영원한 빨갱이'라고 강변하고픈 걸까, 아니면 국가의 반인륜적 범죄에 대한 개인의 기억을 지우도록 강요하고픈 걸까. 국가는 부끄러운 과거를 스스로 밝히지 못했다. 비겁했다. 되레 전쟁이 끝나고도 10여 년 동안 김 씨 집 주변엔 경찰의 그림자가 어른거렸다. 혹시나 산으로 올라간 큰형이 찾아오지는 않을지 의심했던 것이다. "윗집에 살던 사람들이 그러더라고. 밤이면 어떤 사람들이 와서 몰래 엿듣더라고. 누군지 모르지. 근데 경찰 아니면 그럴 사람들이 없제."

10여 년 전까지만 해도 인근 마을 사람들은 '빨갱이 집안 출신'인 김 씨를 놓고 뒷말을 했다. 무슨 얘기를 하다가도 김 씨가 나타나면 얘기를 못했다. "나를 적대시하는구나……." 하지만 몇 다리 건너서 그는 자신에 대한 사람들의 속닥임을 들을 수 있었다. 요즘에는 괜찮다는 게 김 씨의 설명이다.

김 씨는 얼마 전 심장 수술을 받았다. 심장이 답답하고 무엇으로 쿡쿡 찌르는 듯한 고통이 계속됐기 때문이다. 동맥에 관을 집어넣어 심장의 혈관을 넓히는 수술이었다. 전쟁 때 당한 사고가 마음에 걸렸다. 전역 뒤에도 완연히 성치는 않던 심장이 10여 년 전부터는 더욱 가슴을 죄어왔다. 인터뷰 내내 그는 '흠흠' 하고 끊임없이 호흡을 가다듬었다. 심장의 답답함에 호흡곤란을 겪는 탓이다.

그가 안방 시렁에서 조그마한 상자를 하나 꺼냈다. 전역하면서 국방부에서 받은 무공훈장이었다. 열심히 잘 싸운 병사에게 국가가 표현한 고마움의 상징이다. 2008년 4월 25일 이명박 대통령이 보내온 국가유공자증도 있었다. 증서엔 "우리 대한민국의 오늘은 국가 유공자의 공훈과 희생 위에 이룩된 것이므로 이를 애국정신의 귀감으로서 항구적으로 기리기 위해 이 증서를 드립니다"라고 쓰여 있었다.

진실규명 결정과 국가 사과 기다릴 뿐
그는 60여 년 전 국가 폭력에 희생된 할머니와 부모, 형들의 얼굴이 또

렷이 떠오른다고 했다. 본인은 흰머리와 굵은 주름살에 덮였지만, 그가 기억하는 가족들의 얼굴은 젊을 적 모습 그대로다. 하지만 한 번도 꿈에서 본 적은 없다. "꿈? 안 나와. 나는 꿈을 못 꾸어. 왜 그럴까, 잉? 이런저런 것 생각하면 기가 막히제. 나라에 얘기하면 뭣해? 제주 4·3도 있고 나 말고도 수만인디……. (명예회복을 위한) 법이 제정된다면 모를까……."

진실화해위원회 말려 죽이기?

경찰청 과거사 진상규명위는 2006년 9월 "한국전쟁 당시 17,716명이 국민보도연맹과 관련해 처형당한 사실을 확인했다"며 "학살의 주체는 경찰과 국군이었다"고 밝힌 바 있다. 국가기관이 보도연맹원 학살의 실체를 인정한 첫 사례다. 하지만 희생자 규모 는 경찰의 기록만을 토대로 한 것이어서, 수십만 명에 이를 것이라는 유가족의 주장 과 상당한 거리를 보였다. 당시 한강택 경찰청 차장은 "국가는 어떠한 상황에서도 개 개인의 생명과 인권을 보호해야 하는 의무와 책임이 있고, 아무리 전시라도 국가기관 인 경찰과 군인이 적법한 사법 절차를 거치지 않고 민간인을 집단 살해한 것은 잘못 된 것이라고 생각한다"고 공식 사과했다.

울산 보도연맹 사건 희생자 추모식이 열린 2008년 1월에는 고 노무현 당시 대통령이 직접 사과를 했다. 그는 "대통령으로서 국가를 대표해서 당시 국가 권력이 저지른 불 법 행위에 대해 진심으로 사과드린다"며 "무고하게 희생당하신 분들의 명복을 빌고, 유가족 여러분께 깊은 위로의 말씀을 드린다"고 밝혔다. 보도연맹원 학살 사건에 대 한 대통령의 사과는 이때가 처음이다.

하지만 4년짜리인 진실·화해를 위한 과거사정리위원회(진실화해위)의 활동 기한이 이미 절반이 지나갔는데도 한국전쟁 당시 민간인 집단 학살에 대한 진상규명 작업은 아직 20퍼센트 선에도 이르지 못했다. 법에 따라 기한을 2년 더 연장한다고 하더라 도 접수된 사건을 모두 조사할 수 있을지 현재로서는 미지수다.

이런 상황에서 과거사 문제에 알레르기 반응을 일으키는 한나라당이 행정부와 국회 권력을 장악하면서 진상규명 작업은 더욱 동력을 잃고 있다. 진실화해위에 따르면 행 정안전부는 2008년 5월 위원회의 재계약 대상 전문계약직 12명 가운데 3명의 정원 을 줄이라고 통보했다. 설동일 진실화해위 사무총장은 "당시 실무선에서는 '그러려면 12명을 다 없애라'는 격한 반응이 나왔다"고 전했다. 2008년 3월께에는 행정안전부에 서 위원회에 파견된 5급 공무원이 사직했으나 정부는 결원 보충을 거부했다. 또 사직 등으로 그만둔 별정직 6명을 진실화해위가 신규채용하려고 하자 행정안전부는 파견 직을 보내주겠다며 이를 말렸다. 16개 시도에서 1명씩 파견된 지방직 공무원 가운데 근무 기간이 끝난 인천 시 쪽 정원 보충을 거부하는 데서도 이명박 정부가 과거사 문제 해결에 얼마나 소극적인지를 알 수 있다.

김동춘 진실화해위 상임위원은 과거사 문제 해결을 위해서는 '진실에 대한 전 사회적 공감'이 중요하다고 강조했다. "(보도연맹 사건 등 집단 희생 사건에서 중요한 건) 일차적으로 사회가 그들의 억울한 죽음을 아는 것입니다. (유가족) 본인이 당당하게 사회에 커밍아웃할 권리를 가져야죠. 그러려면 진실규명이 철저히 이뤄져야 하고 그 결과가 충분히 공개돼야 하고요."

사회주의자를 잡아라

하마터면 역사의 시계가 10여 년 뒤로 돌아갈 뻔했다. 북한과 연계됐다고 공안당국이 주장하는, 이른바 '주사파' 조직 사건을 빼고, '사회주의' 혹은 '노동해방'을 주장하는 단체에 국가보안법상 '이적단체' 딱지를 붙인 마지막 판결은 1992년에 나왔다. 서울고등법원은 1992년 11월 국제사회주의자그룹(IS)에 대해 "국가의 존립·안전이나 자유민주적 기본질서를 위태롭게 한다는 점을 알면서 국가 변란을 선전·선동하는 행위를 목적으로 하는 이적단체"라는 판결을 내렸다. 그리하여 국제사회주의자들은 1992년부터 2001년까지 10차례에 걸쳐 155명이 구속되는 기나긴 고초를 치렀다.

불교계 시국집회 임박해 터진 사건들

그 뒤로도 오랫동안 국가보안법의 칼날은 주로 '통일운동' 세력을 향했다. 물론 이적표현물 소지·유포 혐의로 시민과 군인을 체포하는 일이 이따금 벌어졌지만, 재판에서 혐의가 그대로 인정되진 않았다. 그러나 2008년 8월 마침내 북한에 '반대'하는 이들로 구성된 '조직 사건'이 터졌다. 경찰은 8월 26일 오세철 연세대 명예교수 등 사회주의노동자연합(사노련) 회원 7명을 체포했다. 그러나 공안당국의 의도는 일단 법원에서 제지당했다. 서울중앙지법 영장전담판사 3명은 28일 "사노련이 국가 변란을 선전·선동하는 행위를 목적으로 구성된 단체라는 점 또는 그 활동이 국가 존립의 안전이나 자유민주적 기본질서에 실질적 해악을 끼칠 위험성을 가지는 점에 대한 소명이 부족하다"며 이들의 영장을 기각했다.

영장은 기각됐지만 재판은 남아 있다. 사노련은 혁명적 사회주의 노동자당 건설을 목표로 삼지만, 북한 등 현실사회주의 체제에 매우 비판적인 조직이다. 사노련 운영위원장인 오세철 교수의 '신념'도 오랫동안 변하지 않았다. 그는 노태우 정권 시절에 민중회의 준비위원장, 김영삼 정권 시절엔 민중정치연합 대표, 노무현 정권 시절엔 '노동자의 힘' 대표를 역임했다. 그가 속한 조직들은 일관되게 자본주의를 비판했다. '좌파'로서 그의 정체성도 변하지 않았다. 그렇게 노무현·김대중 정권은 물론 김영삼·노태우 정권도 잡아가지 않았던 오세철 교수를 이명박 정부의 경찰이 국가보안법 위반 혐의로 체포한 것이다. 이렇게 공안당국에 '잃어버린 10년'은 '잊어버린 10년'이다. 10여 년 동안 한국 사회가 쌓아올린 민주주의의 진전과 인권 개선의 성과를 공안당국은 잊고 싶은 듯이 보인다.

더구나 시점이 묘했다. 불교계의 대규모 시국집회가 열리기 하루 전에 사노련 조직원이 체포됐고, 집회 당일엔 여간첩 사건이 발표됐다. 경찰의 발표를 보면, 간첩 사건은 두어 해 전부터 조사해왔고 사노련 사건은 이미 체포영장을 받아둔 상태였다. 그래서 경찰이 사건을 준비하고 시점을 기다렸다가 터뜨렸단 추측이 설득력을 얻는다. 박래군 인권운동사랑방 상임활동가는 "불교계 행사에 물타기를 하고 촛불집회에 찬물을 끼얹으려는 의도가 분명하다"고 지적했다. 사노련 사건의 수사 주체에서도 사건의 성격이 엿보인다. 이 사건의 변호를 맡은 '민주사회를 위한 변호사모임'(민변) 김도형 변호사는 "국가보안법 조직 사건은 관례상 서울경찰청 보안과에서 수사한다"며 "이번 사건의 수사 주체는 남대문경찰서로 매우 이례적"이라고 말했다. 그는 "남대문경찰서는 종로경찰서와 함께 촛불집회를 주로 관할하는 경찰서가 아니냐"고 덧붙였다. 촛불을 겨냥한 사건이란 것이다. 경찰은 사노련이 촛불집회에 참여해 유인물을 배포하고 거리행진에 참여한 점을 문제 삼기도 했다.

사노련 체포가 돌출 사건은 아니다. 불길한 예감은 2008년 초부터 감지됐다. 전북경찰청 보안수사대는 1월 29일 '남녘통일 애국열사 추모제'에 중학생 180명을 인솔해 간 혐의로 교사 김아무개 씨를 구속했다. 2006년 12월에 열린 추모제 참가를 1년여 뒤에야 문제 삼은 것이다. 한총련 의장 시절부터 10년이 넘게 수배생활을 지속해온 윤기진 범청학련 남쪽본부 의장도 '하필이면' 이명박 대통령 취임 이틀 뒤인 2008년 2월 27일 체포됐다.

촛불집회가 뜨거워진 뒤로는 공안정국의 그림자도 짙어갔다. 국군기무사령부가 6월 2일 개인 블로그에 레닌의 〈제국주의론〉 등에서 인용한 글을 올리고 〈마르크스의 혁명적 사상〉 책자를 소지한 혐의(국가보안법상 이적표현물 소지 등)로 육군 6군단 소속 전아무개 하사를 체포했다. 기무사는 비슷한 시기에 학생운동 경력이 있는 해병대 권아무개 소위, 특전사 이아무개 중위를 이적표현물 소지 혐의 등으로 체포했다. 하지만 군검찰은 전하사에 대해 불기소 처분을 내렸다. 당시 권 소위 등을 접견한 김종웅 변호사는 "기무사가 조직 논리에 따라서 이들을 체포했지만, 군검찰은 신경도 쓰지 않는 분위기였다"고 전했다. 이렇게 공안경찰, 기무사 등이 자신의 존재를 증명하려는 시도는 계속됐고 이따금 좌절됐다.

체포영장엔 촛불집회 도로교통법 위반뿐

이렇게 공안정국의 분위기는 2008년 초부터 물밑에서 형성되고 있었다. 조직 사건에 대한 소문도 있었다. 한지연 민주화실천가족운동협의회(민가협) 간사는 "대학로 등 사회과학 서점에서 경찰로 보이는 사람들이 사노련 간행물 〈사회주의냐 야만이냐〉 등을 사간다는 얘기가 전부터 있었다"고 전했다. 이어 그는 "2007년 연말부터 조직 사건 20건이 준비돼 있다는 얘기도 나돈다"고 덧붙였다. 어쩌면 사노련 사건이 공안정국의 끝이 아니라 시작인 것이다.

그렇다면 왜 사노련이 첫 표적이 됐을까. 한지연 간사는 "사노련처럼 작은 조직을 상대로 먼저 이적단체 판결을 받은 다음에 조금 더 대중성 있는 조직을 노렸을 가능성이 있다"고 분석했다. 더구나 오세철 교수는 사회주의를 공공연히 주장해온 터라 '사건'을 만들기에 좋다고 판단했을 가능성이 있다는 것이다. 그는 "그렇게 선례를 만들면 색깔이 사노련보다 희미한 조직도 걸려들 가능성이 커진다"고 덧붙였다.

사노련은 2008년 2월 23일 출범한 조직이다. 대중행동강령으로 △비정규직 철폐 △노동시간─고용 연동제 △완전한 파업권 쟁취 △노동자 생산 통제 등을 내세운다(사노련 누리집 swl.jinbo.net 참고). 사노련은 혁명적 사회주의노동자당 건설을 목표로 노동해방연대, 울산노동자신문 등 4개 조직이 결합해 만들었는데, 구속된 7명 가운데 전국비정규직노조연대회의의 집행위원장을 지낸 노동운동가 오민규 씨 등이 포함돼 있다. 민주노총 안에서 '현장파'로 분류되는 이들은 비정규직 투쟁에 앞장서왔다. 한상희 건국대 법대 교수는 "이적단체라는 말은 적을 이롭게 한다는 말인데, 사노련은 노동자를 위한다고 했으니 이적(利敵)의 적(敵)은 노동자란 말인가. 그렇다면 전국의 노동조합이 이적단체가 아니냐"고 지적했다.

더구나 사회주의는 더 이상 금기가 아니다. 이제 한국에는 사회주의를 지향하는 운동조직이 드물지 않다. 한국에서 사회주의자의 커밍아웃은 1989년 인천지역민주노동자연맹(인민노련) 사건으로 거슬러 올라간다. 윤철호 씨 등 인민노련 사건으로 구속된 이들이 법정에서 자신이 사회주의자라고 공개 선언한 것이다. 이들의 사회주의자 선언은 1990년 발간된 〈그렇소, 우리는 사회주의자요!〉에 담겼다.

2002년 서울시장 선거 당시 원용수 사회당 후보가 텔레비전 토론회에서 "저는 사회주의자입니다. 사회주의자 후보가 출마한 것을 어떻게 생각하십니까?"라고 물었고 이명박 한나라당 후보는 "좋은 일이지요. 함께 토론도 하고 얼마나 좋습니까?"라고 답했다. 이렇게 1987년 이후 한국에서 사회주의는 '시민권'을 획득해왔다. 더구나 사노련은 '공개' 조직으로 그들의 주장과 활동은 누리집을 통해서도 얼마든지 확인된다. 사노련 사건의 변호를 맡은 김도형 변호사는 "주장이 공개돼 있어서 증거 인멸의 우려가 없고 오세철 교수처럼 신분이 확실한 사람들이니 불구속 수사가 당연하다"고 지적했다.

경찰은 사노련의 상비군 폐지와 민병대 창설 주장을 문제 삼는다. 김도형 변호사는 "국가보안법에 대한 합헌 판결 당시에도 사상의 자유는 인정하되 '명백하고 현존하는 위험'에 대해서만 보안법을 엄격히 적용해야 한다고 했다"며 "이들의 행동은 체포영장에서 경찰이 지적하듯이 촛불행진에 참여해 도로교통법을 위반한 사실 정도다"라고 지적했다. 행동하지 않았는데 주장만으로 처벌하는 것은 과도한 법적용이란 것이다.

한상희 교수는 "명백하고 현존하는 위험이란 개념까지 동원할 필요도 없다"며 "촛불집회에 참석하는 것이 폭력행동이라면 집회에 앉아서 신자유주의 반대를 외친 사람은 모두 잡아야 한다는 말이냐"라고 말했다. 더구나 경찰이 추정하는 사노련 회원은 70명을 넘지 않는 것으로 알려졌다. 과연 70명이 결성한 단체가 '자유민주주의 기본질서를 위태롭게 하고 국가변란을 선전·선동할 목적'의 이적단체로서 위력을 가질까.

최근 판결에서 국가보안법상 이적단체 규정은 비교적 엄격히 적용돼왔다. 대법원은 2007년 12월 일심회 관련자 3명에 대해 국가보안법상 회합·잠입·탈출죄를 인정해 최고 7년형을 선고했다. 하지만 북한의 기관원과 만난 혐의로 기소된 일심회조차 이적단체로서 '단체성'은 1·2·3심에서 한번도 인정되지 않았다. 2008년 1월엔 군사시설 등을 촬영해 국가보안법 위반 혐의로 기소된 사진작가 이시우 씨가 무죄판결을 받았다. 앞서 연말엔 비전향 장기수 묘역에 '불굴의 통일애국투사' 글귀를 새겨넣어 국가보안법 위반 혐의로 불구속 기소된 권낙기 통일광장 공동대표가 항소심에서도 무죄판결을 받았다.

비록 국가보안법은 존치했지만 국가보안법 적용은 '잃어버린 10년' 사이에 줄어왔다. 국가보안법 위반 혐의로 입건된 사람은 1998년 785명에서 2007년 64명으로, 10분의 1 선으로 줄었다. 하지만 공안당국은 정권 교체를 계기로 다시 국가보안법의 화려한 부활을 도모하고, 사노련에 이적단체 규정까지 적용하는 무리수를 두고 있다.

"사노련 사건은 인권 악화 신호탄"

공안당국의 '들이대기'는 끝이 없다. 검·경은 여간첩 원정화 씨 사건으로 구속된 황아무개 대위에 대해 불고지죄를 적용했다. 박래군 활동가는 "1992년 중부지역당 사건 이래로 불고지죄가 처음 적용됐다"고 지적했다. 앞서 경찰은 윤기진 범청학련 남쪽본부 의장에게 은신처 등 편의를 제공한 혐의로 육아무개·김아무개 씨를 불구속 입건했다. 국가보안법 중에서도 인격을 파괴하는 조항으로 지적돼 사실상 사문화됐던 불고지죄와 편의제공 혐의가 역사를 거슬러 되살아난 것이다.

갈수록 후퇴하는 한국의 인권 상황은 국제적 관심사로 떠오르고 있다. 국제앰네스티 한국지부 김희진 사무국장은 "한국 하면 국가보안법을 떠올릴 정도로 국가보안법은 국제사회의 오랜 관심사"라며 "사노련 사건을 국제사회가 한국의 인권 상황이 악화되는 신호탄으로 받아들일 가능성이 크다"고 말했다. 그는 또 "한국은 아시아의 인권국가로 이미지를 쌓아왔다"며 "이를 무너뜨리는 것은 국익에도 전혀 도움이 되지 않는다"고 덧붙였다.

경찰은 거리에서 하늘색 물감으로 '불가촉' 시민을 구분하고, 국가보안법으로 빨간색을 덧칠하고 있다. 이렇게 촛불집회 강경진압으로 집회·시위의 자유가 위협당하고, 국가보안법 적용으로 사상의 자유가 위기에 처했다. 사노련 활동가처럼 느닷없이 들이닥친 경찰에 잡혀가는 '연행의 추억'이 악몽처럼 살아났다. 연행의 현실 앞에서 오히려 "나부터 잡아가라"는 항의의 목소리가 터져나온다. 이적(利敵)단체의 이적은 이적(李敵), 즉 '이명박을 적대시하는 행위'라는 비아냥도 들린다. 인권이냐, 야만이냐. 지금 한국은 기로에 서 있다.

이런 거 썼다가 혹시 또

박진 다산인권센터 상임활동가

계속 복통이다. 설사 때문에 화장실을 들락거린 지 한 달이 넘었나 보다. 인권활동이 워낙 시급한 일들에 대응하는 것이라 몸도 마음도 쉴 틈이 없다지만, 요즘은 새롭고 또한 굵직하기까지 한 사건들 때문에 더욱 바쁘다. 바쁘기만 한 것이 아니라 정신적으로도 피로하다. 사건 피해자들의 하소연을 듣다 보면, 복통이든 두통이든 안 생기는 게 이상할 노릇이다.

촛불시위가 있던 날, 친구와 커피를 마시다가 커피숍에서 나오자마자 때 아닌 하늘색 색소가 옷에 묻어 경찰에게 그냥 잡혀갔다는 시민이 있다. 이 사람은 48시간을 거의 채우고 경찰서에서 풀려나자마자 아는 목사님에게 전화를 해서 "하나님이 계신 거냐"고 물었다고 한다.

조·중·동 광고거부 운동을 하던 네티즌은 업무방해 혐의로 구속영장이 청구됐고, 심지어 법원은 이 가운데 2명의 구속영장을 발부했다. 의견을 말할 자유가 경찰·검찰·법원에 의해 박탈되고 있다. 온라인이든 오프라인이든 가리지 않고.

심지어 무덤 속에서 주무시고 계실 거라 생각했던 국가보안법까지 등장했다. 그것도 조직 사건이다. 오세철 연세대 명예교수를 포함한 사회주의노동자연합(이하 사노련) 설립자 8명이 줄줄이 공안기관에 끌려갔다. 국방부는 장하준 교수의 〈나쁜 사마리아인들〉을 포함한 23종의 금지도서를 '추천'해 판매고를 올려주기도 했다. 여기에 '마타하리 사건'이라 불리는 여간첩 사건까지 등장했다. '공안정국'임이 분명하다.

그런데 이놈의 공안정국은 그물망에 걸린 이들만을 피해자로 만드는 것이 아니라서 더욱 문제다. 그러니까 공안정국은 내 몸의 복통만 불러온 게 아니다. 네티즌들은 무슨 일이 생기면 어김없이 '수사' '엄단' 조처를 발표하는 정부의 방침에 의해 순식간에 위축됐다. 사실 정부가 노린 것도 이러한 위축 효과다. 법적으로 타당하든 타당하지 않든 일단 엄포를 놓으면 마음속에 불안과 공포의 자리가 커지게 마련이다. 나조차도 키보드를 누르면서 머릿속 검열 장치가 수초 동안 수백만 전구를 깜짝거리는 마당이다. '이거 써서 또 어떻게 되는 거 아닌가 몰라……' 같은 종류의 불안이 자꾸 생긴다. 그래서 사람들은 내면으로부터의 두려움에 의해 말할 기회를 포기하게 된다. 표현의 자유가 강탈당한 것이다. 물론 불법 검문, 하늘색 물대포, 무조건 연행, 방패와 곤봉에 의한 거리의 공포는 말할 것도 없다.

그런데 아이러니하다. 공안정국 때문에 불안과 공포에 시달리는 이들이 점점 늘어만 가는데, 정작 공안(公安)의 뜻은 '공공의 안녕과 질서가 편안히 유지되는 상태'이니 말이다. 분명 지금 이 순간이 누군가에게는 안정과 질서가 바로잡히는 편안한 상태임에는 분명하다. 하지만 원래 좀 시끄럽고 불편하고 그러면서도 꼭 필요한 민주주의를 원하는 이들에게 지금은 결코 편안하지 않다.

정부는 중앙의 원형 공간에 높은 감시탑을 세우고 감시탑 바깥의 원둘레를 따라 죄수들의 방을 만들도록 설계해, 감시자의 시선이 어디로 향하는지를 알 수 없어 죄수들이 스스로 규율과 감시를 내면화하게 한다는 원형 감옥 파놉티콘(Panopticon)에 국민을 가두었다. 공안을 원하는 자들에 의해 전 국민이 감옥에 갇혀버린 대한민국. 어쩔까? 국가보안법 위반을 각오하고 외쳐볼까? "이 땅의 갇혀 있는 민주주의와 복통 해방을 위해 겨레여 단결하자!" 아이고 무서워라.

'원정화'로 탈북자 토끼몰이?

"제2, 제3의 '간첩 원정화'가 줄을 이어 기다리고 있다."

2008년 8월 27일 수원지검의 '간첩 원정화 사건' 발표 뒤 탈북자 지원단체 관계자들이 입을 모아 하는 말이다. 이 말은 대한민국에서 암약하는 '탈북자 간첩'이 그만큼 많다는 뜻이 아니다. 현재 탈북자들의 남한 생활은 옛 잣대로 재단할 수 없이 크게 변했는데, 이를 무시하고 경직되게 국가보안법을 적용하면 상당수 탈북자가 '간첩'이 될 수밖에 없다는 뜻이다. 지원단체 관계자들은 특히 "많은 탈북자들이 생활고에 시달리고 있으며, 안보강연·대북무역 등을 주 수입원으로 삼는 이들도 꽤 있다"며 "검찰이 이를 '간첩 행위'로 오판한다면 탈북자들의 자활 의지를 꺾고 이들을 사회보장제도에만 의지하는 최빈곤층으로 떨어뜨려 큰 사회적 부담이 될 것"이라고 우려한다.

수원지검은 "탈북자로 위장 잠입한 간첩 사건"을 발표하면서 함경북도 청진 출신의 원정화 씨가 북한 국가보위부의 지령에 따라 2001년 조선족으로 위장 잠입한 뒤, △2006년 11월 말부터 2007년 5월 말까지 총 52차례에 걸쳐 군부대에서 안보강연 활동을 하면서 북한 CD를 트는 등 북한을 찬양하고 △대북무역을 한다는 구실로 중국 단둥 민경련 부대표로 있는 '윗선'과 10여 차례에 걸쳐 접선하고 △결혼정보업체에 등록해 결혼 상대자로 군인을 만나 포섭하려 한 것을 주요한 혐의로 들었다. 수원지검은 또 원 씨가 남한 투자가와 함께 원 씨의 가족이 운영하는 북한 청진 외화상점에 4만 달러를 투자하고 지분 50퍼센트를 갖기로 한 것 등에 대해서도 불법성을 강조했다.

하지만 탈북자 지원단체 관계자들은 이런 사실들이 '간첩'의 증거라기보다는 "탈북자들의 빈곤한 삶을 드러내는 것일 뿐"이라고 지적한다. 지금까지 남한에 들어온 탈북자는 약 14,000여 명이며, 2001년 이후 해마다 1,000명 이상이 들어오고 있다. 2008년에는 1~6월에만 1,748명이 들어왔다. 현재 탈북자들은 정부로부터 정착금 600만 원과 주거지원금 1,300만 원을 받는다. 한때 수천만 원의 정착지원금과 함께 직장까지 알선받은 '좋은 시절'도 있었지만, 탈북자 수가 급증하면서 정부의 지원은 급격히 줄어들었다.

생활은 변했는데 법 적용은 경직돼

문제는 탈북자들이 정부 지원 없이 '자활'할 수 있는 공간이 협소하다는 것이다. 탈북자에 대한 남한 사회의 거부감이 크기 때문이다. 2005년에 입국한 여성 탈북자 김연주(가명) 씨도 그 거부감을 생생하게 체험한 탈북자 중 한 명이다. 북한에서 미술 교사였던 김 씨는 직장을 구하지 못해 생활고에 시달리다, 2006년 어렵사리 복지관 미술강사 자리를 구했다. 복지관에만 탈북자라는 사실을 알렸고 수강생들에게는 밝히지 않았다. 그런데 김 씨가 사용하는 말투와 용어로 탈북자임을 알게 된 수강생들은 복지관에 거칠게 항의했고, 수업시간에는 김 씨에게 인신공격에 가까운 모욕을 주었다고 한다. "빨갱이에게 배울 수 없다"는 수강생들의 강경한 태도에 그는 결국 강의를 포기할 수밖에 없었다는 것이다.

탈북자 지원단체 관계자들은 "이런 상황에서 강사료가 20만 원 정도인 군 안보강연은 탈북자에게 중요한 소득원이 된다"고 말한다. 한 탈북자 지원단체 관계자는 "많은 탈북자들이 군 안보강사 자리를 얻기 위해 알고 지내는 탈북자 지원단체 간부, 경찰·군 관계자, 국정원 요원들에게 부탁하는 것으로 안다"고 밝혔다. 원정화 씨도 2006년 9월 탈북자 지원단체 관계자에게 "사업이 망해서 쌀 사먹을 돈도 없다. 먹고살기 힘드니까 도와달라"고 도움을 요청한 뒤 겨우 안보강의를 할 수 있었다. 또 다른 지원단체 관계자는 "원 씨가 군 안보강연 도중 북한 CD를 틀었다는 부분도 북한을 '찬양'할 의도는 아니었을 것"이라고 지적한다. 그는 "안보강사 경쟁률이 높은 상황에서, 강의를 재미있게 해 강사 자리를 계속 유지하는 게 주 목적이었을 것"이라고 추측했다.

원정화 씨가 벌였다는 대북사업도 탈북자들의 귀가 솔깃해지는 사업 영역이다. 무엇보다 북한에 가족과 친척이 남아 있고 북한 상황을 잘 알기 때문에 북한 건강식품이나 해산물 등을 들여오는 데 경쟁력이 있다고 본다. 사업을 위해서는 '북한 주민'을 접촉할 수밖에 없는데, 통일부에 '북한 주민 접촉신청'을 한 뒤 만나면 법률상 아무 문제가 없다. 원정화 씨도 통일부에 '정선무역'이라는 대북 무역업체를 공식 등록했다. 정부가 규정한 적법한 절차를 충실히 따른 것이다.

2006년에 입국한 탈북자 정민석(가명) 씨는 "'원정화 간첩 사건'은 대한민국 국민이면 누구나 가능한 대북 무역사업을 탈북자가 했다는 이유로 사시적으로 본 것 같아 안타깝다"고 말한다. 이 사건의 여파로 탈북자들이 대북사업에 발을 들여놓기가 더 어려워진다면, 가뜩이나 협소한 탈북자들의 직업선택권이 더욱 크게 축소되는 셈이다.

"생계 걱정에 간첩 의심까지… 힘들다"

군인을 포섭하기 위해 결혼정보업체에 등록했다는 검찰의 주장에 대해서도 탈북자들이 처한 상황을 잘 모르는 데서 나온 오해이거나 왜곡이라는 지적이 많다. 사실 적령기의 탈북자에게 결혼 문제는 큰 고통이다. 한 탈북청소년 대안학교 교사는 "결혼 적령기의 탈북자가 남한 사람들을 만나 결혼에 성공하는 것은 거의 불가능하다"고 지적한다. 탈북자들에 대한 거부감은 차치하더라도, 탈북자들의 경우 남한 사람들이 배우자를 만날 수 있는 세 가지 주요 경로인 지연, 학연, 직장의 인연에서 모두 배제돼 있기 때문이다. 이 교사는 "여성 탈북자들의 경우 결혼정보업체에 등록하는 것 외에 남한 사람과 결혼할 수 있는 다른 가능성은 거의 없다"고 지적한다. 탈북 남성들은 그나마 결혼정보업체 등록도 하지 않는다. 여성 탈북자들과는 달리, 등록해봐야 만나자는 연락조차 거의 없기 때문이다.

원정화 씨가 청진 외화상점에 4만 달러를 투자한 것도, 최근 탈북자들의 변화를 살펴보면 낯선 일이 아니다. 한 탈북자 지원단체 간사는 "최근 입국한 탈북자들 중 상당수가 돈을 모아 북에 남아 있는 가족에게 송금하는 것으로 안다"고 말한다. 지금 북한 내부가 상당히 시장화하고 있는 상황에서, 북한 주민들은 시장에 매대(판매대)라도 하나 장만해야 먹고살 수 있다는 것이다. 그런데 문제는 매대 허가권을 얻는 데 상당한 돈이 든다는 점이다. 이 간사는 "그 돈을 북한 내부에서 마련하기는 매우 어렵다"며 "1970년대 남한의 노동자들이 중동에 가서 목돈을 마련해왔듯, 탈북자들이 남한에서 돈을 번 뒤 북한 가족에게 송금해 생계 터전을 마련해주는 경우도 드물지 않다"고 지적한다. 국가보안법 등 현행 법률로 따지면 이것은 당연히 불법이다.

탈북자들은 권위주의 정권 아래서 '남한 체제의 우월함'을 드러내는 '선전의 도구'로 쓰였다. '원정화 간첩 사건'은 그런 시각이 검찰 내에 여전히 남아 있음을 보여준다. 탈북자들의 어려움과 상황 변화를 전혀 고려하지 않고, '수구적이고 냉전적 잣대'로만 그들을 재단하는 시각을 드러냈기 때문이다. 이와 관련해 원정화 씨와 비슷한 시기에 입국한 이남수(가명) 씨는 "생계 걱정에 간첩 혐의에 대한 걱정까지 떠안아야 한다면 남한 생활이 더욱 힘들어질 것"이라고 탈북자들이 느끼는 압박감을 호소했다. 한 탈북청소년 대안학교 교사는 "'원정화 간첩 사건'이 '탈북자들의 인권 문제를 본격 조명하는 계기가 돼야 한다"고 힘주어 말했다. 탈북자들도 '대한민국 국민'으로서 인권을 누릴 권리가 있는 사람들이기 때문이다.

함량미달 사건을 또 보게 될 줄이야

이명박 정권이 들어서더니 다 죽은 줄 알았던 국가보안법이 때아닌 회춘을 하고 있다. 통일 교육을 하는 전교조 선생님들을 잡아넣더니 사회주의노동자연합(사노련) 사건을 일으키고, 급기야 '미모'의 탈북자 여간첩 원정화를 체포했다고 한다. 그런데 시중에는 폐지됐던 '헹님뉴스'의 대사가 들려온다. "간첩이 간첩다워야 간첩이지."

작은 섬 어부들이 줄줄이 잡혀간 이유

나는 2004년 10월부터 꼬박 3년간 국정원 과거사위원회에서 일했다. 수십 년 전의 간첩 사건들을 뒤적이면서 다시는 이런 함량 미달의 간첩을 못 볼 줄 알았다. 국정원 과거사위에서 일하는 동안에 일심회 사건이 일어났지만, 그래도 그때는 간첩이냐 간첩'단'이냐를 놓고 논란은 있었어도, 고문이나 가혹행위 등 불법 수사의 잡음은 없었다. 그런데 이명박 정권이 들어서더니, 〈조선일보〉조차 그 실체를 의심하는 한국판 '마타하리 사건'이 터졌다.

국정원 과거사위 시절, 나는 조작 의혹이 제기되는 간첩 사건의 진실 규명을 해야 한다고 강력히 주장해 조사책임을 맡았다. 의심이 가는 사건은 많았지만 일단 16건을 추려서 검찰에서 기록을 복사해왔다. 그러나 시간과 인력의 부족으로 겨우 4건을 조사했을 뿐이다. 1980년대 대표적인 조작 간첩 사건인 '송 씨 일가 사건'의 중심인물 송기복 씨는 내게 자신은 '축복받은 간첩'이라며 울먹였다. 민주화운동 진영조차도 간첩이라면 외면하던 시절에 인권변호사들이 함께해주고, 대법원에서 두 번이나 무죄판결도 받아보았으며, 국정원이 사건을 재조사해 조작됐다고 얘기해주었으니, 그 수많은 간첩 중에 자기처럼 복 많이 받은 간첩도 없다는 것이다.

형장의 이슬로 사라진 이른바 인혁당재건위 사건 관련자 8명도 재심에서 무죄판결을 받았고, 함주명·강희철·차풍길 등 '간첩'들도 재심에서 무죄를 선고받았다. 아직 재심 절차에 들어가지는 않았지만 진실과 화해를 위한 과거사정리위원회와 국정원·국방부·경찰의 과거사위원회 조사 결과 사건이 조작됐다고 결론이 난 사례도 여러 건이 있다. 한편에서는 잘못된 과거사를 바로잡는 일을 하고 있는데, 또 한편에서는 미래의 과거사를 열심히 만들고 있는 것이다.

국정원 과거사위에서 간첩 사건을 세밀하게 조사하다 보니 억장이 무너져 서류를 덮고 멍하게 있는 일이 하루에도 몇 번씩 되풀이됐다. '미법도'라는 인구 100여 명의 작은 섬이 있다. 강화도에서 석모도로 배를 타고 들어가 다시 작은 배로 갈아타고 들어가는 외딴섬이다. 이 섬에서만 1970년대 초반에서 1980년대 후반에 걸쳐 다섯 차례나 간첩 사건이 일어났다.

처음 내가 납북 어부 정영 사건을 조사하려 하자 몇몇 지인들은 이 사건이 억울한 점이 많은 것 같다면서도 "간첩이 제보한 간첩 사건"이라는 이유로 걱정을 했다. 그런데 이 사건을 제보한 간첩인 황용윤 사건에 관한 자료를 들춰보니 쓴웃음밖에는 나오지 않았다. 정영과 황용윤은 1965년 같이 납북돼 이북에서 같은 여관, 같은 호실에 머문 사이였다. 황용윤을 제보한 안희천, 안희천을 제보한 안장영 역시 모두 같이 납북됐던 '납북 동기'였다. 곶감 꼬치에서 곶감을 하나씩 빼먹듯 가난하고 배우지 못한 납북 어부들이 차례차례 간첩으로 만들어졌다.

미법도의 마지막 간첩 정영은 악명 높은 고문기술자 이근안이 납북 어선의 선장 안장영을 처음 간첩으로 만들러 미법도에 들어왔을 때, 이근안을 먹여주고 재워주고 또 안장영의 재판에 나가 증언까지 한 예비군 소대

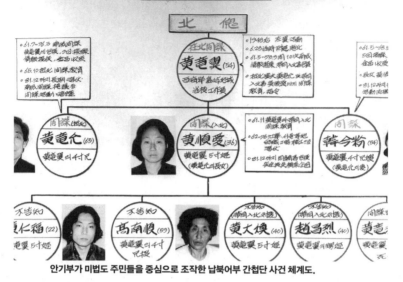

事件体系図

北傀

在北間諜
黃龍翼 (54)

안기부가 미법도 주민들을 중심으로 조작한 납북어부 간첩단 사건 체계도.

장이었다. 그런 그가 몇 년 뒤 간첩이 된 것이다.

1950년대만 해도 북에서 남파된 공작원이 수개월 만에 잡혔는데도 간첩죄가 아니라 간첩미수죄로 기소되는 일이 드물지 않았다. 그만큼 간첩죄가 엄격히 적용됐던 것이다. 내가 인터뷰한 어느 남파 공작원은 밀봉교육을 다 받고 몇 달 동안 대기하다가 남파됐다고 한다. 왜 출발이 지연됐냐는 물음에 그는 웃으며 "배가 없어서"라고 답했다. 1960년대 후반에는 어찌나 공작원이 많이 남파됐던지 배를 배정받는 데 그렇게 오래 걸렸던 것이다.

1972년 7·4 남북 공동성명 이후 '간첩업계'에는 불황이 찾아왔다. 남북 간에 서로 별로 효과도 없는 공작원 침투를 그만두기로 '신사협정'을 맺은 것이다. 물론 이 신사협정은 잘 지켜지지 않았다. 그러나 남쪽이 적발한 간첩통계를 보면 간첩 수가 확연히 줄어든 것만은 분명하다. 1951년부터 1996년까지 남한 당국은 모두 4,495명의 간첩을 생포·사살·자수 등의 형태로 적발했는데, 1950년대와 1960년대는 각각 1,600명 선이었던 것이 1970년대에는 681명으로 절반 이하로 줄어들었는데, 그나마 상당수가 1950년대나 1960년대에 이미 남파된 사람들이었다. 1980년대에 적발된 간첩은 340명으로 다시 1970년대의 절반으로 줄어들었고, 1990년부터 1996년까지는 모두 114명으로 1980년대의 3분의 1로 감소했다.

남북 "효과 없는 공작원 감축하자"

적발되는 간첩 수가 줄어드는 것과 반비례해서 억울함을 호소하는 조작 의혹 간첩 수는 늘어가기만 했다. 7·4 남북 공동성명 이후 생포된 1,000여 명의 간첩 중, 북쪽이 직접 파견한 '직파 간첩'의 수는 아마도 30~40명을 넘지 않을 것이다. 그 나머지를 모두 조작된 것이라고 할 수는 없지만, 순도가 떨어지는 함량 미달의 간첩이 차고 넘치게 된 것은 분명하다.

함량 미달의 간첩이 대거 출현한 데에는 1972년 박정희의 유신 쿠데타 이후 사법부가 제구실을 못하게 된 책임이 크다. 그 시절 사법부는 사법부대로 "오욕과 회한의 역사"(이영섭 대법원장의 퇴임사에 나오는 말)를 겪어야 했지만, 인권의 최후 보루여야 할 사법부가 제구실을 못할 때 안기부와 보안사의 지하실을 거쳐온 시민들은 자백만으로 북한을 여러 차례 왕래한 간첩으로 새롭게 태어났다. 수십 일 동안 고문을 받고 허위 자백했다고 호소하는 피고인에게 바지 한번 걷어보라고 말해주는 판사가 없었다. 법은 그렇게 시민과 멀어져갔다. 인권이 사라진 곳에 '남한산 간첩'만 늘어갔다.

납북 어부와 재일동포들은 가장 손쉬운 간첩의 재료였다. 남파 공작원에게도 간첩죄가 적용되지 않을 수 있었던 1950년대의 엄격한 기준만 지켜졌어도 1970~80년대에 적발된 간첩 수는 공식 통계보다 한참 적어졌을 것이다. 국가기밀·군사기밀이라고 하면 우리는 어마어마하게 중요한 사항을 떠올리게 된다. 흔히 하는 농담으로 "뭘 알아야 누설이라도 하지"라고 하지만, 그런 걱정은 할 필요가 없다. 궁벽한 낙도에 사는 배우지 못한 납북 어부도 공안당국이 보기에는 걸어다니는 기밀 덩어리였다. 예비군 초소의 위치며, 교대 시간이며, 뭍으로 나가는 배 시간표며, 어느 것 하나 국가기밀이 아닌 게 없었다. 신문과 잡지에 나서 대한민국 사람이라면 누구나 알고 있는 사실이라도 '적'에게 알려져 적을 이롭게 할 수 있는 내용이라면 당당한 국가기밀이 되었다.

118일 불법 구금과 고문 앞에 자백

만약에 사법부가 고문을 당했다고 호소하는 사람한테 옷이라도 걷어보라고 했다면, "자장면은 맛있다"나 "경부고속도로는 4차선이다"가 간첩이 팔아넘긴 국가기밀이라고 쓰인 공소장을 보고 이딴 게 무슨 기밀이냐고 호통이라도 쳤으면 그 기나긴 조작간첩 사건의 연쇄 고리는 진작에 끊어졌을 것이다.

한국판 '드레퓌스 사건'이라 불리는 송 씨 일가 사건의 경우 최장 118일간의 불법 구금과 고문으로 얻어낸 자백이 유일한 증거였다. 대한민국에서 국가보안법은 초헌법적 지위를 누려왔다. 나는 내 자백만으로 처벌받지 않지만 내 동생의 자백은 나의 자백을 보강해주는 증거고, 또 나의 자백은 내 동생의 자백에 보강 증거가 되는 것이다. 이렇게 해서 일가족 간첩단의 공소는 유지됐다.

1심과 2심에서 유죄판결을 받은 송 씨 일가 사건의 피고인들이 대법원에서 이일규 판사를 주심 대법관으로 만난 것은 큰 행운이었다. 이일규 판사는 법과 양심에 따라 이 사건을 무죄 취지로 파기 환송했다. 그러자 안기부는 발칵 뒤집혔다. 여태까지의 간첩 사건에서 자백은 '증거의 왕'이었다. 이제 무전기도, 난수표도, 암호문도, 권총도, 독침도, 독약 앰풀도 다 필요 없었다. 교활한 간첩이 무슨 증거를 남기겠냐는 한마디에 증거주의는 갈 곳을 잃었다. 그런데 이일규라는 고집불통 판사가 이 관행을 뒤엎은 것이다. 이렇게 되면 앞으로 간첩 사건은 할 수 없게 된다며 안기부는 이일규 대법원 판사를 미행하고, 대법원장에게 갖은 압력을 넣고, 대법원 판사 인사에까지 개입하면서 결국 이 사건을 유죄로 만들었다.

간첩의 수가 급격히 줄어든 1990년대에는 오히려 한동안 뜸했던 직파 간첩이 자주 나타난 시기였다. 남쪽에 주사파가 출현하고 통일운동이 고조되면서 북의 대남사업 부서에서 남쪽 상황을 잘못 읽고 공작원들을 다시 새로운 차원에서 내려보내기 시작한 것이다. 북의 대남 공작원이 진보 진영에서 활동하는 인사를 찾아와 대담하게 북에서 왔다고 신분을 밝히고, 이를 안기부의 공작이라고 생각한 운동가가 그를 신고해 부부 간첩이 검거되는 웃지 못할 일도 발생했다. 오늘날 뉴라이트의 핵심이 되는 골수 주사파들 중 일부는 이 무렵 북과 직접적으로 손을 잡기도 했다. 이렇게 직파 간첩도 늘고 남쪽 운동 진영 내의 일부가 북과 잘못된 방식으로 손을 잡다가 적발되기도 했지만 전체적으로 볼 때 간첩의 수는 줄어들었다.

이는 민주화 이후 사법부가 1980년대와 같은 엉터리 재판을 벗어나기 시작했기 때문이다. 1992년 중부지역당 사건 당시에는 '설혹 간첩을 도왔다 하더라도 간첩임을 인지하지 못한 상태였다면 방조죄가 성립될 수 없다'는 판결이 나왔고, 1994년에는 '공지의 사실은 국가기밀 누설에 해당되지 않는다'는 판결이 나왔다. 진짜 직파 간첩인 무함마드 깐수 교수의 경우 공소사실 중 상당 부분이 이 판례 덕택에 무죄판결을 받았다. 세상을 떠들썩하게 한 1997년 고영복 교수 사건의 경우도 북한 간첩과 만났다는 점에서 회합·통신은 유죄를 받았지만 간첩죄는 무죄판결을 받았다.

1980년대에는 수사기관이 점찍으면 그게 간첩이었다. 민주화 이후에야 한국은 그 야만의 세월을 벗어날 수 있었다. 아니, 벗어났다고 착각했다. 인터넷에 접속하면 위성사진 등 온갖 정보가 쏟아져나오는 오늘날 무슨 낡은 간첩이 있을까 생각했지만, 아직 은퇴하지 않은 1980년대의 공안요원들은 녹슬지 않은 솜씨를 다시 선보였다. 수요가 있는 곳에 공급은 늘 이뤄지게 마련이다. 또다시 나타난 함량 미달의 북한 간첩을 보면서 우리는

'지금이 어떤 세상인데'라는 탄식을 하지 않을 수 없다. 2008년 초 법원은 국가보안법 사건으로 구속된 사진작가 이시우 씨에 대해 모든 공소사실에 대해 무죄를 선고했다. 이런 법원의 상식적인 결정이 이명박 시대에 지켜질 수 있을까?

미국·일본·중국 간첩은 걱정 않나

간첩은 잡아내야 한다. 그런데 어디 우리를 노리는 간첩이 북에서만 내려오랴. 정말 우리가 신경을 곤두세우고 잡아야 할 간첩은 미국 간첩, 일본 간첩, 중국 간첩이 아닐까. 촛불을 보면 배후가 누구냐고 떠올리는 장로님, 장로님, 이명박 장로님. 간첩을 잡아야 할 사람들이 세상이 어찌 돌아가는지도 모른 채 멍하니 북쪽만 바라보게 해서야 어디 다각도로 침투해 들어오는 간첩을 제대로 막아낼 수 있겠습니까. 주기도문의 한 구절처럼 그들을 "유혹에 빠지지 말게 하옵소서". 그들이 이 21세기에 북한 간첩이라는 낡은, 그러나 치명적인 유혹에 빠지지 않도록 국가보안법부터 얼른 폐지하십시다. 그래야 당신이 주문처럼 외우는 "선진화"도 가능하지 않겠습니까.

국기에 대한 맹세, 벌써 1년

'나는 자랑스런 태극기 앞에 조국과 민족의 무궁한 영광을 위하여 몸과 마음을 바쳐 충성을 다할 것을 굳게 다짐합니다.'

불편했다. 종과 횡으로 학생들이 교차한 운동장, 자글대는 웃음이 잦아든 불완전한 고요의 풍경. 가슴에 손을 얹으며 드는 불편함이 어디서 온 건지 알 수 없었다.

왜 우리는 습관적으로 충성 맹세를 하는가. 애국심이 충만한 사람은 몰라도 적어도 나 같은 성격적인 '아웃사이더'는 충성 의식이 불편했다. 여태껏 나는 태극기가 자랑스러운지도 모르겠고, 조국과 민족에 항상 무궁한 영광이 있어야 하는지도 모르겠다. 그리고 누가 됐건 몸과 마음을 바쳐 충성을 다하는 게 사무치게 싫다.

2007년 국기에 대한 맹세 존폐를 두고 거센 논란이 일었다. 2006년 〈한겨레21〉이 표지이야기 '국기에 대한 맹세 없애자'를 통해 맹세의 전체주의적 성격을 본격적으로 제기하면서 시작된 논란이다. 이 문제를 줄곧 취재하면서 놀란 것은, 1972년 맹세가 제정된 이래 모두가 습관적으로 맹세를 외우기만 했지 단 한 번도 성찰하지 않았다는 사실이다. 국가 상징물을 관장하는 행정자치부(현 행정안전부)도 맹세문의 작성자를 모를 정도였으니까.

〈한겨레21〉의 도발적인 문제 제기 이후 누리꾼들은 찬반 논란을 거듭했고, 청소년 102명은 맹세 거부를 선언했고, 보수언론은 폐지론자들을 예의 '빨갱이'로 몰아댔다. 여론조사 결과는 시종 존치가 폐지를 6 대 4 정도로 앞섰다.

인권은 다수결로 결정하는 게 아니다. 하지만 정부는 타협을 선택했다. 박정희식 전체주의를 연상시키는 문구를 일부 수정하는 선에서 절충

한 것이다. 무조건 충성을 읊는 몰가치적인 문구를 살짝 바꿔 '자유롭고 정의로운' 대한민국이라는 전제를 달았다. 그리고 2007년 7월 27일 새 국기 맹세를 시행했다. '나는 자랑스러운 태극기 앞에서 자유롭고 정의로운 대한민국의 무궁한 영광을 위해 충성을 다할 것을 굳게 다짐합니다.'

그럼에도 문제는 남아 있다. 국가의 이익이 개인의 양심보다 우선하는 가? 개인의 양심에 관계없이 충성 맹세를 강제해도 되는가? 그렇지 않다. 사랑하는 사람은 사랑 고백을 하라고 하고, 무관심한 사람은 내버려두면 되는 것이다. '사랑의 서약'을 만들어 모든 사람에게 외우게 하는 것은 국가가 개인에게 가하는 스토킹이다.

1972년 전남 오사재건교회의 주일학교 교사 양영례 씨는 "국기 경례는 우상숭배이므로 하지 말라"고 가르쳤다는 이유로 징역 8개월을 선고받았다. 1973년 국기 경례를 거부한 김해여고 학생 6명은 학칙 위반으로 제적됐다. 놀랍게도 대법원은 제적 조처가 정당하다는 판결을 내렸다. 2003년 의정부 영석고는 국기 경례를 하지 않겠다는 학생의 입학을 불허했다. 그리고 국기 맹세 존폐 논란의 와중에서 경례를 거부한 이용석 교사도 경기도교육청으로부터 정직 3개월의 중징계를 받았다. 그는 징계가 사상과 양심의 자유에 반한다며 행정소송을 제기했으나 기각됐다. 며칠 전 이용석 교사와 이야기를 나눴다. 그는 "대법원까지 가더라도 승소 확률은 많지 않다고 하더군요. 역사적인 판결이어서 꼭 이기고 싶었는데……"라고 말했다.

'국가를 향한 연가'는 지금도 학교에서 강제 암송된다. 한때 민감했던 전체주의에 대한 촉수도 다시 무디어졌다. 여전히 국가의 아웃사이더들은 양심권을 침해받는다. 패배주의에 빠져 묻는다. 지금 우리는 전체주의의 포근한 포박에 안주하고 있는 건 아닐까.

**양심의
자유를
허하라**

전·의경은 '현대판 노예'인가

2008년 대한민국의 가장 인상적인 도시 조형물 '명박산성'을 사이에 두고 완전히 다른 두 세상이 펼쳐져 있었다. 40만 촛불이 노래와 춤과 자유 발언으로 시끌벅적한 난장을 이루고 있던 시각, 왕복 16차로를 가로질러 막은 컨테이너 장벽 반대쪽은 경찰버스와 진압복을 입은 전·의경들만이 고요히 숨죽인 채 제자리를 지키고 있었다.

6·10 항쟁 21주년을 맞은 2008년 6월 10일 밤 12시께 컨테이너 장벽 너머의 서울 세종문화회관 부근. 경찰버스 의자에, 혹은 길바닥에 대열을 갖춰 앉은 전·의경들의 얼굴에선 오랫동안의 시위 진압에 따른 피곤함이 뚝뚝 묻어났다. 어떤 소대는 길거리에 앉아 간식으로 지급된 손바닥 반만 한 팥빵에 '아린쥐' 주스를 먹고 있었다.

인권의 재구성

213

2시간만 자고 도로 출동 "발이 썩었어요"

경계근무를 서고 있는 의경에게 "요즘 힘들죠?"라고 물었다. 20대 초반에 지칠 대로 지친 인상의 그는 "괜찮아요"라며 가벼운 웃음을 지어 보였다. 출동한 지 한 달이 넘었다는 그는 잠을 못 자는 게 가장 힘들다면서 "얼마 전 '72시간 릴레이 촛불집회'를 할 때는 길바닥에 방패 깔고 하루에 3시간씩밖에 못 잤어요"라고 말했다. 다른 의경도 같은 고통을 호소하면서 "버스에서 자면 잠잔 것 같지도 않다"고 거들었다.

도로 건너편 서울 종로구청 쪽에서 만난 의경들도 마찬가지였다. 이 부대는 5월 31일 새벽 0시 30분께까지 과천정부청사를 지키다 부대에 복귀한 지 1시간 만에 다시 서울로 출동했다. 경찰이 물대포로 시위대와 맞서던 바로 그날 밤이다. 한 의경은 "오늘도 아침 8시에 숙영지에 복귀했다가 2시간만 자고 10시에 도로 출동했어요"라고 말했다. 이들은 촛불집회가 시작된 뒤 하루 평균 6시간 미만의 수면을 취하고 있다고 입을 모았다.

옆에 있던 다른 의경은 "출동한 뒤 열흘 동안 발을 씻은 건 단 3번뿐"이라며 "상관들은 주변 공원 화장실 같은 곳에서 씻으라고 하지만 현실적으로 쉽지 않다"고 말했다. 이 말을 들은 한 동료는 "(발이) 썩었어요, 썩어"라며 피곤한 미소를 지어 보였다. 또 다른 의경은 "하루에 1번 이 닦기도 쉽지 않다"고 하소연했다. 새벽 1시가 넘은 시각, 주변 건물 앞 여유 공간에는 길바닥에 아무것도 깔지 않은 채 널브러져 자는 전·의경들의 모습이 눈에 띄었다. 이들은 용변도 이동식 화장실에서 해결한다. 들어가 보니 소변기 4대에 대변기 2대가 마련돼 있었다. 그러나 세면대에서는 한 방울의 물도 떨어지지 않았다.

"잠 좀 자자, 밥 좀 먹자." 4·15 교육자율화 조처와 미국산 쇠고기 파동을 풍자하며 시민단체 쪽에서 핵심적으로 정리한 구호다. 전·의경들 역시 잠을 못 자는 고통만큼 먹는 문제 또한 심각했다. 한 전경은 "저는 밥 먹는 게 가장 힘들어요. 1분 안에 먹어야 하거든요. 씹지도 않고 그냥 넘겨요"라고 말했다. 시위대와 대치하는 상황이 아닐 때도 굳이 그렇게 서둘러야 할까? "버스에서 먹는데, (다른 대원과) 교대를 해줘야 하거든요." 그나마 서울에 있는 경찰서와 기동대에서 나온 이들은 부대에서 밥을 직접 가져오기 때문에 밥다운 밥을 먹는다. 하지만 지방에서 올라온 이들은 따뜻한 밥과 국을 먹을 수 없다. 해줄 곳이 없기 때문이다. 대신에 삼시세끼를 주문해온 4,000원짜리 도시락으로 때우고 있다. 경북 영천에서 시위 진압을 위해 올라왔다는 한 의경은 "버스 의자에 앉아 도시락만 계속 먹으면 소화가 잘 안 된다"고 말했다.

대치 지점에서 불침번 서는 부모들

촛불집회가 장기화하면서 이를 막기 위해 동원된 전·의경들의 피로도 갈수록 쌓이고 있다. 시위대의 집회·결사의 자유, 표현의 자유가 중요한 만큼 전·의경들의 인간다운 생활을 할 권리도 중요하지만, 이는 묻혀 있는 이슈다. 정권의 안위를 위해 자신의 뜻과는 전혀 상관없이 출동한 그들에게 인권이란 없다. 한 의경은 "시위대는 인간이지만 우리는 인간이 아니에요"라며 자조 섞인 농담을 흘렸다. 다음 카페 '전의경 부상자 부모들의 쉼터'가 자신들의 자식을 두고 "현대판 노예"라며 울분을 토하는 것도 이 때문이다.

이들에게는 양심의 자유도 없다. 국민의 80퍼센트 안팎이 미국산 쇠고기 협상이 잘못됐고 재협상이 필요하다고 보지만, 전·의경의 100퍼센트는 그러한 집회를 가로막기 위해 온몸을 던져야 한다. 선택은 없다. 지시에 따라야만 한다. 한 의경은 "저도 물론 이곳이 아니라 학교에 계속 다니고 있었다면 촛불집회에 참석했을 수 있겠죠"라고 말했다. 급기야 서울경찰청 기동대의 이아무개 상경은 "나의 정치적 견해와 다르게 시위 진압에 나서는 일은 양심에 반한다"며 경찰청장 등을 상대로 육군으로 도로 보내달라는 행정심판을 냈다.

가족이나 애인 등과 겪어야 하는 갈등도 감내해야 한다. 세종문화회관 앞에서 경계근무를 서던 의경은 "저기 있는 제 고참은 여자친구가 촛불집회에 나온다고 해서 대판 싸웠다고 하더라"고 말했다. 다음 아고라에도 관련 글들이 올라 있다. 친오빠가 전경으로 시위 진압을 하고 있다는 한 누리꾼은 "오빠는 왜 하필이면 전경이 돼가지고, 시위에 참가했다가 오빠를 만났는데 서글픔에 눈물이 났다"고 한탄했다.

'전의경 부상자 부모들의 쉼터' 카페에서 활동하는 한 전경의 어머니는 속상한 마음을 감추지 못했다. 아들이 사대문 안 경찰서에서 일경으로 근무 중이라는 김아무개 씨는 "아들이 입대한 뒤 농민대회 진압에 나갔는데 '엄마, 무서워요'라고 전화왔더라"며 "이번 촛불집회 때도 전·의경 아이들이 다칠까 봐 나갔는데, 어떤 여학생이 전·의경보고 '너희 엄마도 너 낳고 나서 미역국 먹었냐'고 하는 말을 듣고 너무 속상했다"고 했다.

전·의경을 아들로 둔 이들은 경찰이 시위 현장에서 다친 이들을 제대로 돌보지 않는다고 했다. 처음으로 쇠파이프 등이 등장한 집회 때 다친 전·의경들을 수송하기 위한 구급차도 현장에 대기시키지 않았다며 부모들은 경찰청에 강력히 항의했다. 그 뒤 경찰은 구급차를 불러 대기시켰다. 다쳐서 경찰병원에 간 뒤 다른 민간병원의 치료를 받으려고 해도 외부 진료 의뢰서 한 장 받아내기가 여간 힘든 게 아니다. 전·의경 부모들이 시위가 있을 때마다 조를 나눈 뒤 대치 지점에 직접 찾아가 불침번을 서는 것도 다 이런 현실이 만든 결과물일 뿐이다.

싼값에 부리면서 정부 대신 매맞아라?

인권침해 논란에도 유지되고 있는 전·의경 제도는 부도덕한 국가 공권력의 상징이다. 병역 의무를 지려고 입대한 젊은이들을 민간인의 집회·시위 진압에 내몰고 있는 나라는 지구상에 대한민국이 유일하다. 정권이 맞아야 할 정치적 매를 전·의경이 대신 맞고 있는 셈이다. 경찰은 전·의경을 싼값에 부리면서 시위대와 정권 사이의 '완충장치'로 활용하고 있다. 그러나 전·의경이 고탄성 용수철일 수는 없다. 그냥 사람일 뿐이다.

사사건건 대립하는 인권단체와 전·의경 부모들의 모임도 뜻이 모이는 한 지점이 있다. 바로 전·의경 제도의 폐지다. 서구사회처럼 직업 경찰관으로 꾸려진 기동대를 운영하라는 것이다. 인권단체연석회의도 기자회견을 열어 시위대에 대한 탄압과 전·의경의 인권을 무시한 마구잡이 행정에 강하게 문제를 제기했다. 김상균 백석대 교수(경찰학)는 "우리나라의 경우 전·의경을 동원한 인해전술식 시위 진압 방식에 변화가 필요하다"며 "똑같은 옷을 입은 전·의경의 존재 자체가 시위대의 공격성과 폭력성을 더 부추기는 경향이 있다"고 비판했다. 김 교수는 "전투경찰 제도를 폐지하고 정규 경찰을 통한 시위 대처 방안을 모색할 시점"이라고 지적했다.

'인간 방패막이'가 존속하는 한 전·의경의 인권도 챙기기 어렵고 원천봉쇄와 인해전술식 집회 관리로 인한 시위대의 인권침해도 막기는 힘들 수밖에 없다.

2012년 전·의경제 없어질까
경찰 "폐지 결정 전면 재검토" 선회

계속되는 인권침해 논란에다 "우리가 쓸 병사도 부족하다"는 국방부의 논리에 밀려 정부는 2008년부터 해마다 전·의경 수를 20퍼센트씩 줄여 2012년 전·의경 제도를 완전히 폐지키로 2007년 결정했다. 하지만 전·의경을 주머니 속의 공처럼 만지작거리는 경찰은 이를 원점에서 재검토하고 있다.

이유는 이명박 정부가 작은 정부를 지향하면서 예산 절감이 필요하기 때문이다. 손쉽게 부릴 수 있는 전·의경 제도를 폐지하고 집회·시위 대처를 직업 경찰관으로 이뤄진 기동대에 맡길 경우 막대한 추가 예산이 필요하다는 논리다.

전투경찰은 애초 1966년에 23개 중대 2,300여 명의 직업 경찰관으로 출발했다. 1968년 북한 124군부대의 청와대 습격 기도 사건을 겪은 뒤, 1971년 경찰이 국방부에서 병력을 꿔와 군복무 대신 근무하는 현재 개념의 전투경찰을 만들었다. 4년 뒤 "간첩(무장공비 포함)의 침투거부·포착·섬멸, 기타의 대간첩 작전을 수행하는" 본래 목적에다 '경비' 업무가 덧붙여졌다. 경찰 치안 업무를 보조하기 위한 의무경찰은 1982년에 처음으로 창설됐지만, 전경과 마찬가지로 시위 진압에 주로 동원되고 있다. 6·10항쟁이 있던 1987년엔 전·의경 수가 56,000여 명에 달해 최고치를 기록했으나, 그 뒤로 완만하게 줄어 현재는 4만여 명 선이다.

잦은 구타 사건, 부대장의 자의적인 영창 제도 운영, 0.7평에 불과한 개인 공간 등 여러 인권침해 논란 속에서 인권단체들은 전·의경제 폐지를 주장해왔다.

'이길준'들의 외침 "우린 정당하다!"

헬멧 안에서 울었던 청년은 미소를 지으며 경찰로 향했다.

2008년 7월의 마지막 날, 촛불집회 진압 명령을 거부하는 양심선언을 했던 이길준 의경은 아니 청년은 5일의 농성을 끝내고 자신의 의지로 경찰서로 향했다. 그는 "새로운 저항의 시작"이라고 말했다. 그리하여 그의 몸은 갇혔으나 양심은 자유를 얻었다. 그가 지독한 고민을 털고 마침내 안식을 찾았던 서울 신월동 성당의 농성을 줄곧 지켜보았다. 그곳엔 방방곡곡에서 온 남녀노소 '이길준들'이 있었다. 그의 양심을 지키기 위해서 달려온 시민 이길준, 그처럼 양심의 문제로 고민했던 전·의경 제대자 이길준······. 농성장에는 끝없는 이길준들의 발길이 이어졌다.

'젖과 꿀이 흐르는 농성장'이 된 성당

그곳엔 마을이 생겼다. 이길준 씨가 우여곡절 끝에 양심선언 기자회견을 열었던 다음날인 7월 28일 신월동 성당엔 어느새 '촛불 마을'이 생겨나 있었다. 성당에 들어가면 오른쪽엔 촛불집회 참가자들에게 식사를 무료로 제공하는 '다인 아빠'의 밥차가 400인분의 삼계탕을 끓이고 있었고, 정면엔 냉커피·냉음료·냉수를 '공짜로' 나누는 촛불 다방이 마련돼 있었다. 무엇보다 주민들이 있었다. 양심선언 소식을 듣고 방방곡곡에서 달려온 '시민 이길준들'이 양심선언을 한 이길준을 지키기 위해서 밤을 지새우고 있었다. 이미 성당 주변엔 전·의경들이 곳곳에 서 있었다. 이날 저녁 7시, 농성을 함께하는 양심에 따른 병역거부자 이용석 씨는 "지금까지 (여호와의 증인을 제외한) 한국 병역거부자 30여 명에 대한 지지자를 다 합친 것보다 (이곳의 지지자가) 많다"고 말했다. 저녁 8시 촛불집회 시간이 가까워지자 성당 마당엔 벌써 200명이 넘는 '촛불들'이 모였다.

이날 성당 마당 한켠에 젊은 여성 대여섯 명이 얘기를 나누고 있었다. 다음 카페 '화장발'의 회원들이었다. 광화문이 직장이라는 이지혜 씨, 시청 인근에서 일하는 아이디 '호박고구마' 씨 등은 이길준 의경을 "용자"('용감한 사람'을 줄인 인터넷 용어)라고 표현했다. 이 씨는 "예전에 인터넷에 한 전·의경 부대에서 대원들이 집단으로 촛불집회 진압을 거부한다는 얘기가 올라온 적이 있지 않느냐"며 "비록 사실이 아니었지만 그만큼 사람들이 간절히 그것을 원했다는 뜻"이라고 말했다.

무더운 여름날, 옆에서 더위를 식히던 여성의 부채에는 '촛불이 상상하면 현실이 됩니다'라는 글귀가 적혀 있었다. 이날 집회에는 청소년부터 노인까지 다양한 연령이 참석했다. '촛불소녀 코리아'의 촛불소년 김현민(17) 군은 "전경도 국민인데, 그동안 집회에서 국민끼리 싸워야 하는 현실이 안타까웠다"며 "길준이 형의 용기가 이런 현실을 바꿨으면 좋겠다"고 말했다. 아예 돗자리를 깔고 앉아서 집회를 기다리는 가족도 있었다. 자매인 이혜경 씨와 이연정 씨는 경기 김포에서 12살, 6살, 3살 아이들을 데리고 달려왔다. 언니 이 씨는 "제2, 제3의 이길준 씨가 나오면 얼마나 좋을까"라고 말했다. 곧이어 시작된 촛불집회엔 사회자의 발언과 아이들의 목소리가 뒤섞이는 동네 잔치 같은 풍경이 연출됐다.

이날 집회엔 2003년의 '이길준'이 참석했다. 당시 이라크 파병에 반대해 부대 복귀를 거부했던 이등병 강철민 씨가 이길준 씨를 응원하기 위해 대구에서 올라왔다. 강 씨도 당시 서울 기독교회관 708호에서 일주일간 농성을 벌였다. 그는 당시의 고민에 대해 "첫째는 부모님, 둘째는 여론, 셋째는 징역살이였다"며 "농성 중이지만 길준 씨가 여전히 고민이 많을 것"이라고 말했다. 그래도 그는 "당시에 견주면 방문자들이 훨씬 많고, 음식이 공수돼 오는 점이 다르다"며 웃었다. 이러한 '입장의 동일함' 때문일까. 강철민 씨와 대화를 나눈 이길준 씨의 표정이 한결 밝아졌다.

그들이 만났던 성당 지하의 농성장 냉장고엔 과일이 넘쳐나고 한쪽엔 라면 박스가 쌓여 있었다. 농성 기간에 아침은 성당 신도들이, 저녁은 인터넷 모임 '82쿡닷컴' 회원들이 해결해주었다. 출판사 두리미디어는 농성단이 돌려 읽으라며 100여 권의 책을 기증했다. 이날 하루에 모금된 후원금이 113만 원. 그리하여 그곳은 '젖과 꿀이 흐르는 농성장'으로 불렸다. 물론 세상이 그를 응원만 하지는 않았다. 이날 심야엔 동네 주민이라는 중년 남성이 찾아와 농성에 항의하는 소동을 벌였다. 다음 아고라에는 이길준 의경을 지지하는 글과 비판하는 글이 엇갈려 올라왔다. 이길준 의경이 입대 당시에 작성한 '나의 성장기'까지 인용하며 부대로 복귀하라고 하는 현직 경찰의 글도 있었다.

"양심자 지키러" 온 누나·동생·할머니

그렇게 하루가 흘렀다. 7월 29일 오후, 농성장엔 여전히 사람들이 북적였다. 아예 집에도 가지 않고 이길준을 지키는 사람들도 있었다. '막내'로 불린다는 탈학교 청소년부터 '어르신'으로 환갑이 넘은 할머니까지 4박 5일의 농성 기간에 성당을 떠나지 않았다. 마음으로 응원하는 사람들도 있었다. '막내'가 아프리카 방송 채팅을 통해 '수건이 부족해 머리를 못 감는다'고 하면 두어 시간 뒤 누군가 수건을 들고 농성장을 찾아왔다.

농성단 이용석 씨는 "이길준 씨의 병역거부 소견서를 영어로 번역하면 좋겠다는 생각을 말하면 이길준 씨 지지 카페에 누군가 소견서를 번역해 올린다"며 신기해했다. 농성단에서 안전을 담당한 병역거부자 경수 씨는 "성당에 계시는 촛불들이 그냥 앉아서 담소를 나누는 것처럼 보이지만 사실은 스스로 안전 포인트가 되는 장소를 찾아서 지키며 경비를 서는 것"이라고 말했다. 이렇게 농성단이 나서지 않아도 촛불들의 자율 순찰이 조직됐다.

이삼신 할머니는 27일 저녁에 기자회견 소식을 9시 뉴스에서 보고 경기 성남에서 달려왔다. 그는 "양심자를 지키러 왔다"고 말했다. 할머니는 4박 5일 농성 기간에 잠시도 성당을 떠나지 않았다. 그렇게 '긴 밤 지새우고' 아침 이슬을 맞으며 농성장을 지키는 촛불들이 적잖았다. 이렇게 한국방송, YTN, 조계사 등 중요한 촛불집회 현장이나 농성장을 끈질기게 지켜온 이들이 속속 성당으로 모여들었다.

이날도 매일 저녁 8시에 열렸던 촛불집회 시간이 가까워지자 삼삼오오 사람들이 늘어나기 시작했다. 임은정 씨와 정아무개 씨는 프로축구팀 전남 드래곤즈 서포터스로 만났다. 전남 소속 김남일 '오빠'를 응원하다 만났지만 요즘엔 촛불 동지로 변했다. 마침 서울 한남동에서 일하는 임 씨와 공덕동이 직장인 정 씨가 이날은 성당을 찾기로 마음을 모았다. 예전엔 시위라곤 몰랐던 이들이 촛불집회에 나오면서 전·의경에 대한 생각도 달라졌다.

임 씨는 "처음엔 정말로 안쓰러워서…… 성난 시위대에 쫓기는 전경을 다치지 않게 보호해주기도 했다"고 돌이켰다. 그러나 7월의 어느 날 그들은 안쓰러운 마음을 접었다. "주말 새벽 3시 시위대 허리가 잘렸다. 우리가 잘린 허리 가운데에 있었다. 그리고 주변엔 여성만 있었다. 전·의경이 우리를 쫓는데 시위대에 등을 보인 사람들이 많이 맞았다는 국제앰네스티 보고서가 생각나 그들을 똑바로 보았다. 그런데 전경들이 비무장 여성인 나를 발로 차고 지나가 상처가 생겼다." 옆에서 얘기를 듣던 임 씨도 "나도 거기서 방패에 얼굴을 맞아서 안경이 부서지고 부상을 당했다"며 착잡한 표정을 지었다. 이렇게 시위는 전경에 대한 '누나들'의 호의도 바꾸어놓았다. 정 씨는 "이길준 씨처럼 양심선언을 하라고 말하긴 어렵다"며 "그렇다면 촛불집회 진압에 나섰다가 제대한 전경들이 목소리를 내면 좋겠다"고 호소했다. 이렇게 "전·의경에게 맞았다"고 말하는 촛불들이 이길준을 지키러 나왔다.

'우아'(Woman Of Agora) 여성회 회원들도 갈비 한 상자를 들고서 농성장을 찾았다. 독산동에 산다는 오십대 여성은 "어떤 갈비를 좋아하는지 몰라서 왕갈비, 떡갈비, 매운 갈비 골고루 싸 왔다"며 이길준 의경의 손을 잡고 눈시울을 붉혔다. 결국 이십대 여성은 우아 여성회 '언니들'이 붙잡아서 농성장에서 밤을 보내고 직장으로 출근했다. 농성단 최정민 활동가는 "이렇게 밤을 새우고 화장하고 직장으로 나가는 이들이 있다"고 전했다.

"양심선언 하고팠다"는 선배들의 고백

이날도 저녁 8시에 촛불집회가 시작됐다. 참석자 가운데 이명박 정권 이후에 '존재'의 위기를 느끼는 이들도 있었다. 경기 부천에 사는 최영선 씨는 "6살배기 외손녀가 담도폐쇄증이라는 희귀병을 앓고 있다"며 "의료보험 민영화가 된다면 집안 형편이 어려운 손녀가 어떻게 될지 모른다"고 걱정했다. 집회장 한쪽엔 백발이 성성한 노인들이 앉아 있었다. 서울 관악구에 산다는 육십대 남성은 "내가 수급권자인데, 정권이 바뀐 뒤로 자꾸 보조금이 줄어들고 있다"고 말했다. 옆에 있던 노인도 "예전엔 장애인으로 인정해주다가 갑자기 진단서를 들고 오라고 하질 않나 살기가 점점 어려워"라고 분통을 터뜨렸다.

이날 집회에는 1968년 베트남전쟁 당시 병역을 거부했던 미국인 하유설 신부가 발언자로 나섰다. 그는 대체복무로 한국에서 평화봉사단 활동을 했다. 그렇게 한국과 인연을 맺은 하유설 신부는 한국의 병역거부자들을 지지하는 일에도 열심이다. 신월동 성당 신자들도 촛불집회에 함께했다. 신월동 성당 신자 최아무개 씨는 "시내까지 촛불집회에 나갈 생각은 해보지 않았는데, 여기서 평화롭게 촛불을 드는 이들을 보면서 감동을 받았다"고 말했다.

농성장에선 학교도 열렸다. 매일 저녁 7시에 열린 '이길준과 함께하는 저항, 릴레이 강연회'. 28일 정치경제학자 홍기빈 씨, 29일 한홍구 교수, 30일 박노자 교수가 100여 명의 사람들 앞에서 촛불과 사회에 대한 강연을 이어갔다. 농성의 마지막 밤이었던 30일 저녁, 농성장을 찾는 이들 가운데 이길준 씨 친구들도 있었다. 대학 선배 정대훈 씨는 "이길준 의경이 아니라 길준이를 보러 왔다"고 말했다. 그는 "길준이는 무언가에 구애받기 싫어하는 보통 애"라며 "우리가 부담을 주기보다는 그를 자유롭게 했으면 좋겠다"고 말했다. 이길준에 앞서 이길준의 길을 고민했던 선배도 있었다. 이길준 씨의 대학 선배 박재혁 씨는 2004년 의경으로 제대했다. 그는 현역 시절 이 길준 씨처럼 양심선언을 하려고 고민하고 실행에 옮길 준비도 했지만 끝내 뜻을 이루진 못했다. 박 씨는 "의경 복무 기간에 나는 내가 아니었다"며 "어느 소설의 문구처럼 '인칭 없는 중립적 주체'였다"고 돌이켰다. 1인칭, 3인칭, 무엇도 아닌 지워진 존재였던 것이다.

박 씨처럼 전·의경으로 근무하며 심각한 고민에 빠졌던 이들이 적잖다. 2005년 전경으로 제대한 손원진 씨는 "한때 자살을 고민했다"고 돌이켰다. 한총련 활동을 하다가 입대한 그는 국군 훈련소를 마치고 전경으로 강제 차출당했다. 대구경찰서에 배치됐던 그는 2003~2004년 시위가 많았던 전북 부안에 주로 있었다. 핵폐기장 부지 선정에 반대하는 할머니들을 진압해야 했던 기억은 아직도 끔찍하다. 그는 "진압할 때 뒤에서 목을 잡고 움직이는데 앞에서 이동하지 않고 있으면 뺨을 맞고 발로 차인다"며 "전·의경에겐 매일매일이 전투 상황"이라고 말했다.

가상의 적을 상대로 '훈련'하는 군인과 달리 전·의경은 실제 진압을 하기 때문에 군기가 세고 구타와 가혹 행위도 잦다. 그 결과로 가혹 행위 등과 연관성이 깊은 자살자 비율이 군부대에 견줘도 높다. 국가인권위원회가 2006년 경찰청, 국방부 등에 권고한 '전·의경제 개선 권고안'을 보면, 1만 명당 자살자 수(2003~2005년 평균)가 전·의경 부대는 1.94명으로 육군 1.17명에 견줘 높다. 결국 박 씨는 진압 부적격 판정을 받아서 행정업무를 했다. 그는 "내 사연이 알려지자 몰래몰래 찾아와 '나도 운동을 했었다'고 하는 사람이 부대원 180명 중에 5명 있었다"며 "이렇게 양심의 문제로 고통

"나도 진압하다 도망치고 싶었어"

2008년 7월 어느 날, 촛불집회로 고생했다고 2박 3일 '특별 외박'을 나온 현직 의경 8명의 술자리에 함께했다. 20~27살까지의 나이 분포를 지닌 이들은 대학 재학 중 입대했다. 이들은 서울의 한 경찰서에 복무하면서 최근 두 달간 촛불집회에서 때로는 후방을 지켰고, 때로는 시민들과 마주 서서 대치했다. 세종로 차도에 있는 시민들을 인도로 밀어내는 '쪼개기'를 하기도 했다. 사복과 함께 오랜만에 찾아온 자유를 느끼면서 술잔이 오고 갔다. 이야기는 이길준 이경에 대한 내용으로 옮아갔다.

A: 중랑서에서 한 명이 복귀를 안 했다며? 근데 그 친구 입대한 지 얼마 안 된 이경이라며. 생활도 잘 모르고. 또 우리가 그렇게 양심의 가책을 느낄 일을 한 건 아니잖아. 시민들 절대 때리지 말라고 명령도 내려오고.

B: 때릴 거면 절대 안 보이는 데서 때리라는 명령도 같이 내려오지. 언론 타면 안 된다고.

C: 사실 자기가 지원해서 온 거 아닙니까? 시위 진압하는 거 모르지도 않았을 텐데. 그냥 육군 가지 말입니다.

D: 난 몰랐어. 사실 조금 편하려고 왔지. 근데 처음 시위 진압 나갔을 때 나도 놀랐어. 이런 것도 하네. 얼마 전 반FTA 시위 진압할 때는 도망가고 싶었고. 시위꾼들 말고 얼굴이 까맣게 그을린 할아버지들이 삽·곡괭이 들고 와서 서 계시는데, 표정에 고단·가난이 다 묻어 있더라고. 밀어내고 몰아내려니 마음이 아팠어. 그래도 달리 안 할 방법이 없으니까.

C: 거리 시위는 불법 아닙니까? 사람들이 차도로 나와 있으니까 '쪼개기' 하는 거죠.

B: 중랑서가 빡빡한가? 우리 부대도 옛날에 되게 심했다고 하잖아. 워낙 중대마다 지휘관이나 기율대원(중대에서 품행을 담당하는 고참)이 누구냐에 따라 달라지는 거니까. 우리도 저번 기율 때는 머리박기 같은 거였잖아. 그 친구 중대가 현장에서 진압을 심하게 했을 수도 있고. 지휘관이 터치 많이 해서 스트레스가 쌓여 있을 수도 있고.

E: 솔직히 시민들이 우리 신경을 살살 긁잖아요. 서 있는데 '뭐 니네'라고 하고 싶어

서 하겠냐'는 둥, '뭘 째려보냐'는 둥 자꾸 반말하고, 욕도 하고, 자꾸 그러면 열도 좀 받죠.

D: 왜곡도 해. 사람들이 '밀지 마' '밀지 마' 소리치는 거야. 그래서 내가 "저희는 안 밉니다"라고 말했어. 그랬더니 갑자기 그 시민이 "의경이 눈물을 흘리면서 '자기들도 밀고 싶지 않은데 어쩔 수 없이 민다'고 말했다"며 '의경 동정론'을 펴는 거야. 난 그냥 밀지 않는다고 말한 거였는데……. 당황했어.

A: 촛불집회에 건강하지 않은 시민도 많아. 자기가 외치는 말이 뭔 말인지도 모르고, 무조건 전경버스 끌어내고 돌 던지고. 나는 학교 다닐때 '진보'에 대한 존경이 있었는데, 이번 촛불집회 겪으면서 그런 게 사라졌어. 다들 대책도 없고, 자유발언을 하는데 좀 이상한 사람들도 많고 막무가내야.

B: 난 '유모차 아줌마'들 나왔을 때 너무 힘들었어. 우리도 아이들 상대로 진압할 생각이 전혀 없잖아. 차벽을 세우고 뭐 이런 건 임무인데, 아줌마가 유모차 세우고 서 있으면 '어쩌라고' 이런 생각이 들어. 아줌마가 먼저 애를 볼모로 데리고 길에 나온 거잖아. 너무 위험하다는 생각이 들어.

D: 어쨌든 의경은 사실 경찰 편하라고 있는 거잖아. 경찰 대신 바닥 청소하고, 온갖 잡일을 다 하지. 집회 때도 우리가 앞에서 방패받이 하지. 직업경찰들은 뒤에 있지. 의경 없앤다 그러면 경찰들이 절대 가만 안 있을 것 같아.

받는 사람이 적잖다"고 말했다.

위헌법률심판제청 안 되면 헌법소원

2004년에 제대한 최재완 씨는 삼중고에 시달렸다. 전경으로 근무했던 그는 시위대와의 물리적 충돌, 부대 안의 가혹 행위, 양심의 가책에 시달렸다. 당시 진보정당 당원이었던 그는 "전경만 아니면 된다"는 심정으로 입대했다. 하지만 그는 세 번의 순간을 잊지 못한다. 먼저 훈련소를 마치고 전경으로 차출되던 순간, 그래도 그는 행정일을 하겠지 위안했다. 하지만 다시 기동대로 배치되는 순간이 닥쳤다. 그리고 첫 출동에서 시위대와 맞서는 순간이 마침내 오고야 말았다. 그는 시위대의 주장에 공감하며 시위대를 막아야 하는 혼란에 시달렸다. 그는 "막상 옆의 전경 동료가 맞거나 하면 반사적인 반응이 나와 욕도 하곤 했다"며 "그렇게 폭력의 시간이 지나면 또 내가 왜 그랬나 자책에 시달렸다"고 말했다.

그는 2003년 전주의 노동자 집회를 잊지 못한다. 이날 그는 시위대에 끌려갔다. 장비를 빼앗기고 구타를 당했다. 그는 "맞으면서도 차마 같은 편이란 말은 나오지 않았다"고 돌이켰다. 결국 그는 한쪽 귀가 찢어지는 부상을 당해서 복귀했다. 병원에서 응급처치를 받고 돌아오니 이번엔 부대 분위기가 심상치 않았다. 최 씨는 "누군가 다치면 제대로 진압을 못했다며 부대 분위기가 험악해진다"며 "그렇게 다쳐서 몸이 아프고, 분위기가 험악해 마음이 아팠다"고 돌이켰다. 그렇게 부대와 시위대 사이에 끼어서 마음이 찢어졌다. 그는 "시키는 대로 해야 하는 전·의경이 아니라 그들을 움직이는 시스템이 문제 아니냐"고 지적했다. 그리고 "아직도 마음이 아파서 차마 '폭력경찰 물러가라'는 구호를 쉽사리 외치지 못한다"고 한숨을 쉬었다.

7월 31일, 마침내 농성의 마지막 날이 밝았다. 농성을 함께했던 이들은 이길준 씨가 혼자서 감당해야 하는 시간을 안타까워하며 눈시울을 붉혔다. 그들의 심정은 "지못미"(지켜주지 못해서 미안하다) 한마디에 담겼다. 이길준 씨는 기자회견에 앞서 〈한겨레21〉과 한 인터뷰에서 "농성을 하면서 어려울 때마다 스스로를 납득시키는 일이 중요했다"며 "농성을 통해서 선택을 굳히게 되었다"고 말했다. 그리고 그는 "당당하게 법적 처벌을 받는 것도 저항의 한 방법"이라며 "이것은 또 다른 저항의 시작"이라고 덧붙였다.

그리고 비가 흩뿌리는 가운데 성당 마당에서 기자회견이 열렸다. 이덕우 변호사(진보신당 공동대표)는 기자회견에서 "이길준 씨에 대한 재판이 열리면 전투경찰제설치법에 대한 위헌법률심판을 제청할 계획"이라고 밝혔다. 만약 위헌법률심판제청이 법원에서 받아들여지지 않으면 헌법소원을 낼 계획이다. 지금껏 재판을 자청하는 전·의경 당사자가 나타나지 않아서 진행되지 못했던 헌법소원이 이길준 씨의 결단으로 가능해진 것이다. '전·의경제도 폐지를 위한 연대' 한홍구 공동대표는 "지금이 1980년대도 아닌데 시대가 낳은 불효자가 아직도 나와야 하는 현실에 마음이 아프다"고 말했다. "이길준은 정당하다!" 4박 5일 그를 지켰던 촛불들의 외침이 그를 배웅했다. 그리고 이들은 이길준 의경을 끝까지 지켜야 한다며 중랑경찰서 앞으로 발길을 서둘렀다.

황당한 전투경찰대설치법

전·의경은 복종만 하라?

전·의경 운용의 법적 근거가 되는 전투경찰대설치법을 놓고서는 이전부터 많은 문제점이 지적됐다. 이 법 1조 1항에서는 "간첩의 침투거부·포착·섬멸 기타의 대간첩 작전을 수행하고 치안 업무를 보조하기 위하여…… 전투경찰대를 둔다"고 밝히고 있다. 하지만 실제 전·의경이 대간첩 작전에 투입되는 경우는 없다. 그렇다면 치안 업무 보조가 남는데, 이 또한 현실과는 동떨어진 얘기다. 집회·시위 대응이 치안 업무의 일종일 수는 있지만, 전·의경이 이를 보조하는 것이 아니라 거의 전담하고 있기 때문이다. 1995년에는 이 법에 대해 헌법소원이 제기됐는데, 5 대 4로 합헌 결정이 내려졌다. 하지만 당시 4명의 헌법재판관들은 "국방 의무라 함은 외적으로부터 국가를 보위해서 국가의 정치적 독립성과 영토의 완전성을 지키는 국토 방위의 의무를 말하며…… 경찰의 순수 치안 업무인 집회 및 시위의 진압 임무는 결코 국방 의무에 포함된 것이라고 볼 수 없"다고 소수 의견을 내기도 했다.

현역 입영자들 가운데 일부를 강제로 전투경찰로 동원하는 제도 또한 문제로 지적된다. 정원 변호사는 '전·의경 제도의 실태와 문제' 토론회에서 "현역병으로 입영한 사람을 그 의사에 관계없이 전투경찰로 전임하는 것은 헌법의 가장 핵심적 가치인 인간으로서 존엄의 가치와 행복추구권을 침해한다"며 "지금 당장 최소한 전투경찰은 본인 동의가 있는 경우에만 가능하도록 해야 한다"고 말했다.

이 법의 법조문들 또한 인권과는 거리가 멀어도 너무 멀다. 대표적으로 벌칙 조항을 보면 △상관 명령에 반항하면 2년 이하의 징역 △상관을 협박하면 5년 이하 징역 △상관을 면전 모욕하면 2년 이하 징역 △연설 등 방법으로 상관을 모욕하면 3년 이하의 징역 △상관 명예를 훼손하면 2년 이하 징역 △허위 사실로 상관 명예를 훼손하면 5년 이하 징역 등 군대 이상으로 상관에 대한 절대적 복종 의무와 처벌 조항를 나열하고 있다. 하지만 부당한 지시 또는 가혹 행위의 금지나 처벌에 관한 조항은 찾아볼수 없다.

국방부 시계는 거꾸로 돌아가는 것일까?

양심에 따른 병역거부자의 대체복무 허용을 둘러싼 논란이 또다시 불거졌다. 국방부는 2007년 9월 '병역이행 관련 소수자의 사회복무제 편입 추진 방안'을 발표했다. 핵심은 종교적 병역거부자에게 대체복무를 허용한다는 것이었다. 비록 대체복무 기간이 현역병의 2배로 국제인권 기준보다 길었지만, 2000년 병역거부권이 공론화된 이후 병역거부자들이 마침내 감옥에서 벗어날 길이 열렸던 것이다. 국방부는 2008년 말까지 관련 병역법 개정을 마치고 2009년 초에 시행한다는 일정도 밝힌 바 있다. 노무현 정부에서 나온 이 방안은 이명박 정부 들어서도 부정된 적이 없었다. 최정민 병역거부연대회의 공동대표는 "국방부 실무자들을 통해서 정권이 바뀐 뒤에도 실무 작업이 진행 중이란 얘기를 듣고 안도했었다"고 말했다.

2008년 5월 제네바 '거짓말'편

믿음은 오래가지 못했다. 2008년 7월 4일치 〈연합뉴스〉 보도에 바탕하면, 정부 관계자는 "국방부가 2007년 9월 대체복무 허용 방침을 발표했을 때도 사실상 국민적 합의가 전제돼야 한다는 점을 분명히 했다"며 "국민 여론이 수렴되지 않으면 대체복무 자체를 시행하지 못할 수도 있다"고 밝혔다. 기사의 제목처럼 '대체복무 원점서 재검토'라는 요지다. 기사가 사실이라면, 국방부 시계는 민간이 모르는 사이에 2007년 9월 이전으로 돌아가고 있었던 것이다. 도대체 그동안 무슨 일이 있었던 것일까.

2008년 5월 7일 스위스 제네바에서 열린 유엔인권이사회의 국가별 보편적 정례검토(UPR·Universal Periodic Review)에서 한국 정부 대표가 질문을 받았다. 슬로베니아 대표의 병역거부권 관련 질문에 이성주 국방부 인권팀장은 "한국 정부는 2007년 9월 양심적 병역거부자들이 대체복무를 수행할 수 있도록 하는 새로운 계획을 발표한 바 있다"며 "이것을 시행하기 위해서 병역법을 개정해야 하고 한국 정부는 2008년 국회에 개정 법안을 제출할 예정"이라고 보고했다. 홍영일 '양심적 병역거부 수형자 가족모임' 대표는 "유엔에서 한 답변은 새 정부 들어 나온 최초의 정부 공식 입장이었다"며 "예정대로 추진한다는 답변에 희망을 가졌다"고 말했다. UPR는 유엔 인권위원회가 인권이사회로 위상이 강화되면서 도입한 새로운 국가별 인권 점검 시스템으로, 192개 유엔 회원국의 전반적 인권 상황을 4년에 한 번씩 점검한다.

희망의 근거는 며칠 사이에 희미해졌다. 보편적 정례검토 뒤 5월 30일 유엔 인권이사회 쪽의 권고가 나왔는데, 특히 영국 대표는 "양심적 병역거부자들이 군복무가 아닌 대체복무를 수행하도록 즉시 조처를 취하라"고 권고했다. 그런데 이에 대한 한국 정부의 답변에서 갑자기 '알맹이'가 사라진 것이다. 한국 정부는 "양심적 병역거부자들을 위한 대체복무제도에 관한 연구가 현재 진행되고 있다"고만 답했다. 병역법 개정 계획 등을 언급했던 당초의 답변에서 후퇴해, 실체가 빠진 형식적 답변을 내놓은 것이다. 5월 7일 유엔 인권이사회 보고 이후에 무언가 기류의 변화가 있었음을 짐작하게 하는 내용이다.

2008년 7월 서울 '자가당착'편

2008년 7월 4일 〈연합뉴스〉 보도가 나오고 7월 7일 병역거부연대회의는 기자회견을 열어 대체복무제 원점 재검토 논란을 우려하며 예정대로 입법할 것을 촉구했다. 국방부가 정부 정책의 연속성과 국제사회의 압력을 고려해 입법 계획을 뒤집지 않을 것이란 기대도 있지만, 한편에선 "유엔에서 작성한 문서의 잉크도 마르기 전에 입장을 바꿨다"고 비판한다. 〈한겨레21〉은 대체복무제 시행 여부 재확인을 위해 국방부에 질의서를 보냈다. 국방부는 "2007년 9월 대국민 발표시와 같이 국민적 합의를 전제로 대체복무 여부를 검토한다는 국방부 입장에는 변화가 없음"이라고 기존 답변을 반복했다.

앞으로 병무청은 '국민적 합의'를 이유로 외부 기관에 6개월 기간의 연구용역을 발주할 예정이다. 국방부는 "그 연구 결과를 기초로 국회, 관련 기관 및 단체 등의 의견을 종합적으로 수렴해 국민적 합의가 이뤄질 경우 도입 여부를 판단할 예정"이라고 답변서에서 밝혔다. 하지만 6개월짜리 연구용역 결과가 2008년 안에 나오는 것은 불가능하다. 결국 국방부가 밝힌 일정에 바탕해도 2007년 9월 발표 당시의 계획인 '내년 초 대체복무제 시행'은 어렵다는 말이다. 이런 일정상의 충돌에 대해 다시 물었지만, 국방부는 구체적인 답변 없이 "2007년 9월 발표와 입장이 같다"는 말만 반복했다.

연구용역을 병역거부에 대해 비판적인 단체에 의뢰해 대체복무제 도입에 반대할 근거를 만들 것이란 우려도 높다. 국방부는 이미 2007년 9월 한국방송 여론조사 결과 찬성 여론이 과반수(50.2퍼센트)였음을 대체복무제 도입의 근거로 든 바 있다.

방한한 반기문과 무이코의 걱정

외부에 내놓는 답변과 달리 국방부 내부 기류는 상당히 달라진 것으로 보인다. 국방부 관계자는 "(대체복무제 도입 과정이) 내부적 중단 상태"라고 말했다. 특히 이상희 국방부 장관 취임 이후에 기류가 달라진 것으로 알려졌다. 국방부 관계자는 "유엔에 보고한 다음인 6월에 국방부 내부 입장이 달라졌다"며 "유엔 보고 이후에는 외교통상부, 법무부 등 관련 기관에서 후속 조처가 나와야 하기 때문에, 대체복무제 도입 보류 입장을 더 이상 미루기가 곤란해졌기 때문"이라고 말했다.

원점 재검토 기사가 나온 시점에 반기문 유엔 사무총장이 한국을 방문

하고 있었다. 한국인 유엔 사무총장이 고국을 방문한 기간에 유엔의 권고와 정면으로 배치되는 인권 문제가 불거진 것이다. 반 총장은 안경환 국가인권위원회 위원장과의 면담에서 "한국 정부가 UPR에서 제기된 권고안을 모범적으로 실행하길 바란다"고 당부했다. UPR 권고안에는 병역거부자에 대한 대체복무제 도입이 포함돼 있다.

촛불집회 인권침해 조사를 위해 한국을 방문한 노마 강 무이코 국제앰네스티 조사관도 한국지부를 통해 입장을 전했다. "한국은 지난 UPR와 유엔 인권이사국 선거 당시에도 대체복무제를 긍정적으로 검토한다고 밝힌 바 있다. 지금의 상황에서 한국 정부가 대체복무를 원점에서 재검토한다고 입장을 번복한다면 굉장히 실망스러운 소식이 될 것이다." 이렇게 전 세계 병역거부 수감자의 90퍼센트 이상을 차지하는 한국의 병역거부 현실은 벌써 국제 인권 문제가 되었다.

그리고 한국의 병역거부자 500명이 유엔 인권이사회의 개인통보 결정을 기다리고 있다. 개인통보란 유엔이 한 나라의 보편적 정책이 아닌 개별적인 사안에 대해 인권침해 여부를 결정하는 것으로, 인권침해에 대한 유엔의 대표적 조처다. 한국은 병역거부자 윤여범·최명진 씨를 포함해 지금까지 9명이 인권침해에 대한 개인통보 결정을 받았다. 윤 씨와 최 씨의 사례에 비춰 500명에 대해서도 개인통보 결정이 내려질 가능성이 크다. 만약 500명에 대한 개인통보 결정이 '무더기'로 나온다면 유엔 인권이사국으로서 한국의 위상이 크게 추락하게 된다.

사법부의 움직임도 주목된다. 비록 현행 병역법의 위헌 논란에서 대법원과 헌법재판소가 합헌 의견을 냈지만, 대체복무제 입법이 무산된다면 또다시 위헌법률 심판제청이 받아들여질 가능성도 있다.

한나라당을 제외한 정치권도 한목소리로 대체복무 재검토를 비판했다. 박선영 자유선진당 대변인은 "대체복무는 세계적인 흐름으로 어떤 이유로든 총을 들고 군복무하는 것을 거부하는 사람들에 대해서는 그에 준하는 방법으로 국가에 봉사할 수 있는 방법을 마련해줘야 한다"며 "정권이 바뀌었다고 해서 국방부가 논의조차 않고 재검토를 얘기하는 이유를 묻지 않을 수 없다"고 밝혔다.

입법 안 되면 2008년만 900여 명 수감자 양산

만약 대체복무제 입법이 무산된다면 2008년만 900여 명의 병역거부 수감자가 양산될 것으로 보인다. 수감자는 2002년 826명, 2003년 565명, 2004년 756명, 2005년 831명, 2006년 783명, 2007년 571명 등이다. 국방부의 대체복무제 발표 뒤에 상당수 병역거부자들은 입영을 연기했다. 재판부도 병역거부자 처벌을 피하기 위해 46명에 대한 재판을 연기해둔 상태다. 대체복무가 도돌이표될 경우, 2007년 줄어든 병역거부자 150~200여 명에 한 해 평균인 700~800명을 더하면 2008년엔 최소한 900명 이상이 수감될 것으로 보인다. 이렇게 대체복무제 도입 여부에 수백 명 젊은이의 내일도, 오늘도 달렸다. 국방부가 재검토 논란에 대해 명확한 공식 입장을 밝히는 것은 국가기관의 최소한의 기능이자 국민에 대한 도리다.

군대 알레르기

"어떤 사람은 복숭아나 오이에 대한 알레르기가 있잖아요. 저는 군대에 대해 그렇게 알레르기가 있어요. 그냥 힘든 거면 하겠는데, 정말로 고통스러운 것은 참기 힘들어요. 군대 가는 생각만 해도 마음과 몸이 아팠어요."

지독한 두통은 19살 때부터 그를 따라다녔다. 군대는 그렇게 떨치기 어려운 공포였다. 군대의 공포는 자살의 유혹도 불렀다. 내일이면 죽어야지, 다짐한 날들이 끝이 없었다. 방에서 목을 매어보았고 아파트 옥상에 올라가 아래를 보았다. 건너편 아파트 옥상에서 누군가 자신을 본다고 느끼지 않았다면 살아남지 못했을 것이라고 그는 돌이킨다.

19살 때부터 군대가 실체로 다가왔다. 강압과 명령의 군대가 싫지도 않았다. 너무나 무서워 싫거나 좋거나 느낄 여지도 없었다. 22살엔 군대를 피하려고 가고 싶지 않은 대학에 뒤늦게 들어갔고, 23살엔 산업기능요원 제도를 알게 돼서 자격증을 따려고 애썼지만 허사였다. 25살엔 한국방송통신대 학생이 됐다. 오로지 군대를 미루기 위한 방편이었다. 그러나 최후통첩, 2008년 7월 7일에 입대하란 영장이 날아왔다.

내 안의 남성이 내 안의 여성을 혐오했다. 밀리터리와 프라모델에 열광하던 남자아이와 바비인형과 순정만화의 열락에 빠지던 여자아이가 내 안에 동시에 있었다. 남자아이는 불쑥불쑥 튀어나와 여자아이를 모멸했다. 남자가 여성의 옷을 입고 화장을 하면 봉변을 당한다고 알려주는 바보상자 속의 이야기가 그를 오랫동안 짓눌렀다. 세상의 법은 그렇게 그를 분열하게 만들었다. 군대에 간다고 생각하면? "여자인 제가 발가벗겨진 채로 남자들 속으로 들어가는 모습이 떠올랐다."

22살 이후 내 안의 여성을 잊으려 노력했다. 아니 잊었다. 세상의 기준에 맞추어 남자로 옷을 입고 헤어스타일을 바꾸었다. 그렇게 서너 해를 살았다. 아무리 평범한 남자처럼 살려고 해도 쉽지가 않았다. 세상의 코드에 억지로 맞추려 애쓰니 오히려 어색한 외모가 되었다. 갈수록 자신이 없었다. 남들 앞에 나서는 것을 몹시 부끄러워하지만 정작 그의 꿈은 가수다. 때로 꿈에서 여자 가수다. 동성애자, 트랜스젠더, 규격화된 언어에 스스로를 가두기 전에 그저 자신으로 살고 싶을 뿐이다.

그는 병역거부를 몰랐다. 군대에 가야 하는 상황이 도저히 용납이 되지 않아서 행정소송을 하려고 인터넷을 뒤졌다. 그러다 군대에 관한 다큐멘터리를 찍는 강의석 씨를 만났고, 병역거부 활동가들을 소개받았다. 그리고 자신의 언어를 얻었다. 병역거부의 논리를, 인권의 언어를 접하며 그는 자신을 얻었다. 자신감을 얻었을 뿐 아니라 진정한 자신을 찾았다. 비로소 반쪽인 자신의 여성성을 인정하고 자신이 되었다. 자신의 안에서 불화하던 여자와 남자가 화해하게 되었다. 오랫동안 자신만의 방에 갇혔던 그는 이제 문을 열고 나와서 세상과 맞서려 한다. "평화란 별게 아닌 것 같습니다. 원래 모든 사람이 했어야 마땅한 100퍼센트가 평화 아닐까요. 모두 자기가 하고 싶은 걸 하고 사는 세상에는 어떤 강제도 폭력도 없을 테니까요." 그렇게 생각하고 말하니까 지독하게 머리에 붙어 있던 두통이 사라졌다.

26살 이아무개 씨는 2008년 7월 7일 양심에 따른 병역거부자가 됐다. 그것은 평화의 신념, 인권의 언어에 앞서 그저 자신의 간절한 마음에 따른 것이었다. 때로는 말하지 못한 고통이 먼저다. 촛불집회 초기의 그들처럼.

"원점 재검토? 배신감 느낀다"

"대체복무제 오~래 끄네요."

이정희 민주노동당 의원의 말에는 실망감이 진하게 묻어 있었다. 아니 실망을 넘어서 그는 "배신감을 느낀다"고 말했다. 의원이기 이전에 이정희 변호사는 양심에 따른 병역거부자 변호인단의 핵심이었다. 2001년 여호와의 증인이 아닌 최초의 병역거부자 오태양 씨를 변호했고, 2004년 병역법 위헌소송과 관련해 헌법재판소에 제출한 문건도 작성했다. 어느새 8년이 흘렀다. "오~래"란 말의 깊이가 더하는 이유다. 그는 2006년엔 국방부가 만든 '대체복무제도 연구위원회'의 위원으로 활동했다. 연구위원회는 2005년 12월 양심적 병역거부권을 인정하고 대체복무제를 도입하라는 국가인권위원회의 권고가 나오자 국방부가 만든 민관 공동기구였다.

원점 재검토 소식을 듣고서 무슨 생각이 들었나.

배신감을 느꼈다. 국방부가 다시 연구용역 운운하는데 앞뒤가 맞지 않는다. 2006년 대체복무제 연구위원회를 만들어 이미 끝낸 이야기다. 당시에도 대체복무제 도입에 대한 국내외의 압력이 높아지자 국방부가 상황을 모면하려고 연구위원회를 운영한다는 느낌이 강했다. 그해 10월에 유엔에서 대체복무제에 대한 질문을 받고 "연구위원회를 운영하고 있고 머잖아 결론을 내린다"고 답했지만 시간만 끌었다. 연구위원회가 지지부진하니까 위원들이 12월에 끝내자고 요구했지만 국방부 소속 위원이 활동 기한을 연장하자고 제안했다. 10월엔 정부가 위원들도 모르게 국제사회에 시한을 연장한다고 밝혔다. 이렇게 국제사회에 내놓는 공식 답변이 다르고 국내 운영이 다르고, 면피용으로 운영하다 결국엔 최종 보고서도 내지 못하

237

고 끝냈다. 당시에도 정부의 결단이 필요한 문제였지 연구가 부족한 상황은 아니었다.

국방부는 또 국민적 합의를 이루기 위한 연구가 필요하다고 하는데.

연구위원회 활동 중 국방부 여론조사를 통해 39.3퍼센트의 시민이 대체복무제 도입에 찬성하는 결과가 나왔다. 더구나 찬성자 중에 46.2퍼센트는 "헌법에 보장된 양심의 자유와 인권을 존중하기 때문"에 찬성한다고 밝혔다. 시민적 권리라는 것이다. 단순히 과반의 문제가 아니다. 국제사회 인권 기준에 맞춘다는 의미가 크고, 사회복무제 도입의 틀에서 대체복무제를 도입할 방안이 마련된 상태다. 여론조사가 아니라 정책의 구체화가 필요한 시점이다. 이렇게 국제사회에 허위 보고하는 과오가 있었지만, 2007년 9월에 종교적 병역거부자에 대한 대체복무를 허용한다는 발표가 나와서 다행이라 여겼다. 그 뒤로 1년 사이에 아무런 변화가 없었다. 여론이 악화되거나 병역거부자가 갑자기 늘어나지도 않았다. 그런데 원점 재검토라니 말이 안 된다.

재검토 보도가 나온 이후에 국방부에 질의를 했다고 들었다.

역시나 연구용역 재발주를 해야 한다면서 절차적인 문제라고 대답한다. 사실은 원점 재검토 얘기가 솔직한 것인지 모른다. 중요한 국가정책에 대해 국방부가 공식 입장은 내지 않고 뒤로는 재검토 얘기를 흘린다. 사실상 원점 재검토로 돌아가 있다고 본다. 이렇게 되면 대체복무제 도입을 기다리며 재판을 연기해온 젊은이들의 인생만 낭비한 셈이다. 책임 있는 정부기관이 취할 태도가 아니다. 더구나 한국인 유엔 사무총장이 방문한 기간에 국제인권 기준에 어긋나는 재검토 얘기를 흘리는 국방부의 대담함은 어디서 나오는 것인가. 인권과가 있는 외교통상부와 법무부는 도대체 왜 국방부를 제어하지 않는가.

만약에 국방부가 정책을 원점으로 돌린다면?

다시 병역거부자에 대한 대체복무제 도입을 담은 병역법 개정안을 발의하는 수밖에. 하지만 국방부도 알아야 한다. 입법부뿐만이 아니라 사법부의 태도가 많이 바뀌었다. 병역거부자에게 재징집을 피할 맞춤 형량을 주고, 보석을 허용하고, 구금도 안 하고. 지금 다시 고발하고 기소하는 식으로 간다면 사법부에서 중대한 변화가 나올지도 모른다. 대법원과 헌법재판소가 비록 합헌 판결을 내렸지만, 입법부에 대체복무제 도입을 권고하지 않았나. 국방부가 시간을 끈다고 지나갈 일이 아니다.

제 3 조

모든 사람은 자기 생명을 지킬 권리,

자유를 누릴 권리, 그리고 자신의 안전을

지킬 권리가 있다.

짓밟힌
길 위의
인권

지옥철과 만원버스, 깨지 않는 악몽

　"'출근길 서울 지하철'에서 '인간 된 권리'가 어떻게 무너지는지를 보여주십시오!"

　〈한겨레21〉로 박소혜 씨가 보낸 전자우편은 비명을 지르고 있었다. 1년 전, 그는 서울 지하철 2호선 강남역 근처에 있던 회사에 사표를 냈다. "출근 시간마다 지하철에서 느껴야 하는 불쾌감이 회사를 그만두는 데 큰 비중을 차지했다"고 한다. "인간이 거대한 사람의 물결에 불쾌하게 떠밀리는 건 인권 문제인데, 강남역으로 출퇴근하는 '화이트칼라'들이 왜 그런 문제의식을 갖지 않을까" 질문도 던졌다.

사당~방배 지나서 강남역에 내린다면

　사실 사람들이 일상에서 '고통스럽다'고 여겨온 풍경들은 결국 인권 문제였다. 노예제도나 마녀사냥과 같은, 지금 생각하면 '끔찍한' 인권 침해도 당시엔 그저 '누군가에게 고통스런 일상'이 아니었는가. 그렇게 인권은 늘 '발견'돼왔다. 매일같이 콩나물시루 같은 '지옥철'과 '만원버스'에 실려 노동을 하러 가는 일상이 인권 문제인가를 짐작해보는 일은 그런 '인권의 발견' 어디쯤엔가 있다.

지옥철에 지쳐 회사까지 그만둔 박소혜 씨와 "한─일 간 가장 큰 차이는 대중교통 문화에 있다"고 말하는 황자혜 〈한겨레21〉 전문위원(일본)의 체험을 통해 출근길의 인권을 생각해본다. 푸시맨 아르바이트생의 감상을 옮긴 박민규의 2005년 소설 〈그렇습니까? 기린입니다〉의 풍경도 함께다.

"지금 열차가 들어오고 있습니다. 승객 여러분들은 안전선 밖으로 물러나주셔야겠지만, 그게 될 리가 없는 것이다. 승객들은 모두 전철을 타야 하고, 전철엔 이미 탈 자리가 없다. 타지 않으면, 늦는다. 신체의 안전선은 이곳이지만, 삶의 안전선은 전철 속이다. 당신이라면, 어떤 곳을 택하겠는가."(〈그렇습니까? 기린입니다〉 중)

매일 아침 7시 30분, 박소혜 씨는 플랫폼에 선다. 파아, 히아, 까치산역에 지하철이 들어오면 재빨리 몸을 움직인다. 신도림역에서 환승을 위해 계단에 올라서면 그때부터는 '내 몸'이 아니다. 지하철 1호선과 2호선 지선에서 쏟아져나온 사람들이 뭉쳐 2호선 강남 방향 승강장을 향한다. 지하철이 떠날세라, 문이 닫힐세라 마음이 급해 뛰고 밀친다. 연착이 돼 지하철이 안 오면 승강장이 터져나가고 '앞차와의 간격' 때문에 정차할 땐 지하철 안이 터질 듯하다. 그럴 때면 박 씨의 머리도 지각 걱정에 터질 듯하다. 에어컨은 모두 가동하고 있다지만, 셔츠는 땀으로 젖어들고 공기는 꿉꿉하다.

강남역에 있는 회사에 사표를 내면서 '다시는 강남 부근에 있는 회사에 다니지 않으리라' 다짐을 했다. 그는 현재 미아삼거리역 부근으로 이사를 한 뒤 여의도에 있는 회사를 다니고 있다. 여전히 1시간은 걸리는 출근

길이지만 '최악의 2호선 구간'을 경험한 그에게 4~5호선 구간은 그나마 숨 쉴 만하다. "강남 출퇴근과 여의도 출퇴근은 그야말로 삶의 질을 바꾼다" 는 생각이다.

국토해양부가 2008년 4월에 발표한 '혼잡역사 안전대책 합동점검 결과' 에서 2호선 사당~방배 구간은 출퇴근 시간대(아침 7~9시, 저녁 6~8시) 평균 혼잡도 221퍼센트를 기록했다. 지하철 한 칸의 승차 정원은 160명, 좌석은 54개다. 혼잡도 221퍼센트면 한 칸에 350여 명이 타고 있다는 뜻이다. 혼잡 도가 250퍼센트를 넘어가면 출입문이 열려도 더 이상 탈 수 없다. 4호선 한 성대~길음 구간이 189퍼센트, 1~4호선의 평균 혼잡도가 171퍼센트였다. '치이지 않고 서 있을 수 있는' 적정혼잡도 150퍼센트를 훌쩍 넘어섰다.

박소혜 씨가 강남으로 출근했던 2007년, 2호선 강남역은 〈한겨레21〉 686호 특집 '가자 출근길, 굽이굽이쳐 가자'에서 '출근 시간대 가장 많은 사 람이 내리는 역'으로 뽑혔다. 2007년 9월 당시 출근 시간대 하루 평균 하차 인원은 34,043명이었다. 박 씨는 2호선 사당~방배 구간에서 최악의 혼잡 을 겪은 뒤 강남역에 도착해 3만여 명의 물결에 휩쓸려 내리는 생활을 반 복했던 셈이다.

신주쿠역 "2분 뒤 정확히 옵니다"

하루 평균 이용자가 75만 명으로 일본 도쿄에서도 가장 번화한 신주쿠 역은 붐비는 면에서 신도림역과 비슷하다. 한데 열차 문이 닫히려고 하는 데도 황자혜 씨는 뛰지 않는다. "지금 타는 건 위험한데다 다음 차가 2분 만 있으면 오기" 때문이다. 일본의 출퇴근 정점 시간대인 아침 8시와 저녁 7시, 우리나라의 2호선 시청·을지로 방향과 비교할 만한 야마노테센 신주 쿠·시부야 방면은 1시간당 오전 23대, 오후 20대가 운행돼 배차 간격이 약 2분~2분 30초다.

연착은 거의 없다. 철로로 사람이 뛰어드는 사고와 같은 비상상황이

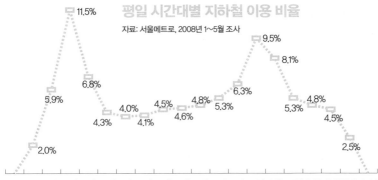

자료: 서울메트로, 2008년 1~5월 조사

11.5%

9.5%

8.1%

6.8%

6.3%

5.9%

4.8%

4.8%

4.0%

4.5%

5.3%

5.3%

4.3%

4.1%

4.6%

4.5%

2.0%

2.5%

5시 6시 7시 8시 9시 10시 11시 12시 13시 14시 15시 16시 17시 18시 19시 20시 21시 22시 23시 24시

생기지 않는 한 연착은 되지 않는다. 사고로 연착이 될 때도 '바쁘신 여러분에게 큰 폐를 끼쳐 송구스럽다'는 사과방송과 함께 사고로 인한 지연을 증명하는 쪽지를 배부해 회사에 제출할 수 있도록 한다.

서울 지하철의 출근시간대 배차 간격도 2분대다. 하지만 문제는 연착이다. 2006년 11월 6~10일 일주일간 출근시간 지하철 평균 지연시간과 정차시간을 조사한 결과, 신도림역의 평균 지연시간은 2분 50초, 신도림역은 4분 28초, 교대역은 무려 7분 33초나 된다. 평균 정차시간도 신도림역 1분 8초, 사당역 1분 27초, 교대역 1분 22초 등을 기록했다. 정차와 지연의 악순환이다. 1호선도 창동역 3분 30초, 서울역 5분 54초, 사당역 6분 6초의 평균 지연시간을 보였다. 이런 식이라면 배차 간격이 2분이라 해도 승객이 플랫폼에 서서 5분 이상씩 열차를 기다려야 한다는 말이다.

일본에서 출퇴근 전철 안을 조금이라도 넓혀보려는 노력은 일본철도(JR) 소부센과 야마노테센의 접(히)는 의자로 나타난다. 1991년부터 선보인 이 의자가 있는 차량은, 문이 4개인 일반 차량과 달리 문이 6개다. 오전 10시까지는 차량 벽면에 접어 붙이고, 오전 10시 이후부터 자동으로 접힌 부분이 내려와 의자로서 기능을 한다. 의자를 접으면 평소보다 많은 인원을 태울 수 있고 문이 많으니 승하차 시간이 단축된다.

역사당 전문인력 포함 수백 명 vs 6명

　'지옥철'에서 흔히 일어나는 각종 안전사고, 성추행, 장애인 이동 불편과 같은 상황에 대응하기 위해 서울의 지하철 역사엔 몇 명의 직원이 나와 있을까. 혼잡 시간대 서울 시내 8개 노선 265개 역사에 근무하는 인원은 역무원, 공익요원, 도우미 등을 포함해 총 1,578명이다. 한 역사당 6명 안팎뿐이다. 또한 역사별로 '비상대응 매뉴얼'이 마련돼 있지 않고 담당 임무도 구분돼 있지 않아 신속한 대처가 어렵다.

　정유리 씨는 "성추행을 알아서 해결하는 데 달인이 됐다"고 말한다. 직장생활 2년차인 그는 얼마 전 "반바지를 입고 있었는데 손이 쑥 들어오"더란다. 정 씨는 '그 손을 콱 잡고 소릴 질렀다. "하루이틀인가요. 서 있는데 앉아 있던 남자가 다리를 만지지 않나, 팔짱 낀 척하면서 손끝으로 가슴을

일본 도쿄의 지하철 풍경. 휴대전화를 꺼두라는 표시가 의자 위와 손잡이에 그려져 있다. 오른쪽 사진 속 의자는 손잡이 부분을 눌러 올릴 수 있는 구조다.

©황자혜

246

문지르지 않나······." 그나마 씩씩한 그이기에 이 정도 대응을 한다. 한 아줌마가 엉덩이를 꽉 쥐었다는 피해 남성의 경우엔 별 말도 못하고 내린 뒤 가슴만 쳤다고 말했다.

김미숙 씨는 가슴이 압박된 상태로 2호선 지하철에 타고 있다가 극심한 어지럼증을 느꼈다. 하지만 강남 부근에 가기까지는 내리는 사람이 없어 내리고자 해도 내릴 수가 없었다. 두세 정거장이 지나서야 간신히 내려 승강장 벤치 위에 쓰러졌다. 10분 정도 누워 숨을 쉰 뒤 다시 지하철을 탔다는 그는 "지하철에 의료 시설 같은 곳은 없었다"고 말했다. 아직까지 어느 역에도 이용자 대상의 의무실은 갖춰지지 않았다.

다시 황자혜 전문위원의 출근길. 일본에서 보통 한 역의 직원 수는 50~100명인데, 출퇴근 러시의 정점이 되는 주요 역은 직원 수가 수백 명에 이른다. 그중 전문인력도 눈에 띈다. 2008년 현재 지하철을 운영하는 JR 히가시니혼 쪽은 장애인을 보조하는 '서비스개호조수' 국가시험 자격증 취득자를 수도권역에서만 2,400명이나 확보하고 있다. 그 밖에도 도움을 필요로 하는 승객들을 안내하기 위한 연수와 교육, 매뉴얼이 있다.

대중교통 내부의 에티켓은 어떨까. 서울에서는 다음 차가 언제 올지 모르고 노선도 한정되어 있다 보니 지하철이고 버스고 아슬아슬하게 껴 타는 풍경이 일상이다. '쩍벌남'과 '큰 소리로 통화하는 사람'을 만나는 일도 새삼스럽지 않다. 게다가 버스의 경우 정류장 인근의 상업시설 광고가 큰 소리로 나오고 라디오를 크게 틀어놓는 등 '소리 폭력'도 심하다. 무가지가 쌓이고 다시 그 무가지를 줍는 사람들에 이리저리 치인다.

일본은 대중교통, 특히 지하철 안에서 휴대전화를 걸거나 받지 않는 것이 보통이다. 특히 우선석(우리나라의 노약자석)의 경우, 노약자·임산부 외에 전파 영향을 받는 의료기를 장착한 승객의 승차에 대비해 휴대전화의 전원을 끄도록 유도하는 '매너존'이 있다. 황자혜 전문위원은 "일이나 관광으로 도쿄에 온 지인들이 '차 안이 너무 쥐 죽은 듯 조용하다'며 불편해할 정도"라고 말했다.

"아침저녁으로 기본권 해치는 셈"

철도지하철 공공성 네트워크 오선근 운영위원장은 "의식주에 교육·의료·교통을 더한 6가지는 현대의 기본적인 생존 조건이고 그중 교통권은 기본권에 속한다"며 "출퇴근 시간 지하철의 혼잡은 사람들의 행복추구권과 인권을 침해하고 있다"고 말했다. 민만기 녹색교통 사무처장은 "대중교통이 불편해 '차나 사야겠다'고 생각하게 되고 그러면 다시 도로가 혼잡해지고 대중교통 상황은 더 나빠지는 '적색교통 체제'의 악순환을 끝내야 한다"고 지적했다.

이렇게 혼잡과 불편의 극치를 달리는 대중교통 현실은 매일 수많은 사람을 '인간 이하'의 상태로 몰아넣고 있지만 '어쩔 수 없다'는 시각 때문인지 시민사회에서도 아직 본격적인 의제로 등장하지 않고 있다. 대중교통의 공공성을 고민해온 단체들도 지옥철과 만원버스의 문제를 지적하면서도 구체적인 '교통권 운동'으로 발전시키진 못하는 모양새다. 교통 문제에는 도시의 여러 근본적 문제가 맞물리기 때문이기도 하다.

서울메트로 홍보실 관계자는 "수도권 과밀화가 해소되지 않는 한 해결이 쉽지 않고, '지옥철'에서 해방되는 순간 지하철 수입 감소로 또 다른 지옥이 기다릴 수 있다"고 말했다. 서울메트로는 1~4호선 17개 노후 혼잡 역사에 9,491억 원을 투자해 승강장·통로·계단 등의 구조를 개선하고 있다. '커트맨'이라 불리는 '승하차 질서 도우미'도 1~4호선에서 운영 중이다. 서울시도 출근시간대 일부 구간만 운행하는 '맞춤버스'와 일부 정류장은 통과하는 '급행버스'를 도입하였다.

"아침마다 수많은 사람들의 고통을 목격하는 일이 점점 하나의 스트레스로 변해갔다. 가까스로 문이 닫히면, 으레 유리창에 밀착된 누군가의

248

얼굴과 대면하기 일쑤였다. ……다른 행성의 존재에게 알려주기엔, 인류의 몽타주는 얼마나 슬픈 것인가. 지금 열차가 들어오고 있습니다. 파아, 하아."(〈그렇습니까? 기린입니다〉 중)

아침에 한 번, 저녁에 한 번. 밀리고 치이고, 숨 막히게 갑갑하고, 땀 나는 몽뚱아리끼리 비비며 불쾌한 기분을 언제까지 홀로 감당해야 할까. 노동자와 학생들의 대이동이 반복되는 도시의 일상, 당신은 인간답게 이동하고 있는가. 잠들면 잊고 눈뜨면 다시 마주해야 했던 반복되는 고통이 이제 당신에게 인권을 묻고 있다.

출퇴근 제도를 바꿔보자

"10시 출근은 쾌적하더라"

안철수연구소 김정석 선임연구원은 아침 9시가 조금 넘어선 시각에 집을 나선다. 그의 업무시간은 오전 10시~저녁 7시. 입사 뒤 몇 달이 지나 그가 직접 선택한 시간이다. 안철수연구소는 연구원들에게 오전 9시 출근과 10시 출근을 선택할 수 있도록 하고 있다. 현재 269명의 연구원 중 27퍼센트가 10시 출근을 하고 있다.

김 연구원이 서울 강남의 집을 나서 여의도에 있는 회사로 오기 위해 이용하는 대중교통은 광역버스다. 가뜩이나 좌석이 많아 서 있을 자리도 좁은 버스 안은 출근시간대에 매우 혼잡하다. "10시 출근으로 바꾸고 버스를 타보니 정말 쾌적하더라고요. 연봉에 조금 차이가 있더라도 10시 출근을 할 수 있는 회사가 훨씬 낫다고 봅니다."

안철수연구소는 창립 초반부터 '자유출퇴근제'를 도입했다. 법정 근무시간만 지킨다면 언제 출퇴근하는지 회사가 관여하지 않았다. 그러던 것이 직원 수가 많아지면서 2001년부터 9시와 10시 출근 중 택일하도록 선택을 좁힌 셈이다.

현재 출퇴근 시간 탄력운용제나 재택근무 같은 제도를 활용하고 있는 회사는 한국 P&G, 다우코닝, 유한킴벌리, IBM, 로레알코리아 등 다양하다. 한 잡지가 '여성들이 일하고 싶은 회사'를 조사한 결과에서도 출퇴근 시간에 관한 회사의 정책이 입사자들의 관심 대상인 것으로 나타났다. 출퇴근 시간 조정만으로도 회사는 구인 경쟁력을 얻는 셈이다.

2007년 〈서울도시연구〉에 따르면, 강남에 위치한 기업 본사는 1990년 287개에서 2003년 568개로 늘었다. 강남 다음으로는 구로디지털단지나 상암DMC, 판교신도시 등에 기업이 밀집해 있다. 이들 지역의 출퇴근 환경을 쾌적하게 만드는 데 기업의 선택은 한 방법이 될 수 있다. 특히 직원 수가 적어 인력 운영이 좀더 유연할 수 있는 중소기업의 경우 출퇴근 시간 조정과 재택근무 확대 등 근무 형태의 변화로 복지 경쟁력을 높일 수 있다.

저상버스는 누굴 위해 달리나

　문애린 씨가 30분이 넘게 버스정류장에 서있다. 서울 보문동에 위치한 성북장애인자립생활센터에서 일하는 그는 업무상 광화문에 나갈 일이 많다. 그가 이용하는 273번 버스의 배차 간격은 7~8분. 하지만 그에겐 배차 간격이 30~40분, 혹은 그 이상이다. 273번 버스가 여러 대 지나가도 그는 그대로 서 있다. 저상버스를 타야 하기 때문이다.

　"저상버스가 와야 전동휠체어를 이용하는 제가 탈 수 있는데, 저상버스가 언제 올지 알 길이 없잖아요. 무작정 기다리다 보면 30분, 40분이 넘어가죠." 택시를 타면 휠체어를 싣기가 힘들어 그렇게 버스를 기다리곤 한다. '환승을 안 하는 게 어디냐'고 위안하는 그는 인내의 달인이다.

그가 탈 버스의 배차 간격은 40분?

　그나마도 사람이 많은 출퇴근 시간대엔 거의 이용이 불가능하다. "아무래도 휠체어가 덩치가 크니까 들어가다가 사람 발을 밟을 수도 있고⋯⋯ 아무튼 비집고 들어가야 하니까 눈치가 보이죠." 지하철 리프트를 이용할 때도 마찬가지다. 그래서 장애인 직원이 많은 그의 직장은 출근 시간이 10시다.

　저상버스가 도입돼 기대를 많이 했지만 이용은 힘들다. 특히 휠체어를 사용하는 동료들과 여럿이 이동하는 날엔 더 낭패다. 현재 서울에서 운행 중인 저상버스에는 전동휠체어가 두 대밖에 탈 수 없기 때문이다. 또 저상버스라고는 해도 버스 출입문의 턱은 바닥에 붙지 않는다. 우리나라 저상버스는 외국처럼 받침대가 내려오지 않는다. 버스를 타도 공간이 협소해 안에서는 휠체어 방향을 돌리기가 어렵다. 운전이 난폭한 기사라도 만날 경우 문 씨의 휠체어는 이리저리 비틀댄다. 버스에 탑승하는 시간이 길어지면 승객들의 시선도 곱지 않다.

현재 서울에 바닥이 낮은 저상버스가 운행되는 노선은 총 69개다. 151번이 가장 많은 27대를 보유하고 있고 1132·1222·5530번 등은 1대만 저상버스다. 서울의 저상버스는 현재 총 540대. 도로 사정이 좋지 않은 곳을 많이 지나는 지선버스는 저상버스가 적거나 없다. 동네를 구석구석 돌아다니는 버스일수록 저상버스가 없는 셈이다.

김정선 서울시 버스정책담당관은 "우리 역시 저상버스의 배차 간격을 어느 정도 알려줘야 장애인들이 편리하게 이용할 수 있겠다 싶어 자체 조사를 해보니 저상버스 비율이 너무 작아 아직까지는 규칙적으로 운영하기가 불가능하다"고 말했다. 전체 버스 대수의 절반 정도는 돼야 저상버스의 배차 간격이 일정해질 것이란 설명이다.

"저상버스 비율 너무 미미해 문제"

박경석 전국장애인차별철폐연대 집행위원장은 "저상버스의 도입 대수가 전체 버스 수에 비해 너무 미미해 장애인이 일상적으로 대중교통을 이용할 수 없다는 것이 가장 큰 문제"라고 말했다. 특히 지방으로 가면 그 수가 너무 적어 아직 '한국이 저상버스를 도입했다'고 말하기 어려운 수준이라는 지적이다. 그나마 서울시에서는 교통약자이동편의증진 등에 관한 조례를 제정해 2013년 이후 버스의 50퍼센트 이상 저상버스를 도입해야 한다고 명시했다. 하지만 다른 지역엔 아직 이런 조례가 없다.

박 위원장은 "저상버스를 도입해도 운전자의 교육 미비로 장애인에 대한 배려가 제대로 이뤄지지 않고 있고 내부 구조도 휠체어를 움직이기 불편한 상태"라고 말했다. 문애린 씨가 동료들과 쾌적하게 버스를 탈 날은 아직도 멀기만 하다.

휠체어 타고 황홀 투어

휠체어 이용자인 어머니와 함께 일본 도쿄와 교토를 대중교통으로 왕복해본 소감을 말하라면? '안전 최우선'은 기본에 조금 과장해 말하면 '황홀 경지'였다.

도쿄도 내 다마사카이역 출발. 역무원실 바로 옆 개찰구는 대부분 다른 개찰구에 비해 폭이 넓은 휠체어 전용구. 휠체어로 들어가면 역무원에게 '딱 걸린다'. "어느 역까지 가십니까?" 불심검문도 아니고 내가 왜 그걸 고해야 하나 싶지만, 다 이유가 있다. 바로 "목적지 역까지 안전하게 모시겠다"의 다른 표현. 몇 시 몇 분에 몇 번째 차량에 올라타느냐를 목적지 역인 도쿄역에 연락 → 해당 역에 역무원이 대기 → 지하철 문이 열림과 동시에 안내를 받는 것으로 감동은 시작된다. 승강장과 전동차 사이의 틈에 '슬로프판'이라는 3단 교량대를 역무원이 일일이 깔고 접고 하면서 무전기로 이용자가 안전히 승하차했음을 전철 운전자에게 보고해야만 문이 닫힌다.

신칸센도 같은 방식으로 안내를 받아 승차했는데, 다른 점은 승무원이 다시 꼼꼼한 조사(?)를 나온다는 것. 신칸센 어느 역에서 내리는지, 갈아타기는 어디서 어디까지인지를 파악한 뒤 정차 역마다 출입구에 놓인 휠체어를 관리한다. 돌아오는 교토역에서는 역이 하도 넓은데다 초행길이었던지라 까딱하면 제시간에 기차를 못 탈 뻔했는데, 역무원들 덕택에 살았다. "휠체어 이용자가 지나가시니 길을 비켜달라"고 다른 승객들의 양해를 구하면서 역 광장에서 개찰구, 승강장을 거쳐 마지막으로 신칸센 승무원에게 릴레이식으로 손님을 인계하는데, 어머니가 영화 〈보디가드〉의 여주인공이 되는 감동의 순간이었다.

택시도 놀랍다. 일본 택시의 대다수를 점하는 도요타산 자동차는 트

개찰구로 휠체어를 밀고 들어간 순간부터 '딱 걸렸다'. 2인1조의 역무원들이 승강장까지 '모시더니' 전화로 목적지 역에 휠체어 이용자 탑승을 미리 알려 하차를 돕도록 했다. 모든 과정에서 손발이 착착 맞았다.

렁크에 휠체어를 실을 수 있는 구조로 설계돼 있다. 택시 정류장에 선 순간 운전석에서 달려나와 어머니의 머리가 택시에 부딪히지 않도록 안내한 뒤 휠체어를 접어 트렁크에 싣고 안전을 확인한 뒤 출발하고, 도착해서도 마치 개인비서처럼 움직여주는 운전기사분. "미터기 요금만 내기에는 미안해 몸둘 바를 모르겠다"던 어머니의 감상이 잊히지 않는다. 물론 일본의 모든 택시가 이와 같다고 단언할 수는 없다. 하지만 한국의 공항에 도착하면 일본인으로 보고 대뜸 택시비를 흥정하려 드는 기사를 만나거나, 늦은 귀갓길 서울 시내에서 택시비를 더 주고라도 택시에 올라탈 수 있는 것에 감사해야만 했던 경험에 비춰보면 상상하기 힘든 문화다.

전철 역무원이나 택시·버스 운전자의 어딘가 귀찮은 표정, 그리하여 이용자 역시 어딘가 미안한 표정을 짓는 일이 요구되지도 당연하지도 않은 도쿄~교토 간 휠체어 여행. 일본이 한국보다 대중교통 비용이 월등히 비

싸니 가능한 것 아니겠냐고 일축하기에는 너무나 큰 문화 차이를 느낀 체
험이었다.

깁스하니 세상이 바뀌다

김다희 씨가 다리를 다친 건 3주 전이었다. 철퍼덕, 어쩌다가 그렇게 인대가 파열됐다. 반깁스를 하고 절뚝이는 일상이 시작됐다. 그는 "갑자기 지하철, 버스 정류장, 횡단보도 등 내가 지나다니는 모든 곳이 비장애인 위주의 이기적인 시설임을 알게 됐다"고 말했다.

대학생인 그의 등굣길은 도보−지하철−버스−도보의 대장정이다. 화요일, 아침 9시 30분에 시작하는 수업을 듣기 위해선 8시 전에 집에서 나와야 한다. 서울 지하철 4호선 상계역에서 지하철을 타 노원·창동역을 지나 쌍문역쯤 가면 어느새 몸이 공중에 뜬다. 발이 땅에 닿지 않아도 넘어질 일이 없는 '꼭 낀' 상태다. 그렇게 혜화역까지 온다.

노약자 우선석에 앉고 싶지만 발을 다치고도 그곳은 범접하기 어려운 구역이다. 특히 긴 바지를 입고 있을 때면 깁스가 잘 보이지 않아 눈총이 따갑다. 한번 앉았다가 한 할머니에게 일어나란 압력을 받은 이후부터는 언감생심 꿈도 안 꾼다.

지하철 엘리베이터도 포기했다. "젊은 것이……"라는 시선에 대한 부담감이 너무 크다. 각종 광고에서도 '지킬 건 지킨다'거나 '운동하는 셈 치면 되고~'라고 가르치지 않나. 그렇다고 이 살벌한 출근 시간에 자리 양보를 기대하기도 어렵다. 오히려 절뚝거리며 계단을 올라가는 도중에 "뭐야, 왜 이렇게 천천히 가!"라며 그를 밀치고 간 사람들도 있다.

에티켓이 바로 서지 않은 세상에 화도 났다. 그는 "지하철역 에스컬레이터만 해도 가운데 서기, 두 줄 서기, 다시 한 줄 서기 등으로 얼마나 오락가락했냐"면서 "제대로 된 에티켓을 교육한다면 공중 화장실 한 줄 서기처럼 금방 정착되고 더 쾌적한 환경을 만들 수 있을 것"이라고 말했다.

그가 이용하는 혜화역 4번 출구는 엘리베이터나 에스컬레이터가 없다. 지하철역을 빠져나오는 데만 10분이 걸려 버스 정류장에 도착. 이제 갈아 탈 버스는 만만치 않은 상대다. 학교 후문까지 가는 버스는 20분간 춤을 춘다. "사람도 많은데 운전이 험하다 보니 잡을 데도 없는 사람들이 넘어지고 밀리고, 균형잡기가 힘들어요. 제가 자리를 잡기도 전에 급출발하고 내리려고 이동하는 데 급브레이크 밟는 식이죠."

그는 지난 3주간 이 버스 안에서 오도독, 수없이 발을 밟혔다. 그 결과 깁스를 풀기로 한 날, 병원에서는 "상태가 안 좋아 아직 풀 수 없다"는 말을 듣고 왔다. "어쨌든 저는 이제 곧 깁스를 풀고 걸어다닐 텐데, 장애인들은 계속 불편해서 어떡하나요. 우리 모두 장애인이 될 수 있는데……."

자신을 흘낏흘낏 바라보던 시선이 부담스러웠다는 그는 이제 혼잡한 지하철이나 버스 안에서 장애인을 마주치면 못 본 척해야 할지 말지 고민이란다. 쳐다보는 시선도, 애써 무시하려는 시선도 모두 상처가 될 것 같기 때문이란다. "장애인과 함께 생활하는 교육이 우리에겐 너무 안 돼 있다"는 그는 한 달간의 장애 체험으로 사회를 밑바닥부터 다시 바라보고 있다.

존엄한
죽음을 위하여

인간답게 죽고 싶다

말기암 선고. 생의 모든 게 무너지는 순간이다. 그리고 남은 시한부 인생. 존엄하고 소중한 한 생명을 어떻게 마무리지을 것인가.

그러나 빈곤층 말기암 환자들에게 삶의 반추는 사치일 뿐이다. 지저분하고 컴컴한 골방에서, 홀로, 또는 자신과 마찬가지로 병들고 지친 가족과 함께, 거친 음식으로 연명하며, 그들은 자신이 살아온 인생만큼이나 쓰디쓴 시한부 삶을 살아내야 하고, 누추한 죽음을 쓸쓸히 기다려야 한다. 그들에게 생의 존엄은 무엇이고, 존엄한 죽음은 무엇인가.

종일 싱크대 옆에 누워 있는 이혜용 씨

지은 지 20년이 넘어 붉은 벽돌이 거뭇거뭇해진 낡은 연립주택 2층. 한낮이지만 빛이 잘 들어오지 않는데다 불을 켜지 않아 집 안은 컴컴했다. 집 안으로 들어서자, 대소변 냄새가 섞여 있는 듯한 지린내가 훅 끼쳤다.

거실 겸 부엌 싱크대 바로 옆에 이혜용(79) 씨가 이불을 덮고 누워 있었다. 뼈 위에 얇은 거죽을 걸쳐놓은 듯 살점이라곤 하나도 없었다. 핏기 하나 없는 샛노란 얼굴. 푹 파인 눈두덩이 주변은 푸르스름하다. 이 씨는 때때로 비쩍 말라 부서질 것 같은 팔을 뻗어 두유를 마셨다. 정부에서 지원되는 쌀만으로 버티기 위해서 점심 대신 두유를 먹는다. 그나마도 아까워 조금씩 몇 시간을 두고 마신다.

이 씨는 1년 전 직장암을 선고받았다. 8년 전 비암으로 큰 수술을 받은 뒤, 두 번째 암 선고다. 직장에서 생긴 암세포는 몸을 타고 뼈로 옮아갔는지, 석 달 전 심하게 열이 난 뒤로는 아예 자리에서 일어나지 못한다. 하루 24시간을 가만히 누워 있는다. 스스로 몸을 뒤척일 수도 없다. 암이 얼마나 어떻게 번졌는지, 병원에 가지 않아서 정확한 상태를 알지도 못한다. 덕양구 보건소 '방문간호사업'을 통해 이 씨를 방문한 일산병원 전문의(가정의학)는 "검사기구로 정확한 진단을 한 건 아니지만, 발이 붓는 등 상태로 보아 말기인 것 같다"며 "노인이어서 지금은 통증에 무디지만 두 달 이내에 통증이 극심해질 것"이라고 말했다.

이 씨를 돌보는 건 아내 김춘자(74) 씨다. 관절염, 허리 디스크, 저혈압 등 김 씨가 앓고 있는 만성질환도 여러 가지다. 김 씨 역시 '돌봄'과 '부양'을 받아야 하는 노인이지만, 그는 꼼짝 못하는 남편을 돌봐야 한다. 이 노부부의 하루는 길다. "밤에 잠이 안 와서 밤 12~1시에 겨우 눈을 붙여. 아침 6시면 눈이 떠져. 그러면 뭘 해. 가만히 계속 있어. 1시간쯤 있으면 할아버지가 내 발을 막 잡고 흔들어. 기저귀 갈아달라고. 그러면 내가 기저귀를 갈아주지." 김 씨가 하는 일은 하루 다섯 번 남편 이 씨의 기저귀를 갈아주고, 하루 두 번 밥을 챙기는 일이다. 밥은 하루 두 끼, 기저귀는 다섯 번만 간다. 10개들이 6천 원인 기저귀 값만 한 달에 9만 원쯤 된다. 노령연금 137,000원, 기초생활급여 31만 원, 장애인 아들에게 나오는 돈 15만 원이 생활비의 전부인 이들에게 방세 30만 원을 빼고 나면 그나마도 남는 돈이 없다. 두 부부가 싱크대 옆에 자리한 것도 밥을 하고 밥을 먹이고 설거지를 하는 동안에 움직이는 거리를 가장 짧게 하기 위해서다.

나머지 시간에는 김 씨도 남편 이 씨 옆에 모로 누웠다 바로 누웠다, 텔레비전을 켰다 껐다를 반복할 뿐이다.

몸 전체에 마약성 패치 붙인 정광명 씨

2003년 직장암에서 시작해 지금은 척추·폐 등 온몸에 암세포가 번져 말기 상태에 이른 정광명(49·가명) 씨. 그의 세상은 서울 답십리1동 방 두 개짜리 반지하 주택의 큰방 침대 위가 전부다. 그는 "내가 얼마나 아픈지 아냐"며 통증에 대해 설명했다. "일단 배 쪽은 계속해서 전기고문을 하는 것처럼 찌릿찌릿한 고통이 24시간 계속되고요. 왼쪽 다리는 누가 칼로 다리를 째는 것 같고, 오른쪽 다리는 쇳덩이로 짓이기는 것 같아요. 말로 다 못해. 말로는……." 정 씨는 말하면서 웃옷을 들어올려 그가 붙이는 마약성 패치를 보여줬다. 시간당 50밀리그램으로 진통제 중 강도가 가장 센 약이다. 몸 전체에 붙어 있는 마약성 패치가 총 20개다.

정 씨의 또 다른 고통은 '밤'이다. "나는 잠도 맘대로 못 자요. 너무 아프니까……." 밤새 잠 못 이루는 정 씨는 크게 앓는 소리를 내지도 못한다. 밤이 되면 정 씨 침대 옆에는 낮에 일하러 갔다가 돌아온 아내 류영미(가명) 씨와 중학교 2학년 둘째딸, 원래 초등학교에 입학할 나이지만 왼쪽 손발이 작아 발달이 늦된 셋째딸이 잠을 자고 있기 때문이다. 바로 옆 작은방에는 올해 입시를 준비하는 고등학교 3학년 큰딸이 자고 있다. 정 씨는 "밤에 캄캄해지면 그래도 옆에서 자고 있는 아이들과 아내를 보고 꼭 살아야겠다고 생각해요. 움직이지 못하지만 다리에 힘을 주고 몸을 일으켜 앉아요. 내가 그렇게 움직이지 않으면, 금방이라도 죽어버릴 것만 같거든요. 그래서 혼자 조금씩 조금씩 움직여요."

표막달레나 모현호스피스센터 책임수녀는 정 씨의 상태를 전해듣고

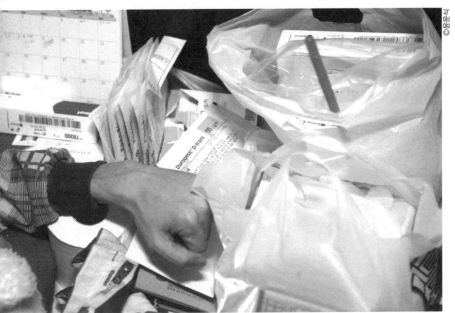
24시간 누워 있어야 하는 정광명 씨는 손을 뻗을 수 있는 침대 바로 옆에 진통제, 휴지, 약 등 필요한 모든 물건을 두고 있다.

"척추나 신경으로 암세포가 번져서 패치를 아무리 붙여도 통증이 줄어들지 않는 것 같다. 그럴 땐 의료진이 주사 등을 투약하고 다른 방법들을 써서 통증을 전문적으로 조절해야 하는데, 혼자 악으로 버티고 있으면 환자의 마음이 너무나 지쳐버린다"고 걱정했다. 수면장애도 말기 암환자들이 공통적으로 겪는 장애로 정맥주사나 적절한 약 처방이 필요하다. 또 밤사이 죽으리라는 두려움과 악몽 때문에 잠을 못 자는 경우도 많다. 이 경우 환자를 안심시키고 격려하는 말을 해주거나 정신과 의사가 상담을 해주면 많은 도움이 될 수 있지만, 정 씨는 '가족이 있다'는 위안과 그것 때문에 살고 싶다는 '의지' 외에 아무런 지원도 받지 못하는 상태다.

정 씨는 말했다. "공기 좋고 물 좋은 곳에 가서 1년쯤 지내다 보면 병을 이겨낼 수 있을 것 같은 기분도 들어요. 그런데 어쩔 수 없죠. 여건이 안 되니까……."

간호하던 딸이 우울증 걸린 홍진녀 씨

"간장 좀 사 와라, 경애야."

대구에 사는 홍진녀(52·가명) 씨가 숨을 몰아쉬며 딸에게 말했다. 홍 씨
는 요즘 매일같이 딸에게 하루 한 가지씩 심부름을 시키면서, 딸이 세상
밖으로 나갈 수 있도록 연습시킨다. 그는 2000년 비강암 진단을 받은 뒤 1
년 정도 항암치료를 받고 식당 보조일, 파출부 일을 시작했다. 남편은 심
근경색으로 10년 전 세상을 떠났다. 열심히 살아보려던 2004년 여름, 홍 씨
는 다시 숨이 찼다. 병원에 갔더니 암세포가 폐로 전이됐다고 했다. 폐암
말기로 집에서 마약성 진통제로 통증 조절만 하고 있는 홍 씨는 호흡곤란,
팔다리를 찢는 것 같은 온몸의 통증을 견디며 하루하루를 지내고 있다.

그러나 지금 홍 씨의 머릿속에는 고통보다 더 큰 걱정이 가득하다. 둘
째딸 김경애(가명) 씨 걱정이다. 홍 씨에게는 딸이 셋 있다. 큰딸은 이혼한
뒤 작은 중소기업에 다니면서 근근이 살고 있다. 막내딸은 가출 뒤 연락
이 안 된다. 홍 씨의 곁을 떠나지 않고 홍 씨를 돌봐준 건 둘째딸 경애 씨
다. "밥 차려주고, 몸 씻겨주고, 집안일 하고. 내 곁을 떠나지 않고 늘 나를
돌봐줬어." 홍 씨에게 경애 씨는 착한 딸이었지만, 경애 씨는 점차 우울증
과 대인기피증을 보이기 시작했다. 밖으로 나가는 일도 적어졌다. "내가 재
발하고 1년쯤 지났을까. 집에 누가 찾아오면 경애가 방으로 콕 들어가는 거
야. 아무리 불러도 밖으로 안 나와. 그때부터 며칠씩 문을 잠그고 있어. 나
중에 물으니 거의 1년을 집 밖에 나가지 않고 방에만 있었다나 봐. 내가 내
아픔에 급급해서 딸이 어떤 마음인지 전혀 몰랐던 거야."

가정방문을 하는 보건소 간호사의 연결로 정신과 상담을 받은 지 1년.
경애 씨는 이제 조금씩 혼자서 나가는 연습을 하고 있지만, 여전히 집 밖
엔 잘 나가지 않고 모르는 사람과 이야기도 하지 않는다. "내가 죽으면 우

리 경애는 어떡해. 저걸 생각하면 내가 못 죽어. 내가 어떻게 죽어."

마약성 진통제 패치를 몇 개씩 붙여도 끊이지 않는 통증에도 눈물을 보이지 않던 홍 씨 눈에서 눈물이 주르륵 흘렀다.

노인 인구와 저소득층이 많은 동네

경기 일산시 덕양구 대덕동에서 1년 6개월 동안 방문간호사업에 참여한 한 간호사는 "유독 노인 인구가 많은 이 지역은 마을 전체가 '놀랄 노자'"라고 말했다. 대덕동은 노인 인구가 12퍼센트(인구 4,500명 중 550명)로 전체 평균 노인 인구 비율(9.1퍼센트)을 훨씬 웃돈다. 그는 이 지역에 저소득층이 많다고도 덧붙였다.

아들 둘, 딸 한 명을 둔 아주머니가 식도암 말기 판정을 받았다. 그러나 두 아들 중 한 명은 집을 나갔고, 다른 한 명은 파산 선고를 받았다. 돌봐줄 사람이 없어 마을 이장이 경기 의정부 시에서 결혼해 살고 있는 딸에게 아주머니를 보냈지만, 한 달 뒤 딸은 "도저히 돌볼 수가 없다"며 어머니를 다시 대덕동으로 돌려보냈다. 동네 사람들이 가끔 들여다보는 것 말고는 홀로 병마와 싸우던 아주머니는 결국 쓸쓸히 세상을 떠났다. 이 아주머니는 실질적으로 자신을 부양하지 않는 딸이 부양가족으로 등록돼 있고집이 있다는 이유로 차상위계층으로 등록돼 기초생활급여 대상자도 되지 못했다.

같은 마을에 사는 한 부부는 재혼한 지 5년 만에 부인이 암에 걸렸다는 진단을 받았다. 결혼해서 집을 샀는데, 3년 동안 치료비를 대느라 집을 팔았다. 고물상을 하던 남편은 아내가 죽은 뒤 알코올중독으로 매일같이 술만 마시다가 뇌졸중으로 쓰러졌다. 또 다른 노부부도 할아버지가 암에 걸려서 숨지자, 할머니가 자살을 했다.

이경식 가톨릭의대 명예교수(종양내과·완화의료학)는 돈이 없거나 돌봐줄 가족이 없어서 병원에 가지 않고 생을 포기한 채 집에만 있는 사람들에게 가정방문 호스피스 사업을 하는 '삼성산 호스피스 봉사회'를 설립했다. 그는 빈곤층 시한부 삶의 현실에 대해 이렇게 설명한다. "병원에 올 수 없는 가난한 사람들, 방치된 사람들이 여전히 너무 많다. 지금의 보험 수가로는 이들을 병원으로 끌어낼 수 없다. 가난한 사람들은 돈이 없거나, 돌봐줄 가족이 없다. 가족이 있는 경우도 암환자가 있으면 나머지 가족은 미성년자가 아닌 다음에야 모두 경제활동을 해야 한다. 그러니 추가로 간병인이 필요하고, 그것도 다 돈이다. 이들을 포섭할 수 있는 '제도'는 현재로선 없다. '자원봉사', 여러 단체나 재단의 '지원'밖에 대안이 없는 실정이다."

말기암 환자들은 수술, 약물요법 등 적극적인 항암치료가 더 이상 효과가 없다고 판단되는 환자다. 기대되는 수명은 6개월 이하다. 이들은 회복 가능성은 없지만, 극심한 통증에 시달리기 때문에 통증을 조절해주는 '통증완화 치료'가 필요하다. 통증은 암의 종류마다 다르지만 말기에 다다르면 대체로 호흡곤란, 통증으로 인한 수면장애, 방광 팽만이나 변비, 마약성 진통제 사용으로 인한 입마름증, 구토, 복수, 딸꾹질, 발열, 부종, 욕창 등 다종다양의 통증이 온몸을 공격한다. 통증과 죽음에 대한 두려움으로 우울증과 이로 인한 자살 시도 등 정신적으로 겪는 불안도 심각하다.

'버킷 리스트'엔 생계·가족 걱정뿐

말기암 환자들은 이 모든 통증을 적절하게 관리받으면서 죽음을 잘 준비할 권리가 있다. 존엄하게 죽을 권리는 인간에게 부여된 마지막 권리이기 때문이다. 그러나 저소득층 암환자들은 통증을 세심하게 돌보면서 자신의 삶을 마무리하기는커녕, 생계에 대한 두려움, 남겨진 가족의 생활에 대한 걱정까지 떠안고 얼마 남지 않은 삶을 홀로 숨죽이며 보내야 한다.

영화 〈버킷 리스트〉에서 돈 많은 시한부 환자 에드워드는 마지막 남은 삶을 뜻깊게 보내기 위해 하고 싶은 일들의 목록을 만들어 실천하는 여행을 떠난다. 카레이싱, 스카이다이빙, 가장 아름다운 소녀와 키스하기, 문신하기 등 유쾌한 목록들을 하나하나 실천한다. 그러나 영화와 현실은 다르다.

만나본 시한부 환자들의 버킷 리스트를 물었다.

"집 전셋값 좀 마련됐으면 좋겠어. 할망이 돈 걱정 안 하고 아프지 않게 죽었으면 좋겠고."(이혜용 씨)

"고통 없이 편안하게 죽고 싶어. (어디 가고 싶은 곳은 없나?) 간혹 집 앞에 산책이나 나가면 되지."(송정란 씨)

"누가 나 죽을 때 장례비만 내줬으면 좋겠어. 우리 딸 돈도 없는데 나 초상도 못 치르면 어떡하나, 그게 걱정이야."(홍진녀 씨)

"내가 다시 건강해지는 거지. 둘째딸이 개그맨 기질이 있는 것 같아서 마술을 가르쳐주고 싶었는데 결국 못 가르쳐줬어."(정광명 씨)

'가난'과 '죽음'을 동시에 떠안은 사람들은 죽음에 대한 두려움과 가족에 대한 미안함, 생계에 대한 걱정을 통증과 함께 머리에 이고 집 안에서 고통의 한숨을 내뱉었다. 많은 사회적 약자들이 '침해받은 권리'를 찾기 위해 거리로 나오는 시대지만, 거리로 나올 힘조차 없는 이들은 별달리 바라는 것도 없이 조용히 집 안에 누워 죽음을 기다릴 뿐이다. 우리에겐 잘 보이지 않지만, 그렇게 생명의 숨을 쉬고 있는 이들이 있다.

의료보험만으론 턱도 없군요

말기 암환자를 위한 국내 호스피스 기관은 2007년 현재 총 78개다. 그러나 이들 호스피스 기관을 이용하는 데는 돈이 필요하다. 국내에서 가장 시설이 잘돼 있다는 서울 강남성모병원의 경우 호스피스 병동에는 의료보험이 적용되는 6인실이 없다. 6인실은 환자를 제대로 돌볼 수 없다는 판단에서다. 1인실은 하루 병실료가 254,000원, 4인실은 하루 172,000원, 5인실은 하루 57,000원이다. 의료보험에서 6인실 기준으로 지급되는 2만 원을 제외하고는 모두 환자 부담이다. 의료급여 대상자 여부, 기초생활급여 대상자 여부도 따지지 않는다. 각 병원 사회사업과에서 환자들의 상황을 점검해 재단 등과 연계해 병원비가 지원되기도 하지만, 지원 여부가 확실하지 않기 때문에 환자들이 마음 놓고 이용할 수 없는 형편이다. 반면 일본에서는 호스피스 병동의 경우 전체 병실의 절반 이상이 1인실이고, 모두 의료보험이 적용된다.

기초생활수급대상자로 유방암이 피부·폐 등으로 전이된 송정란(가명) 씨는 얼마 전 폐에 물이 차 숨이 넘어가기 직전 한 호스피스 병동 4인실에 입원했다. 각종 진료비를 포함해 2주 입원했고 113만 원이 나왔다. 손 씨는 "중고생 딸이 있다"며 "언니가 도와줘서 가능했지만, 계속 그런 치료를 받기란 사실 쉽지만은 않은 일"이라고 말했다. 병원 사회사업과에서 도와줄 수 있는 방법을 찾아보겠다고 했지만, 우선은 병원비를 모두 지불한 상태다.

호스피스 병동에서 완화치료를 받지 않고 집에서 시간을 보내고 있는 저소득층 말기 암환자를 대상으로 각 지역 보건소가 '맞춤형 방문보건사업'을 실시하기도 하지만, 실질적 도움을 주기에는 역부족이다. 말기 암환자를 위한 호스피스 양성 과정을 이수하는 등 전문성을 갖춘 간호사도 적고, 간호사 1명이 담당해야 하는 가구 수도 평균 245가구로 너무 많다. 이 때문에 방문간호사들이 많게는 한 달에 한 번, 적게는 두세 달에 한 번 환자를 방문할 수밖에 없다.

힘들면 "아 좋다" 하래요

"엄마보다 먼저 죽기는 싫어요. 왜 내가 이런 병에 걸린 건지……. "

2006년 3월, 유방암 3기말 진단을 받은 신명숙(49) 씨는 처음 만난 엄명숙 대구 수성구 보건소 간호사를 붙잡고 눈물을 흘렸다. 신 씨는 당시 '죽는다'는 두려움, '왜 하필 나에게 이런 일이 닥쳤는지'에 대한 분노로 꽉 차 있었다. 벽을 치면서 울기도 여러 번이었다. 맏딸로서 어머니에게 효도한 적이 없다며 벌써 죽으면 어떡하냐고 한탄을 풀어놓는 그의 목소리는 항상 풀이 죽어 있었다. 간혹 안절부절못하는 모습으로 불안해하기도 했다. 엄명숙 간호사는 그런 그에게 "견딜 수 있다"고 힘을 주고 '희망중재 프로그램'에 따라 대화를 시도했다.

호스피스 전문 간호사 둔 보건소의 효과

그 뒤 2년. 다시 만난 신 씨는 눈물 대신 웃음을 보였다. 남편과 이혼한 뒤 버스운전·대리운전 등을 하며 거친 생활을 해온 신 씨는 본래의 밝고 적극적인 성격과 유머감각을 되찾아가고 있었다. "암이라는 거, 사형선고 같지만 생각해보면 누구나 다 죽잖아요. 내가 꼭 죽는다는 게 아니라……. 저는 하루하루 열심히 살아가고 있는 거예요." 교과서에 나오는 말만 골라 하다가, 예전 버릇대로 욕도 툭툭 뱉어내면서 거침없이 농담도 했다.

현재 상태도 좋은 것만은 아니다. 간과 폐 등에 다발성 물혹이 생기고 있다. 등 쪽에도 포도송이처럼 혹들이 생겨 암인지 검사를 받는 중이다. 등 쪽에 통증이 계속 있다. "최고 통증을 10으로 보면 3~4 정도의 통증은 항상 있어요. 밤이 되면 온몸에 땀이 나고 아파서 잠을 못 잘 때도 많아요. 그럴 때면 아무 생각도 안 나고 머릿속이 하얘지지만, 아침이 되면 '나는

267

이겨낼 수 있다'라고 긍정적으로 생각하려고 노력하는 편"이라고 말했다.

프로그램은 10주짜리로 주마다 주제를 정하고 환자와 대화한다. 첫 주에는 환자의 솔직한 심경과 희망을 묻고, 셋째 주에 목표를 설정하고, 희망을 갖기 위한 방법도 제시한다. 5주째에는 좋아하는 사람과 원한이 있는 사람에 대해 이야기하면서 관계를 정리하고, 6주째에는 '삶이 24시간만 남는다면 무엇을 할 것인가'라는 질문을 통해 죽음을 준비할 수 있는 단서를 마련한다.

일반 보건소에서는 말기 암환자를 전문적으로 도와주는 호스피스 과정을 이수한 간호사가 드물다. 하지만 수성구 보건소는 계약직이긴 하지만 1년짜리 호스피스 양성과정을 이수한 간호사를 따로 뽑아 이 프로그램을 운영 중이다. 계명대와 함께 진행하는 이 프로그램을 거친 환자는 거치지 않은 환자에 비해 '미래에 대한 기대'와 '삶에 대한 긍정도'가 훨씬 높아졌다. 프로그램 진행 뒤 미국에서 개발된 희망지표를 통해 희망지수를 측정한 결과, 프로그램을 거친 환자는 희망에 대한 기대가 14점 높아진 데 비해, 거치지 않은 환자는 2점 높아진 데 그쳤다. 특별히 환자와 대화하는 노력이 없을 때는 보건소의 '돌봄 서비스'를 받아도 삶에 대한 인식 이나 자세의 변화는 거의 없는 셈이다.

신 씨는 "프로그램을 진행하면서 나와 공감대를 형성하고, 나에게 희망을 주려는 간호사의 노력에 감사했고, 그것 자체가 다시 나에게 삶에 대한 의지로 돌아왔다"고 말했다. "해가 뜨는 희망적인 사진 선물도 좋았다"고 덧붙였다.

두려움과 무력감을 씻는 '마음 조절'

물론 개인적인 어려움은 여전히 많다. 아직 이혼한 남편에 대한 분노를 완전히 지우지 못했고, 경제적인 어려움도 크다. 얼마 전 혼자 대리운전을 하다가 일주일을 드러눕기도 했다. "늘 밖에서 움직이던 사람이었는데, 집에만 있으려니 너무 무력하고 답답하다. 내 정신은 이렇게 멀쩡한데, 내 나이도 이렇게 젊은데, 아무것도 할 수 없다는 사실이 우울하다." 신 씨는 "그래도 그럴 때면 간호사가 알려준 대로 '아 좋다, 아 좋다'를 여러 번 외친다"고 말했다. '일기쓰기'도 즐긴다. 화도 우울도 있는 그대로 써버리고 나면, 우울이 씻겨 내려가는 느낌이다. 계속되는 통증, 죽을지도 모른다는 두려움, 일할 수 없다는 무력감을 신 씨는 '대화'와 '마음 조절'로 지워내고 있다.

"호스피스, 저소득층의 집으로 가라"

그곳의 모습이 한국의 현실을 말해주고 있었다. 건강보험심사평가원에서 보건복지가족부 주최로 열린 '호스피스 수가, 질 관리 및 시범사업계획(안) 공청회'에서는 곳곳에 수녀들이 눈에 띄었다. 공청회 장소를 빼곡히 메운 300여 명 가운데 이렇게 종교에 관련된 사람들이 유난히 많았다. 이날 공청회장 풍경은 지금까지 한국의 호스피스 제도가 종교인 중심으로 발전해왔음을 증명했다. 공청회의 취지는 현재 의료보험제도 안에 없는 호스피스 수가를 따로 마련해 호스피스 제도를 활성화하자는 것이었다. 호스피스 제도가 이제야 종교를 넘어서 국가 차원으로 나아가고 있는 것이다.

2006년 암 사망자의 3퍼센트만 이용한 제도

'아름다운 작별'을 위해선 사회적 노력이 필요하다. 호스피스는 기대수명이 6개월 이하인 환자를 대상으로 불필요한 연명치료 대신에 통증 완화를 중심으로 실시하는 의료행위를 말한다. 치료보다는 보살핌(care)에 중점을 두는 것이다. 세계보건기구는 호스피스-완화치료를 암환자의 삶의 질을 위한 방법으로 권장한다. 그러나 1970년대부터 우리나라에 도입된 호스피스 의료는 여전히 사회적 인식이 부족한 탓에 충분히 활성화되지 않은 형편이다. 160곳이 넘는 의료기관이 호스피스 의료를 시행한다고 하지만, 실질적인 호스피스 서비스를 제공하는 병원은 40여 곳에 그친다. 그러니 병상 수도 부족하다. 인구 대비 필요 병상 수가 2,500개지만 현재 병상 수는 650개로, 충족률 26퍼센트에 그친다. 일본의 48퍼센트, 영국의 118퍼센트에 견줘 크게 떨어지는 수준이다. 그래서 2006년 암으로 사망한 65,000여 명 가운데 호스피스 의료를 이용한 사람은 단 3퍼센트(1,977명)에

270

건강보험심사평가원에서 열린 '호스피스 수가, 질 관리 및 시범사업계획(안) 공청회'.

그쳤다.

　이렇게 호스피스 제도 자체가 활성화되지 않은 현실에서 저소득층을 위한 호스피스 제도는 더욱 요원하다. 현재 공공의료 체계 안에서 저소득층을 위한 호스피스 제도는 따로 마련돼 있지 않다. 다만 전국 251개 보건소에서 운영하는 재가 암환자 가정방문 서비스에서 말기암 환자에게 의료 혜택을 제공한다. 집에 있는 암환자를 위한 이 서비스는 2005년부터 시작돼 건강보험 부가액이 하위 50퍼센트에 속하는 사람들을 대상으로 한다. 아직은 초기 단계여서 대상자 발굴에 사업의 초점이 맞춰져 있다. 말기 환자에 대한 특성화된 서비스는 부족한 형편인 것이다. 김원철 한국호스피스완화의료학회 홍보이사는 "저소득층 임종 환자는 사각지대에 놓여 있다"며 "보건소가 지역 병원과 연계해 지원을 모색하고 있지만 여전히 미진하다"고 말했다. 보건소 방문 간호사의 보살핌을 받는다 하더라도, 호스피스 교육을 받은 간호사가 부족하고 방문도 한 달에 한 번 이하에 그치는 경우가 흔하다. 장윤정 국립암센터 호스피스지원과 과장은 "말기암 환자 관리가 지역에 따라 편차가 있다"며 "지역 암센터를 중심으로 말기암 환자에 대한 치료망이 잘 갖춰진 곳도 있는 반면 아직은 미흡한 지역도 많다"고 말했다. 경기 성남시 등이 보건소와 지역 간호대학 등을 연계해 방문간호 시스템을 잘 구축한 사례로 꼽힌다.

호스피스 제도의 운영을 위해선 다양한 직종이 연계하는 서비스가 필요하다. 의사·간호사뿐 아니라 사회복지사, 영양사, 성직자, 자원봉사자 등이 호흡을 맞춰 환자와 가족에게 사회심리적 지원까지 제공해야 한다. 보건복지부가 시범사업계획(안)에서 제시한 호스피스 의료기관의 조건만 봐도 환자 1.5명에 간호사 1명을 갖추고 4인실 이하의 입원실을 마련해야 한다. 하지만 이런 조건을 갖춘 호스피스 의료기관을 찾기란 쉽지 않다.

가정방문 의사는 수지타산 안 맞다?

한편으로 대부분의 환자들이 집에서 임종을 맞기를 원하지만 실제로는 대부분 병원에서 숨지고 있다. 전체 사망자 중에 병원에서 숨지는 비율은 1989년 12.8퍼센트에서 2005년 49.8퍼센트로 가파르게 늘었다. 그래서 가정 호스피스 제도의 활성화가 필요하지만 제도적 뒷받침이 부족하다. 장윤정 과장은 "현재는 간호사의 가정방문만 제도로 뒷받침된다"며 "의사, 간호사 등이 팀을 이뤄 가정 호스피스를 제공하는 것의 제도적 근거가 없다"고 말했다. 그는 "병원에서 가정으로 가는 것에 대한 환자의 불안도 해소돼야 한다"고 덧붙였다. 더구나 의료수가가 높은 시술을 많이 하지 않는 호스피스 기관이 가정방문 의사를 둬서 수지타산을 맞추기 어렵다. 호스피스 진료에 대한 의사들의 관심도 부족하다. 이러한 상황에서 가족의 적극적 지원을 받기 어려운 저소득층 환자들은 더욱 방치된다.

반면 일본의 저소득층 환자는 1인실에서 호스피스의 보살핌을 받으며 편안한 임종을 맞이한다. 일본은 방문간호센터 6,000여 곳에서 가정 호스피스도 제공해 말기암과 에이즈 환자를 돌본다. 영국도 1991년에 호스피스 국가위원회를 설립해 본인 부담금 없는 호스피스 서비스를 국민에게 제공한다.

호스피스는 불필요한 연명치료를 하지 않는 것이다. 필요한 치료조차 중단하는 안락사와 다르다. 하지만 아직도 한국에선 최후까지 종합병원에서 치료하는 것을 최선의 선택이라 여긴다. 여전히 호스피스 제도를 죽으러 가는 길로만 생각하는 것이다. 하지만 호스피스는 환자와 가족의 건강을 위한 제도일 뿐 아니라 심리적 안정을 위한 선택이다. 김원철 이사는 "호스피스가 제도화돼 불필요한 항암치료를 중단하고 완화의료로 바꾸면 의료 낭비를 줄이게 된다"며 "저소득층 환자의 의료비 부담도 줄어든다"고 말했다. 웰빙(Well-Being)은 웰다잉(Well-Dying)으로 끝난다. 김 이사는 "호스피스는 잘 죽는 것이 아니라 아름답게 사는 것"이라고 말했다. '아름다운 삶 그리고 마무리'를 위해 사회가 해야 할 일은 많다.

치료를 받고 싶다

약이 있는데 왜 죽어야 합니까

그는 절규하고 있었다. "비싸서 먹을 수 없는 약은 약이 아니라 독일 뿐!"이라고.

2008년 10월 7일 오전 10시 30분께, 서울 강남의 글라스타워 앞에서 '우리는 모두 에이즈 환자다'라고 적힌 글귀를 가슴에 붙인 사람들이 퍼포먼스를 벌이고 있었다. 이들은 '환자에게 죽음의 관이 아닌 생명의 약을 달라!' '부풀려진 약가를 즉각 인하하라!' '정부는 의약품 접근권, 환자의 생명권을 보장하라!' 등이 적힌 피켓을 들고 있었다. 그들의 앞에는 환자복을 입은 인체면역결핍바이러스(HIV) 감염인 윤가브리엘 씨가 쓰러져 있었다. 윤 씨는 일어나 말했다. "한국의 환자들은 병상에서 죽음을 기다리고 있습니다. 약이 있는데 왜 죽어야 합니까? 환자들은 생명을 연장할 권리가 있습니다." 그의 목소리는 갈수록 물기로 젖었다. "에이즈 환자는 살고 싶다! 로슈는 푸제온을 당장 공급하라!"

윤가브리엘 씨가 에이즈 약을 구하지 못해 쓰러진 환자들을 상징하는 퍼포먼스를 벌이고 있다.

파리~방콕~서울~뉴욕에서 잇단 시위

이날은 '로슈 규탄 국제공동행동'이 서울에서 열리는 날이었다. 서울의 인권·의료 단체 활동가들은 HIV 감염인 단체 회원들과 함께 아침 7시부터 저녁 7시까지 '해가 뜨고 질 때까지 고! 고! 12시간 시위'를 벌였다. 10월 1일 다국적 제약회사 로슈 창립일에 맞춰 시작된 국제공동행동은 10월 1일 프랑스 파리, 3일 타이 방콕에서 벌어졌다. 프랑스 에이즈 운동단체 '액트 업 파리'(ACT UP Paris), 타이의 HIV/AIDS 감염인 네트워크 '티엔피 플러스'(TNP+)는 로슈가 한국에 에이즈 치료제 푸제온(Fuzeon)을 공급하라며 시위를 벌였다. 한국의 시위가 벌어진 다음엔 9일 미국 뉴욕과 애리조나에서 같은 시위가 이어졌다. 언어는 다르지만 세계의 시위대는 다 함께 외쳤다. "이윤보다 생명!" 윤 씨에게 이것은 추상적 슬로건이 아니라 구체적 현실이다.

그는 푸제온 때문에 울고 웃었다. 윤 씨는 2000년 3월 HIV 양성 판정을 받았다. 불행히도 발견 당시부터 HIV 감염인 건강의 지표가 되는 면역수치가 낮았다. 게다가 에이즈 치료를 시작하고 3년이 지난 2004년엔 에이즈 약에 내성이 생겼다. 에이즈 환자는 세 가지 약을 함께 쓰는 병행요법(칵테일 요법)을 사용하는데, 2004년 초 국내에 들어온 모든 에이즈 약에 내성이 생겨버렸다. 에이즈 치료제가 면역력을 지켜줘 다른 질병의 감염 가능성을 줄여줘야 하는데, 기존의 치료제가 더 이상 듣지 않게 된 것이다. 방법은 한 가지, 새로운 치료제를 쓰는 것뿐이었다. 보험이 되지 않는 치료제를 온전히 자신의 부담으로 외국에서 구입해 사용할 수밖에 없었다.

그러나 그에겐 경제적 여유가 없었다. 기초생활수급권자에게 나오는 생계비 30여만 원. 한 달에 수백만 원에 이르는 약값을 지불하며 외국에서 약을 수입해 먹을 형편이 아니었다. 다행히 그가 사는 HIV 감염인 쉼터의 수녀가 주한 외국인 대사 부인 모임의 후원을 주선해 1년치 약값 840만 원을 후원받았다. 그렇게 에이즈 치료제 '테노포비어'를 복용했지만 1년이 지나 후원이 끊겼다. 2005년엔 방법이 없어 다시 예전의 약을 먹었지만 내성때문에 듣지 않았다. 면역수치는 한 자리 숫자로 바닥을 쳤고, 면역이 약해져 생기는 '기회 감염'이 이어졌다. '거대세포 바이러스'가 대장에 생겨서 하루에 12번이 넘게 설사하는 나날이 이어졌다. 급기야 2006년 11월 거대세포 바이러스가 신경계로 침투해 일어서지도 못하는 상태가 됐다. 그렇게 상황이 악화돼 의사에게 마음의 준비를 하라는 말까지 들었다. 그리고 거대세포 바이러스가 망막으로 퍼지면 실명할지 모른다는 소리도 들었다.

불길한 진단은 현실이 되었다. 자포자기하는 마음으로 집에서 쉬는데 거대세포 바이러스는 망막을 덮쳤고, 오른쪽 눈의 시력을 잃었다. 나중에 왼쪽 눈의 망막도 떨어져 실리콘으로 고정했다. 이제 그는 돋보기 안경을 써야 겨우 글자가 보이고, 어두운 밤에는 혼자 외출하기도 어렵다. 이렇게 위급한 상황에 빠진 그를 위해 'HIV/AIDS 인권연대 나누리+' 활동가들이

후원의 밤을 열었다. 어렵게 마련한 돈으로 한 달에 200만 원이 넘는 거대 세포 바이러스 치료제 '포스카넷'을 사용했다. 하지만 포스카넷 내성마저 생겨 언제 생명을 잃을지 모르는 아찔한 시간이 있었다. 여전히 방법은 하나, 새로운 에이즈 치료제로 면역력을 회복하는 것뿐이었다.

"한 병에 3만 원 이하는 안 돼"

어렵게 투병하는 그에게 희소식이 들렸다. 미국의 에이즈 구호단체 '에이드 포 에이즈'(AID For AIDS)에서 푸제온을 무상으로 후원해주겠다는 연락을 받았다. 그가 대표로 있는 나누리+ 친구들이 백방으로 수소문한 덕분이었다. 그렇게 2007년 10월부터 푸제온을 복용했고 두어 달이 지나자 한 자리 숫자를 맴돌던 면역수치가 200까지 올랐다. 면역력이 강해지자 거대세포 바이러스도 활동을 멈췄다. 그래서 한 달에 200만 원의 경제적 부담과 매일 혈관주사를 맞는 고통을 안겼던 '포스카넷' 주사도 끊을 수 있었다. 그는 "정말 하늘을 날아다니는 꿈만 같았다"고 돌이켰다. 그야말로 기사회생, 그는 푸제온 덕분에 그렇게 살아났다. 현재까지 그는 8년의 에이즈 투병 기간 중 가장 높은 면역수치를 유지하고 있다. 걷기조차 힘들었던 그가 하루 종일 집회에 참가할 정도로 건강을 회복했지만, 그는 푸제온을 만드는 로슈를 상대로 싸움을 벌인다.

시계는 2004년으로 돌아간다. 한국로슈는 2004년 5월 새로운 에이즈 치료제 푸제온의 시판 허가를 받았다. 기존의 에이즈 약에 내성이 생긴 환자에게 쓰는 푸제온은 치료에 반드시 필요한 의약품인 '필수약제'로 지정됐다. 로슈는 푸제온 한 병에 43,234원을 요구했지만, 건강보험심사평가원은 2004년 11월 한 병당 24,996원(연간 약 1,800만 원)으로 약값을 정했다. 하지만 푸제온은 4년이 지난 오늘에도 국내에서 유통되지 않고 있다. 로슈가 한 병에 3만 원 이하로는 푸제온을 국내에 공급할 수 없다는 정책을 고수하는 탓이다. 로슈가 2005년과 2007년 푸제온의 보험약가를 올려달라는 조정신청을 했지만 협상은 결렬됐다. 푸제온을 필수약제로 지정해놓고도, 정부는 그 판매를 강제할 방법이 없다. 물론 의료운동 단체와 인권운동 모임은 꾸준히 푸제온의 공급을 요구해왔다.

윤 씨는 "2004년부터 에이즈 치료제에 내성을 보이기 시작했는데, 이때부터 푸제온이 공급됐다면 실명도 하지 않고 생명의 위협도 느끼지 않았을 것"이라며 울분을 토했다. 로슈가 요구하는 가격은 기존 에이즈 치료제 중에서 가장 비싼 약제의 2배에 이르는 액수다. 에이즈 환자는 푸제온 외에 다른 치료제를 함께 쓰는 병행요법을 써서 한 해에 3~4만 달러의 약값이 든다. 그래서 서울의 집회 참가자들은 외쳤다. "1년에 푸제온 약값만 2,200만 원, 국민소득 2만 달러보다 비싼 약이 약이냐!"

다행히 한국 정부는 비록 후불제지만, 에이즈 환자의 약값을 전액 지원한다. 하지만 비싼 약값의 부담은 고스란히 의료보험 재정으로 이전된다. 대한에이즈학회는 2007년 말 현재 국내에 유통되는 에이즈 약에 내성이 생긴 환자를 88~138명으로 추정했다. 내성이 생긴 환자에게 푸제온을 투여할지 여부는 의사의 판단을 거쳐야 하지만, 내성이 생긴 환자들 가운데 상당수는 푸제온의 잠재적 투약자로 추정된다. 푸제온을 해외에서 공급받지 못하는 '윤가브리엘들'이 존재할 가능성은 상당한 것이다.

로슈의 반박도 있었다. 스위스의 로슈 본사는 10월 1일과 6일 두 차례 '로슈 규탄 국제공동행동'에 반박하는 성명서를 '액트 업 파리'에 보냈다. 성명서에는 "한국 정부와 약가 협상을 계속하고 있으며 만족스런 합의에 도달할 것으로 믿는다" "로슈가 한국 정부에 제시한 가격은 발전된 나라에 푸제온을 공급하는 최저가격 수준이다" "한국의 감염인 단체·활동가와 대화할 의지가 있다" 등의 내용이 담겨 있다. 하지만 나누리+ 등 '로슈 규탄 국제공동행동 한국참가단'은 로슈의 성명에 재반박했다. 이들은 "이미 로슈 본사에 보내는 성명을 통해 한국 활동가 두 명의 전자우편 주소와 전화번호를 전달했는데도 로슈는 우리에게 연락하는 대신에 액트 업 파리에만 성명을 보내고 있다"고 비판했다. 로슈가 한국의 푸제온 문제를 해결할 의지가 없다는 것이다.

'약 없어 죽는 아프리카' 남 일 아니다

2008년 7월 3일 윤가브리엘 씨를 포함한 한국의 활동가들과 한국로슈 대표이사의 면담이 어렵게 성사됐지만, 이견을 좁히진 못했다. 결국 윤 씨는 9월 25일 '로슈의 푸제온 공급 거부를 방관한 보건복지가족부의 건강권·생명권 침해 진정'을 국가인권위원회에 냈다. 윤 씨는 진정서에서 "강제 실시 등의 방법을 동원해 환자의 생사 위협을 구제하려 하기보다 복지부는…… 책임을 회피하고 있다"고 지적했다. 강제 실시는 특허권을 가진 주체의 동의가 없더라도 특허권을 강제로 정지하는 제도다. 심지어 미국도 9·11 테러 직후 독일 바이엘 사의 탄저병 치료제 가격이 너무 비싸다는 이유로 바이엘 사의 특허권에 대해 강제 실시를 한 바 있다. 변진옥 나누리+ 활동가는 "한국의 특허법은 미국보다 철저하게 특허권을 보장하고 있다"고 지적했다.

한 병에 불과 5,000원, 로슈의 푸제온 요구가와 보험가의 차이다. 그런데 왜 4년이 넘도록 타협점을 찾지 못했을까. 권미란 나누리+ 활동가는 "한국의 약값이 아시아 약값의 기준처럼 여겨지는 경우가 적지 않아서 로슈가 끝까지 고집을 부린다"고 지적했다. 반면 한국 쪽은 푸제온 가격을 높게 책정할 경우 앞으로 들어올 에이즈 신약의 가격을 높이는 효과가 있다고 판단해 5,000원 인상도 꺼린다. 무엇보다 다국적 제약사엔 구매력 강한 미국과 유럽 시장이 중요하다. '국제공동행동 한국참가단'이 발표한 성명엔 이런 구절이 나온다. "로슈의 지도에는 아프리카·아시아·라틴아메리카·동유럽이 없다. 우리의 지도에는 전세계 4천만이 넘는 감염인들이 살고 있는 곳이 있다. 전세계 감염인의 90퍼센트 이상이 살고 있는 아프리카·아시아·라틴아메리카·동유럽이 선명하다." 이렇게 세계는 구매력이 있는 생명과 구매력이 없는 생명으로 나뉜다.

10월 7일 집회에서 윤가브리엘 씨는 호소했다. "전세계적으로 한 해에 에이즈 환자 210만 명이 숨집니다. 하루에 5,700여 명, 1분에 4명이 숨진다는 말입니다. 지구에서 전쟁이나 테러로 숨지는 사람보다 많은 수입니다. 더구나 사하라 이남의 아프리카 등에서는 대부분 에이즈 때문에 죽기보다는 에이즈 약을 먹지 못해서 숨집니다." 그리고 그의 말은 '머나먼' 아프리카만의 현실이 아니다. 환자복을 입고 외치는 그의 옆에는 유엔의 '경제적·사회적·문화적 권리에 관한 규약' 12조를 새긴 피켓이 서 있었다. '1항. 규약의 당사국은 모든 사람이 도달 가능한 최고 수준의 신체적·정신적 건강을 향유할 권리를 가지는 것을 인정한다. 2-(d)항. 질병 발생 때 모든 사람에게 의료와 간호를 확보할 여건의 조성.' 1990년 이 규약을 비준한 한국 정부는 규약을 준수할 의무를 지닌다. 생명권은 기본권이다.

법과 현실, 그 냉소적 거리

정정훈 공익변호사그룹 공감 변호사

눌변의 변호사인 나는 말하는 것보다는 듣는 게, 듣는 것보다는 읽는 게 훨씬 편하다. 말을 직업으로 삼는 변호사로서는 '10점 만점에 0점'이다. 그래도 가끔 교육이나 강의를 해야 할 경우가 생기는데, 어느 활동가의 표현에 따르면 나는 '활동가용'이지 '일반인용'은 아니라고 한다. 아는 사이에 접어주고 들어가면, 그럭저럭 들어줄 수 있다는 이야기일 것이다.

에이즈 감염인의 인권에 대해 대상자를 달리해 두 번 교육할 기회가 있었다. 감염인 인권 문제는 이전에 에이즈예방법 개정 활동에 참여하면서 고민할 수 있었다. 개인적으로는 단단한 편견의 껍질을 깨는 소중한 기회였다고 평가하고 있었다. 에이즈 문제를 처음 접하는 사람들과 같은 공포와 편견이 내게도 있었고, 인권과 현실의 거리가 너무나 먼 만큼 그 공백을 법과 제도의 언어로 전환하는 것이 쉬운 일은 아니었다. 그 과정을 활동가들과 함께하면서 하나하나의 쟁점들에 대해 제법 치열하게 고민했고, 함께 결론을 만들어나갔다.

대전제, 인권 보장이 바로 예방

강의는 이러한 예방법 개정과 관련한 쟁점들을 소개하는 내용이었고, 첫 번째는 대구의 에이즈상담센터 상담원들을 대상으로 했다. 강의는 순조로웠다. 부당한 현실과 법 규정에 대한 문제의식을 가지고 있던 상담원들과는 손쉽게 말과 말 사이의 길이 트였다. 각자의 문제의식과 경험이 서로에게 피드백되어, 나에게도 배움이 많은 좋은 시간이었다. '활동가용'으로는 나의 눌변이 그럭저럭 '통'했던 모양이다.

두 번째 강의는 서울에 있는 같은 상담센터에서 감염인 당사자들을 활동가로 양성하는 과정의 하나로 기획된 것이었다. 대구에서의 강의 평가가 좋았다며 동일한 내용의 강의를 부탁했다. 별다른 고민 없이 강의를 시작했으나 반응은 이전과 전혀 달랐다.

처음부터 강의는 미끄러지기 시작했다. 감염인 당사자들은 자신들의 삶과 구체적 경험이 법과 제도의 언어로 마찰 없이 규정되는 것에 정서적으로 반발하는 것으로 보였다. 법 개정의 문제의식과 삶의 구체적 경험을 소통시킬 접점을 찾지 못했다. 그들에게서 법과 제도에 대한, 그리고 나의 말에 대한 '냉소적 거리'가 느껴졌지만, 나의 눌변은 그 간극을 메울 힘이 없었다.

그리고 적지 않은 시간이 흘렀고, 에이즈예방법이 개정됐다. 우리의 문제제기가 상당 부분 반영된 절충안이었고, 이전보다는 분명히 개선된 내용이었다. 그러나 '인권 보장이 바로 예방'이라는 근본적인 관점의 변화를 담아내지 못한 법은 생기가 전혀 없었다. 당시 감염인들에게서 느껴졌던 '냉소적 거리'를, 이번에는 내가 법에 대해 느껴야 했다. 이 정도의 개선으로 당사자들의 삶에 조금이라도 긍정적인 변화가 있을까? 부당한 현실은 단 1미터라도 움직였을까?

인권은 '문제를 드러내고 말하는 과정' 속에 있다고 한다. 서투른 말솜씨로 더듬거리며 나아가는 것이 인권을 말하는 시작이라면, 눌변인 내가 그 '냉소적 거리'를 극복하는 것도 그 과정의 하나일 것이다. 그때 그 감염인들은 교육과정을 마치고 상담활동가의 역할을 하고 있을까? 그들은 개정된 예방법을 어떻게 평가하는지 다시 더듬거리며 이야기할 수 있는 기회가 있을까?

전문(前文)

　인류가족 모두의 존엄성과 양도할 수 없는 권리를 인정하는 것이 세계의 자유, 정의, 평화의 기초다. 인권을 무시하고 경멸하는 만행이 과연 어떤 결과를 초래했던가를 기억해보라. 인류의 양심을 분노케 했던 야만적인 일들이 일어나지 않았던가?

　그러므로 오늘날 보통사람들이 바라는 지고지순의 염원은 '이제 제발 모든 인간이 언론의 자유, 신념의 자유, 공포와 결핍으로부터의 자유를 누릴 수 있는 세상이 왔으면 좋겠다'는 것이리라.

　유엔헌장은 이미 기본적 인권, 인간의 존엄과 가치, 남녀의 동등한 권리에 대한 신념을 재확인했고, 보다 폭넓은 자유 속에서 사회진보를 촉진하고 생활수준을 향상시키자고 다짐했었다.

세계인권선언 읽기

그런데 이러한 약속을 제대로 실천하려면 도대체 인권이 무엇이고 자유가 무엇인지에 대해 모든 사람이 이해할 수 있도록 하는 것이 가장 중요하지 않겠는가?

유엔총회는 이제 모든 개인과 조직이 이 선언을 항상 마음속 깊이 간직하면서, 지속적인 국내적 국제적 조치를 통해 회원국 국민들의 보편적 자유와 권리신장을 위해 노력하도록, 모든 인류가 '다 함께 달성해야 할 하나의 공통기준'으로서 '세계인권선언'을 선포한다.

1조 모든 사람은 태어날 때부터 자유롭고, 존엄하며, 평등하다. 모든 사람은 이성과 양심을 가지고 있으므로 서로에게 형제애의 정신으로 대해야 한다.

2조 모든 사람은 인종, 피부색, 성, 언어, 종교 등 어떤 이유로도 차별받지 않으며, 이 선언에 나와 있는 모든 권리와 자유를 누릴 자격이 있다.

3조 모든 사람은 자기 생명을 지킬 권리, 자유를 누릴 권리, 그리고 자신의 안전을 지킬 권리가 있다.

4조 어느 누구도 노예가 되거나 타인에게 예속된 상태에 놓여서는 안 된다. 노예제도와 노예매매는 어떤 형태로든 일절 금지한다.

5조 어느 누구도 고문이나 잔인하고 비인도적인 모욕, 형벌을 받아서는 안 된다.

6조 모든 사람은 법 앞에서 '한 사람의 인간'으로 인정받을 권리가 있다.

7조 모든 사람은 법 앞에 평등하며, 차별 없이 법의 보호를 받을 수 있다.

8조 모든 사람은 헌법과 법률이 보장하는 기본권을 침해당했을 때, 해당 국가 법원에 의해 효과적으로 구제받을 권리가 있다.

9조 어느 누구도 자의적으로 체포, 구금, 추방을 당하지 않는다.

10조 모든 사람은 자신의 행위가 범죄인지 아닌지를 판별받을 때, 독립적이고 공평한 법정에서 공평하고 공개적인 심문을 받을 권리가 있다.

11조 범죄의 소추를 받은 사람은 자신을 변호하는 데 필요한 모든 것을 보장받아야 하고, 누구든지 공개재판을 통해 유죄가 입증될 때까지 무죄로 추정될 권리가 있다.

12조 개인의 프라이버시, 가족, 주택, 통신에 대해 타인이 함부로 간섭해서는 안 되며, 어느 누구의 명예와 평판에 대해서도 타인이 침해해서는 안 된다.

13조 모든 사람은 자기 나라 영토 안에서 어디든 갈 수 있고, 어디서든 살 수 있다. 또한 그 나라를 떠날 권리가 있고, 다시 돌아올 권리도 있다.

14조 모든 사람은 박해를 피해, 타국에 피난처를 구하고 그곳에 망명할 권리가 있다.

15조 누구나 국적을 가질 권리가 있다. 누구든지 정당한 근거 없이 국적을 빼앗기지 않으며, 자기 국적을 바꾸거나 다른 국적을 취득할 권리가 있다.

16조 성년이 된 남녀는 인종, 국적, 종교의 제한을 받지 않고 결혼할 수 있으며, 가정을 이룰 권리가 있다. 결혼에 관한 모든 문제에 있어서 남녀는 똑같은 권리를 갖는다.

17조 모든 사람은 혼자서 또는 타인과 공동으로 재산을 소유할 권리가 있다. 어느 누구도 자기 재산을 정당한 이유 없이 남에게 함부로 빼앗기지 않는다.

18조 모든 사람은 사상, 양심, 종교의 자유를 누릴 권리가 있다.

19조 모든 사람은 의사표현의 자유를 누릴 권리가 있다.

20조 모든 사람은 평화적인 집회 및 결사의 자유를 누릴 권리가 있다.

21조 모든 사람은 직접 또는 자유롭게 선출된 대표자를 통해, 자국의 정치에 참여할 권리가 있다. 모든 사람은 자기 나라의 공직을 맡을 권리가 있다.

22조 모든 사람은 사회의 일원으로서 사회보장을 받을 권리가 있다.

23조 모든 사람은 일할 권리, 자유롭게 직업을 선택할 권리, 공정하고 유리한 조건으로 일할 권리, 실업상태에서 보호받을 권리가 있다. 모든 사람은 차별 없이 동일한 노동에 대해 동일한 보수를 받을 권리가 있다.

24조 모든 사람은 노동시간의 합리적인 제한과 정기적 유급휴가를 포함하여, 휴식할 권리와 여가를 즐길 권리가 있다.

25조 모든 사람은 먹을거리, 입을 옷, 주택, 의료, 사회서비스 등을 포함해 가족의 건강과 행복에 적합한 생활수준을 누릴 권리가 있다.

26조 모든 사람은 교육받을 권리가 있다. 초등교육과 기초교육은 무상이어야 하며, 특히 초등교육은 의무적으로 실시해야 한다. 부모는 자기 자녀가 어떤 교육을 받을지 '우선적으로 선택할 권리'가 있다.

27조 모든 사람은 자기가 속한 사회의 문화생활에 자유롭게 참여하고, 예술을 즐기며, 학문적 진보와 혜택을 공유할 권리가 있다.

28조 모든 사람은 이 선언의 권리와 자유가 온전히 실현될 수 있는 체제에서 살아갈 자격이 있다.

29조 모든 사람은 자신이 속한 공동체에 대해 한 인간으로서 의무를 진다.

30조 이 선언에서 말한 어떤 권리와 자유도 다른 사람의 권리와 자유를 짓밟기 위해 사용될 수 없다. 어느 누구에게도 남의 권리를 파괴할 목적으로 자기 권리를 사용할 권리는 없다.

현장에서 본
우리 인권의 현주소

〈한겨레21〉의 '인권OTL' 기획은 여러모로 의미가 깊었다는 게 필자들의 생각이다. 30주 연속 기획이라는 시도 자체가 전무후무할 뿐더러, 그 주제가 우리 사회의 언론 환경에서는 아직 주류적 시각으로 자리 잡지 못하고 있는 인권이라는 점 때문이다. 이번 기획을 진행하면서 필자들은 되도록 따끈따끈한 현장을 찾아 그 안의 생생한 결을 찾아 보도하려고 노력했다. 현장이야말로 우리 사회의 많은 글쟁이 가운데 기자라는 직군이 앞서 담아낼 수 있는 공간이다.

돌이켜보건대, 필자들의 이런 정신무장에도 불구하고 여러모로 미흡한 점이 발견되는 것 또한 사실이다. 보다 치열한 현장을 찾아 현실을 있는 그대로 투영했는지, 분석의 틀은 정확했고 대안 제시는 충분했는지 등을 따지다보면 아쉬운 측면이 없지 않다.

그럴수록 인권이 짓밟히고 보이지 않는 곳에 은폐되는 현장을 향한 필자들의 발걸음은 게으를 수 없다. 인권은 마치 멀리뛰기처럼 한 번의 도움 닫기로 단박에 목표에 착지할 수 있는 순간의 경기가 아니라, 수많은 걸음의 총합을 통해 결과에 이를 수 있는 마라톤과 같은 것이다. 이는 본문에서 제기된 문제들이 1년이 넘은 이 시점에도 여전히 진행형이라는 점을 통해서도 확인된다.

우리 사회의 학생들은 시도 때도 없는 '노예 학습'을 강요당하며 한 인간으로서의 인격권을 박탈당하고 있다. 여전히 밥 먹고 잠자는 시간 외에는 책상 앞에 앉아 의미 없는 문자의 조합을 통째로 머릿속에 집어넣어야 한다. '강제 야자(야간자율학습)'라는 희한한 학습 형태 말고도 그들을 노리는 건 한두 가지가 아니다. 자신의 몸을 통제할 권리는 두발·복장 단속에 무너지고 비인격적 체벌에 갈갈이 찢긴다. 이에 항의하기 위해 학생들이 종이비행기 날리기 시위를 벌인 학교가 한둘이 아니건만, 학교는 다시 체벌과 징계로 본때를 보인다. 이들은 대한민국에서 표현과 집회·결사의 자유를 박탈당한 '외계인'이다.

학생 인권을 찾기 위한 당사자들의 시도는 보도 뒤에도 계속 이어졌다. 서울 ㅇ고 학생들은 강제 야자와 보충수업을 거부하는 집회와 수업 거부를 2008년 12월 19일 벌이려 계획했다. 그러나 결국 무산됐다. 11월말 1학년생 몇몇이 학교에 이 사실을 제보한 뒤 역시나 '주동자' 색출이 벌어졌고, 학생부로 불려간 주동자 7명은 항복했다. 서명에 참여한 600여 명과 수업 거부 동참 의사를 밝힌 200여 명의 뜻도 함께 침몰했다. 이 학교 3학년에 재학 중인 한 학생은 "학교 홈페이지에 강제 보충·야자와 관련한 비판글을 올린 학생이 있었는데, 교장선생님이 그 학생을 불러 퇴학시키겠다고 협박하면서 비판글도 바로 삭제됐다"고 말했다. 이들이 자신의 생각을 접은 이유는 '잘못 생각했다'는 스스로에 대한 판단이 아니라, 몽둥이와 징계라는 폭력이 무서웠기 때문이다. 대한민국의 학교는 이런 걸 아이들에게 가르치고 있다.

이런 학교와 중·고등학생들을 부러움의 눈길로 바라보는 일부 또래들을 언급하는 것은 고통에 가깝다. 국적과 생김새가 토박이와 다른 '미신고 체류' 청소년들이다. 토박이들이 0교시에 동원되면서 열어젖히는 새벽 시간, 그들은 '노동의 새벽'을 달군다. 아빠가 살해되고 엄마가 강제 출국당하면서 혼자 사는 몽골 출신 슈허(18·가명)는 유일한 지원자였던 서울 성동 외국인근로자센터 쪽과도 2009년 9월 이후 연락이 끊겼다. 2008년 4월 취재 당시 "기술을 배워 지방에 가서 일할까 한다"던 슈허는 지금도 '어른처럼 보이기 위해' 수염을 기른 채 지방의 공사 현장을 전전하며 시린 겨울을 준비하고 있을 것으로 추정된다. 몽골에 돌아가 대학에 진학하는 게 꿈이었던 유나(17)는 결국 출국심사대에서 가짜 비자가 적발될 것을 염려해 포기했다. "몽골로 돌아가기 전까지 용돈만 벌기 위해 다니겠다"던 옷가게는 이제 그의 직장이 됐다. 시간당 3,500원을 받는 유나는 지금도 교복을 입고 옷가게에 들어오는 또래 아이들을 볼 때마다 속이 쓰리다. 중2 중퇴가 그의 최종 학력이다.

다른 나라에는 전혀 없는 '전·의경 제도'는 여전히 강제 노역이라는 게 유엔의 시각이고 이를 철폐하라는 권고도 잇따르지만, 정부는 모르쇠로 일관하고 있다. 노무현 정부 때 2012년까지 전·의경 제도를 단계적으로 폐지하겠다고 했지만 이명박 정부 들어 '없던 일'이 됐다. 자신의 양심에 반한다며 촛불집회 진압을 거부한 이길준 의경은 전투경찰대설치법 위반 혐의로 1년 4개월을 안양교도소에서 보낸 뒤 최근 가석방 출소했다.

이 모든 인권의 덫들을 피한다고 해도 비정규직 노동의 터널을 피해 가기는 여간 어려운 일이 아니다. 대한민국 노동자 가운데 절반 이상이 비정규직이다. 특히 여성 노동자 셋 중 하나만이 정규직 일자리를 갖고 있다.

아무리 가난하더라도 고된 삶을 견딘 뒤 죽음의 순간에는 존엄을 찾을 순 없을까? 본문에 등장한 이혜용 씨는 끝내 2008년 7월 22일 숨을 거뒀다. 경기 일산의 이 씨 집엔 부인 김춘자 씨만 불도 때지 않은 어두컴컴한 방 안에 혼자 산다. 그날 이 씨가 몸을 뒤집어달라는 말을 계속 하지 않아 그의 가슴을 두드리다 코에 손가락을 갖다 대니, 힘겨웠던 인생의 마지막 숨을 내쉬고 있었다는 게 부인 김 씨의 설명이다. 이 씨를 괴롭히던 비암과 요실금, 중풍도 함께 생을 마쳤다. 하필 그날 할아버지의 아침식사를 챙긴 뒤 아내는 남편에게 "빨리 돌아가요. 나도 바로 뒤쫓아갈 테니까"라고 짓궂은 농을 던졌다. 그 말이 52년을 함께 산 남편에게 건넨 마지막 말이 됐다.

2008년 환갑을 맞은 국가보안법은 여전히 서슬 퍼런 칼을 휘두르며 건재하다. 거기에다 이른바 인터넷을 통째 감청하는 '패킷감청'이라는 새무기까지 장착하고 거리를 활보하고 있는 것으로 드러나, 인권을 겹겹이 침해하고 있다. 병·의원 세무조사를 벌이면서 환자 수천~수만 명의 진료정보를 하드디스크째 복사하거나, 언제 잃어버릴지 모르는 휴대용 저장장치(USB)에 옮겨가는 국세청의 무사안일도 여전하다는 게 현장의 증언이다.

인권의 시곗바늘이 마치 멈춘 듯하다고 해서 절망할 일은 아니다. 간혹 '째깍'거리는 소리를 통해 한 발짝 내딛고 있음을 알려오기도 한다. 하루 종일 서서 손님을 맞아야 하는 서비스직 여성 노동자들에게 조금씩 의자가 보급되고 있다. 〈한겨레21〉 보도 뒤 한 백화점은 전국에 있는 모든 매장을 상대로 실태조사를 벌였다. 노동부는 2008년 10월 백화점·대형마트 사업주들을 불러 '서서 일하는 근로자 건강보호를 위한 간담회'를 벌였고, 이후 각 사로 의자 지급을 권고하는 공문을 보냈다. 한 달 뒤에는 롯데백화점 노조와 회사가 의자 제공에 합의했다. 마산 대우백화점과 대구백화점, 세이브존 서울 노원점 등은 계산대에 의자를 놓았고, 이마트와 홈플러스는 신규 매장에 의자를 놓는 구조의 계산대를 만들고 있다.

한 가구가 한 달에 1천 원 절약하기 위해 '감시·단속직'인 아파트 경비원들을 절반씩 해고하던 관행에도 작으나마 변화의 기운이 느껴지기도 했다. 본문에 소개된 경비원 이광철(가명) 씨가 일하는 아파트는 전체 24명의 인원을 12명으로 반토막냈다가 다시 원상회복했다. 〈한겨레21〉 기사를 본 아파트 경비용역업체 사장이 주민대표들을 설득한 결과다. 아직 감시·단속직들을 옥죄는 저임금과 고용 불안, 열악한 노동 환경은 개선되지 않았지만, 감원의 물결이라도 잦아든 건 소득이라면 소득이라고 할 수 있다.

　연재는 끝났지만 인권 문제에 대한 〈한겨레21〉의 관심은 멈출 수가 없다. 앞으로도 그늘진 곳에서 억압받는 이들의 대변인으로서, 그리고 제 목소리를 내지 못하는 이들의 확성기로서 발걸음을 묵묵히 내디딜 것이다. 우리가 멈추는 순간, 우리 사회의 인권 시계는 뒤로 돌기 시작할 것이라는 사명감과 함께…….

2009년 12월
〈한겨레21〉 박용현 편집장, 신윤동욱, 전종휘, 임지선, 박수진 기자

일어나라 인권 OTL

대한민국의 인권을 보는 여섯 개의 시선

초판 1쇄 발행 2009년 12월 21일
초판 5쇄 발행 2015년 1월 10일

지은이 〈한겨레21〉 편집부
펴낸이 이기섭
편집인 김수영
기획편집 정회엽 최선혜 이조운
마케팅 조재성 정윤성 한성진 정영은 박신영
관리 김미란 장혜정

펴낸곳 한겨레출판(주) www.hanibook.co.kr
등록 2006년 1월 4일 제313-2006-00003호
주소 서울시 마포구 효창목길6(공덕동) 한겨레신문사 4층
전화 02-6383-1602~3 **팩스** 02-6383-1610
대표메일 book@hanibook.co.kr

ISBN 978-89-8431-369-9 03330